晚清小史

任恒俊 著

中国出版集团 東方出版中心

图书在版编目（CIP）数据

晚清小史 / 任恒俊著. —上海：东方出版中心，2020.4
ISBN 978-7-5473-1604-7

Ⅰ. ①晚… Ⅱ. ①任… Ⅲ. ①中国历史–研究–清后期 Ⅳ. ①K252.07

中国版本图书馆CIP数据核字（2020）第028471号

晚清小史

著　　者　任恒俊
策　　划　张爱民
责任编辑　陈嘉梦
封面设计　陈绿竞

出版发行　东方出版中心
地　　址　上海市仙霞路345号
邮政编码　200336
电　　话　021-62417400
印 刷 者　山东韵杰文化科技有限公司

开　　本　890mm×1240mm　1/32
印　　张　11.375
字　　数　198千字
版　　次　2020年4月第1版
印　　次　2020年4月第1次印刷
定　　价　49.00元

序

清朝末年，官场混乱腐败，吏治簠簋不饬，积重难返，以致皇冠落地。如若回溯三个多世纪前，那是何等蒸蒸日上的景象：地处边陲一隅、只占全国人口几百分之一的满族，挥师入关，建立了中国历史上第二个由少数民族统一全国的王朝。

最后一个王朝，前朝的利弊得失、治乱兴衰，历历在目，“资治通鉴”够多的了。入关前期，君臣无一不希望王朝长治久安，传之万世而不竭。乾隆皇帝给子孙名字的第一个字排出三个：永、绵、奕，道光皇帝又排了五个：载、溥、毓、恒、启，连在一起，正是万世一系的心思。然而，他们始料不及的是，溥字刚开始清朝就结束了。

以前二十几个朝代败亡相循，清王朝继续重复着重复多次的败亡。他们也曾采取各种措施，把大臣朋党、外戚专权、母后临朝、宰相擅权、宦官横行、士民结社等，列为厉禁，严密防范。然而，这些弊端到了清末都程度不同地存在着，加上科举取仕、标价卖官、浮赏滥举、荫庇世袭所造成的官员素质下降，朝廷屡有明谕，臣工时时条陈，但饮鸩止渴，奉行如常。贪污受贿，因循敷衍，粉饰太平，上下相欺，行者不讳，闻者不惊。一种痼疾足以致命，何况丧失免疫力的政治“艾滋病”？

历史现象一再重复，千百年地重复复重复。这就不是皇帝个人的品质、性格，也不是臣子的个人才干优劣所能说明和解释的。三千年专制统治，皇帝独裁，种种相配合的经济、教育、文化、思想、法律……使民族的血管中沉积了种种尘垢，导致动脉硬化；封闭的环境中，“生态”失去平衡，污染严重，空气恶浊，思想缺氧，意识短路。闭锁的国门一旦打开，风云变幻，冷热无常，精神时常感冒，造成经络不畅，气血失调。清王朝在回光返照中苟延残喘，以致经不起任何风吹草动。试想，镇压民众的反抗，清朝也写下了成功的纪录：镇压太平天国、捻军，战事持续了十余年，而武昌起义后，作战的时间、规模，都不能与前者相比。成败不只在战场，还在官场！

西哲孟德斯鸠有言，专制政体的原则是不断腐化的，因为这个原则本就是腐化的东西。别的政体之所以灭亡，是因为某些特殊的偶然变故破坏了它的原则；专制政体的灭亡则是由于自身的内在缺点，某些偶然的原因是不能够防止它的原则腐化的。结合孟德斯鸠氏所论，恰恰是皇帝专制大系统中各个子系统机制的正常发挥，才最终导致王朝的败亡。官场腐败、吏治腐败，作为一种历史文化现象，从观念形态、伦理道德、行为准则等方面缠绕盘结，修齐治平未能防止它的重演，揭竿而起的农民起义也没有医治它的痼疾，释道法门消极退避的世外桃源难救现世之弊。阻止重复、疗治宿疾恰恰是一场文化上的整体和深刻无比的变革。

本书借透视晚清官场腐败的历史文化现象，论封建专制政体灭亡之必然。若能给读者一点启发，余愿足矣！

目 录

第二章 做官与做事 / 51

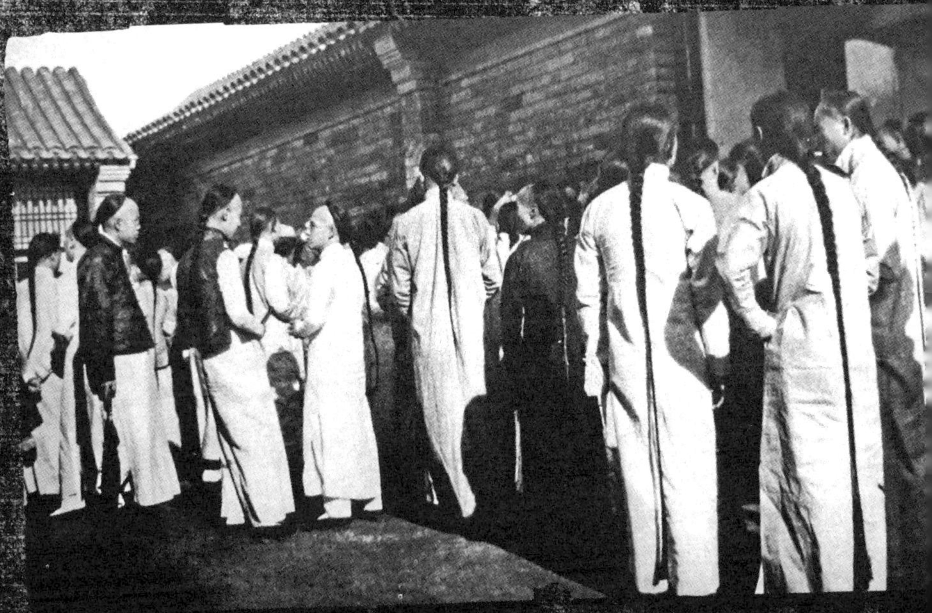

第一章 奔行在羊肠小道上

“有甚心儿，须向别处去；无大面子，莫到这里来。”晚清，通过科举、恩荫、捐纳而形成的候补大军，在奔向官场的独木桥上为争到官位而各显神通……

一　百折不挠的落第者

十九届诸生，壮心不已。

一千年不死，老脚还来。

这首联语，是清末落榜诸生（相当于秀才）的作品，说他参加了19次乡试，都名落孙山，但“壮心不已”，还要应试，至死方休。估算作者年龄应在70开外了。按孔夫子的说法，人活到70岁，便可随心所欲，任何念头都不会越出规矩。这位作者显然远远没达到圣人指出的境界。他完完全全做了科举制度的俘虏，被科举“规矩”住了，成为科举拜物教的狂热信徒，哪里还有一点随心所欲的意境呢？

漫漫科举路

清末科举名额有限，考中机会很少。按照规定，秀才名额大府20名，大州县15名，小县4名或5名。全国秀才名额在25 000名左右，举人名额在1 500名上下。自咸丰三年（1853）清廷批准各省增加生员名额起，至同治十年（1871）止，各府学考试中生员名额已增加了百分之二十，从道光三十年（1850）的25 089人增加到30 133人。乡试中录取举人的全国名额保持在咸丰元年（1851）的1 770人以下，光绪七年（1881）下降到1 254人，19世纪80年代中期恢复到正常的1 500人左右。按此限制，一个步入科举途程者，童生要考取秀才，踏上科举之路的第一级台阶就荆棘丛生、坎坷曲折。

举人与秀才名额的比例按规定大体是1∶20，但是，添加历年落榜者，按大、中、小省，分别是1∶80、1∶60、1∶50，淘汰率就很可观了。参加会试、殿试考进士，比例就是1∶30、1∶40。这种考试都是三年一次，三级考试都能顺利通过，大体要十年的时间，从童生到进士的考中机会大概是百分之几，要是在哪一级上蹉跎一下，就是十几年甚至几十年了。

江苏南通人张謇（1853—1926），是清末实业巨擘、政界闻人、人人熟知的状元实业家。张謇的科举途程，实在是“路漫漫其修远兮”。12岁学制艺诗赋，16岁中秀才；24岁补廪生，27岁补优贡，乡试五次落第，到33岁才中了举人。从秀才到举人，跋涉了17年。此后，会试落榜四次，光绪二十年（1894）42岁时中了状元，从举人到状元登攀了9年。46岁应散馆试留馆，一生中35个春秋在科考中度过。张謇晚年在其《文录外编自序》中说：“综吾少壮之日月，宛转消磨于有司之试而应其求，盖三十有五年。至吾绝仕进，伍齐民，发奋殚力以求有用于世而冀一当，曾不及消磨于前此日月之半，而吾已老矣，曾谓是三十五日月消磨之业不足少惜乎？”

张謇当年获悉自己殿试第一名时，竟喜极跌倒在地。晚年回顾一生，这位科考状元对科考却是惋惜多于欣慰。状元，令多少士子们艳羡的头衔，竞争者梦寐以求，终身拼搏；获取者却如嚼鸡肋，并不如未获取者那样心驰神往。

魅力所在

科考之路，直如诗仙李白笔下难于上青天的蜀道，但它能使亿万男儿折腰，自有其特殊魅力。

自科举制度创立实行，教育与科举逐渐合而为一，科举成了做官的敲门砖。到了宋代，中华文化教育昌盛，科目也可谓发达。原因很多，朝廷的重视、倡导、鼓励是重要原因之一。宋真宗赵恒亲自作《劝学文》，文曰："富家不用买良田，书中自有千钟粟。安居不用架高堂，书中自有黄金屋。出门莫恨无人随，书中车马多如簇。娶妻莫恨无良媒，书中有女颜如玉。男儿欲遂平生志，六经勤向窗前读。"[1]大宋天子谆谆教诲，循循善诱，只要勤读六经，衣食住行，美妻娇婢，样样随心所欲。意在言外的是，读书可以做官，然后可"遂平生志"。

经过历代士子们的咀嚼、消化、提炼、再创作，赵宋皇帝的《劝学文》成了："书中自有黄金屋，书中自有千钟粟，书中自有颜如玉，书中车马多如簇。书中自有情与理，书中自有天与地。"这种提炼升华，《劝学文》辞旨未改，但更精练、更集中，与其说是千锤百炼的创作天才，不如说是士子在实践中品味、体会的巧妙概括。在这里，金钱、美女、高官、厚禄、轻车、宝马，人生所欲，

[1] 《真宗皇帝劝学文》，《古文真宝》前集卷首。

• 清代官员坐像1

• 清代官员坐像2

无过于此者。面对这等美妙似锦的辉煌前程，谁个还能不去孜孜以求？

《劝学文》不止六句，流传下来，脍炙人心腾之众口的却只此六句，此后又流变成了通俗易懂朗朗上口的五言绝句："朝为田舍郎，暮登天子堂。将相本无种，男儿当自强"；"天子重英豪，文章教尔曹。万般皆下品，惟有读书高。学成文武艺，货于帝王家"。这几句家喻户晓、妇孺皆知、深入人心的劝学箴言，和《三字经》、《千字文》、《弟子规》、《幼学琼林》等，一并成了幼儿的启蒙教材。目不识丁而望子成龙的长辈从此开始了"人之初"的文化熏陶，在童稚单纯的心田中，播下了读书应举的种子，播下了父辈殷切的希望和寄托。科举的魅力，通过人类最早的启蒙老师——父母，通过社会最基本的组织——家庭，作为观念、信仰、习俗灌输给传宗接代的幼辈，编织成文化网络。在同一个时间、空间里，父母、家庭、社会制造出一批又一批不同年龄段的科举之路上的竞争者。清朝入主中原不久，就从被征服的明朝手中接过了科举制度，把它当作完美的模式，坚持推行到灭亡前夕。

清朝把科举制度完善得更为精致、更为细密，也更增添了吸引力。顺治九年（1652），御制学宫卧碑文宣布："朝廷建立学校，选取生员，免其丁粮，厚以廪膳，设学院、学道、学官以教之。各衙官以礼相待，全要养成贤才，以供朝廷之使用。"[1]大清皇帝说得很明白，一中秀才，即能得到国家优遇：一是在校免费膳食；二是免

[1] 《礼部·学校》，《训士规条》条，《钦定大清会典事例》卷三三七，光绪二十五年刻本。

去官役和差徭；三是地方官以礼相待。所谓以礼相待，就是秀才犯法，地方官不能直接处理，须先报告本省学政革除其秀才资格后，方可依法治罪。至于平常纠纷，应交学校教育，不得当作普通百姓直接捕治责罚。

可见，一成秀才，就跻身士林，预备做官，成为统治阶层的成员了。秀才毕竟是科举入仕的第一个台阶，仍不属正途，优异者只能选任小小社学教职。中了举人，做官的路子就比秀才宽多了。一中进士，点翰林，才算走上了升官的坦途。官场养尊处优、荣华富贵、作威作福的现实，让清末社会各阶层，从通邑大都的富室巨户到穷乡僻壤的寒素之家都踊跃于科举之道。物理学上有“场”，科场犹如物理学上的“场”，一旦踏入，任何人难以止足：中了秀才想举人，中了举人想进士。没中的千辛万苦要考中，落第的死不瞑目要再考，中了的要高中，一发而不可收。难怪那位联语作者，19次落第，仍然朝气蓬勃，“壮心不已”。

落第者众生相

《聊斋志异》的作者蒲松龄对乡试考场中士子们有极生动的描绘：入场提考篮像乞丐，点名受呵责像囚犯，进入号房像秋后的冷蜂，出场后像出笼的病鸟，盼望报子坐立不安像被缚住的猱，得报不中像钳毒之蝇。落第者失志，心灰意败，大骂司衡无目，笔墨无灵，势必举案头物而尽炬之；炬之不已，而碎踏之；踏之不已，而投之浊流。从此披发入山，面向石壁；且有以文进者，定当操戈逐之。无何，日渐远，气渐平，技又渐痒，遂似破卵之鸠，只得衔木营巢，重新另抱矣……落第者的神态，被写得淋漓尽致，跃然纸上。

留仙出生于明季，生活于清初顺治、康熙两朝，从幼年起，就受家庭教育和社会影响，醉心科举。19岁初应童子试，连中县、府、道三个第一，补博士弟子员。开始一帆风顺，此后却屡战屡败。45岁在济南应乡试，因病没有终场。48岁再赴考场，仍然败北。作《责白髭文》，发泄胸中不平。69岁写下了前引《历下吟》，笔端饱蘸同情，惟妙惟肖地刻画了士子们的众生相。穷形尽致的心态刻画，饱含了自己屡试不第、久困场屋的辛酸体验。《聊斋志异》中，《王子安》、《神女》、《考弊司》、《三生》等诸多篇目，从诸多方面暴露讥讽科举的弊端。正如鲁迅所说自己的情形："因为从旧垒中来，情形看得较为分明，反戈一击，易制强敌于死命。"留仙老翁的清醒毕竟是有限度的，洋洋巨制的《聊斋志异》，讽刺鞭挞科举，但他犹"六根未净"，一直参加科试。72岁时，长孙立德考中，他赋诗勉励："天命虽难违，人事贵自励，无似乃祖空白头，一经终老良足羞。"十分明白，他仍把自己科场失意视为抱恨终天的憾事。就在这一年，他顶风冒雪赴考，总算博得了岁贡功名，悲喜交加，作了《蒙朋赐贺》一诗："落拓功名五十秋，不成一事雪盈头。腐儒也得宾朋贺，归对妻孥梦也羞。"

才华出众而屡试不第，既洞察科场黑幕又不放弃科考，这种矛盾心态孕育了蒲氏的鸿篇巨制。

蒲松龄在清朝鼎盛年代刻画的士子们考场内外的形象与心态，到清朝末年仍不乏活标本为其作注脚，生活于咸丰、同治、光绪年间的李慈铭就是一个典型。此公中举之后，多年会试落第，牢骚满腹，怨天尤人，口诛笔伐，骂主考的当朝显贵素质低劣、目中无文；骂倖进者夤缘高中、才具平庸。骂之不过瘾，笔之于书，以诗词发泄胸中积郁不平，发誓决绝科场。时间一长又心平气和，下次会试又雄赳赳气昂昂地奔赴考场。翻阅他的《越缦堂日记》，看看中进士前的年月，落第者们穷困落魄再蹶再起的情况，即可了然。

华夏以农立国，自给自足的自然经济分工极简单。读书、应试、入仕成了知识分子的人生三部曲。士子们本人对科名孜孜以求，锲而不舍，家庭父兄也以此督责期望。戴均衡在《桐乡书院四议》中，记叙咸丰、同治间民风士习，说："自科第之法行，人期速效，十五不应试，父兄以为不才；二十而不于胶庠，乡里得而贱之。"千百万人的习惯势力是可怕的，一个青年，20岁不中秀才进学，就会被社会舆论所轻视，遭受巨大的舆论压力。

当时，朝廷以科举为抡材大典，标榜珊网无漏、选无遗珠；家庭望子成龙，希冀子弟高中魁首光耀门楣；社会舆论以科举衡人，"得之则荣，失之则辱"。士子也把"洞房花烛夜，金榜题名时"视为人生乐事。弥漫天下的文化心理氛围，千百年来的历史沉积，驱策着一代又一代士子有意无意地踏上了科举利禄之途，风尘仆仆，奔波不息。一批又一批的落第者做着有望无望的努力。

白发童生，寿星举人

士子们以几万分的努力，竞争万分之几的希望，造成秀才、举人、进士三个阶梯下一批又一批的落榜者，是很自然的事。落第者大军中，千姿百态。两鬓斑斑，尚未考取秀才，仍混迹于童子军中者，大有人在。

湖北某学政到某府考试，见一白发老人，问其年寿，答七十一。问："曾考了几次？"答："初次应试。"问："为什么还是初次应试？"答："考试必须功夫做到尽处，若稍稍涉猎几篇时文，就匆匆应试，即使侥幸考中，究竟于学问有何补益？我期望问心无愧，不觉老之将至。"学政于是让老者试作一题，如果作得好，即允许入场参加考试，否则，不准参加考试。老翁当场应答无误，得到学政首肯，被允许入场，并考取了秀才。

这样的活样板，以其宗教徒般的无比虔诚、穷毕生精力于一试的认真精神，激励了多少应试者、落第再试者们前进的脚步。在这种精神陶冶下，又有多少灵魂被塑造成科举圣坛上的牺牲。

广东顺德人黄章，年近40岁才考中秀才，60多岁补上廪生，83岁被选为岁贡生，100岁时参加乡试。从广东到北京顺天应试，千里迢迢，一路由曾孙服侍照料。入考场时，黄章在灯笼上大书"百岁观场"四个字，由曾孙打着在前引导。黄章百岁应乡试成为科场佳话，这是康熙三十八年（1699）的事。在时过近三个世纪后，面对这类"佳话"，简直令人哭笑不得。

无独有偶的是，广东诸生谢启祚百岁参加乡试，角逐举人功名。谢启祚先后有三妻二妾，生子23人，女12人，孙29人，曾孙38人，玄孙2人。这个五世同堂的人瑞，不含饴弄孙，颐养天年，以期颐之寿，仍披挂上阵，征战科场。

照例，这等年龄参加乡试，应由该省巡抚呈报礼部请皇帝恩赐举人，但被谢启祚坚决谢绝。他说："科名有定数，我老手尚健，岂知我不能为老儒们扬眉吐气？"这次果然考中举人。谢启祚踌躇满志，创作老女出嫁诗一首："行年九十八，出嫁弗胜羞。照镜花生面，光生雪白头。自知真处子，人号老风流。寄语青春女，休夸早好逑。"真可谓老当益壮，不坠青云之志。和谢启祚列名举人的有一名12岁少年，少年得志者与大器晚成者珠联璧合，成了同榜年谊。监考的巡抚有感于此，在鹿鸣宴上以诗纪事，有"老人南极天边见，童子春风座上来"之句，作为科场佳话传扬一时。

第二年，谢启祚以99岁高龄入京参加会试，朝廷授给国子监司业衔。过了三年，谢又进京为乾隆皇帝祝寿，又晋升鸿胪寺卿衔，并得到御制诗额的荣宠。谢启祚活到快120岁时死去，他要算中国科举史上会试高龄纪录名列前茅者了。高年秀才的最高纪录保持者，是广东三水人陆云从。他进学时整整100岁，103岁时以举人入京会试，清廷仍旧赐以国子监司业衔。

这几例寿星秀才、高龄举人及其应试得到优遇的事情，并不是个别现象。据《光绪会典事例》公布的数字，乾隆元年（1736）赐给参加会试的70岁以上举人5人进士，并说此为一时旷典，下不为例。但从乾隆十七年（1752）开始，一直到光绪十二年（1886），六朝在150年的会试中，赐给70岁以上举人国子监司业、学正、翰林院检讨等头衔者2 224人，赐给各省乡试的秀才以举人和副榜头衔12 140余人。这种优礼一直持续到科举制度停废。

这类寿星进学中举，抑或参加会试赐以相应衔名，神力衰竭，不可能授官治事。清政府对其优礼有加，意不在收罗些空有其名无补官职的寿星，而在垂范世人，鞭策比他们年轻的各年龄层次的落第者败而不馁。面对这些寿星科甲，谁个还不拼将平生岁月、气力在科举道路上卖力趱行？谁人还肯落于高龄者之后，少壮不努力呢?

皇权专制下，官本位是必然的政治体制。科举能叩开官场大门。社会上对父子祖孙状元、兄弟叔侄同榜进士，或一门几代进士的科名世家，政府、民间传颂不已。科举的观念深入社会的骨髓，读书、应试、入仕三位一体，成为知识分子实现个人人生价值的取向、手段和行为方式，在追求中不断实现，在实现中不断追求，如饥似渴，如痴如醉，鞠躬尽瘁，死而后已。而这，正是清朝统治者期待的科举效应。

唐太宗看到首批新进士列队入朝谢恩，得意忘形，脱口泄露天机:“天下英雄尽入吾彀中矣!”那批新进士不过30名，李世民却从中看到牢笼天下知识分子的成功前景。清末离李世民说出那句名言已千年有余，但士子们仍然懵懵然昏昏然，争先恐后、不屈不挠地自投罗网，避免成为漏网遗珠的命运，这是清末双重罗网牢笼的必然现象。

科举逃兵

不上钩，或者不入罗网的人物还是有的，如洪秀全。洪氏考秀才三次落榜，就不耐寒窗之苦，坐不住冷板凳，揭竿而起，建立了太平天国，做起天王来了。奇怪的是，洪秀全做了天王之后，石头城里江山不牢靠，便学起清朝的样子，开科取士，撒开了牢笼知识分子的罗网，忘记了别人也会像他那样，因落第而造反。

清末，入仕之途增多，有捐纳、保举、新式学堂毕业生、留学回国的洋翰林、洋进士、洋举人，但科甲仍是正途。著名人物严复，他没有沾科举的边，14岁入福建马尾船政学堂学习海军，19岁毕业后上舰实习，24岁赴英留学海军，27岁学成归来，先后任船政学堂教习、北洋水师学堂总教习，他所受教育，要算系统的新式教育了。

他出任李鸿章麾下北洋水师学堂的总教习，地位、学历不能算低，但由于不是科第出身，所言多不见重于当世。33岁，即回国后的第7年，他发愤学习八股词章，纳粟为监生。回籍参加乡试，要争一个举人。落榜后，36岁再赴顺天乡试，亦落第。37岁，以知府选用，官居五品了，又赴顺天恩科乡试。严复属国家级的科学家和启蒙思想家，仍然摆脱不了科举“场”的引力，科举作为文化传统，惰性力量之大良可浩叹！

在新潮流的冲击下，光绪三十一年（1905），清王朝忍痛放弃了科举制度，在科举制度各级阶梯上攀登的士子才停止了千年举业，另投他途。

二　儿戏科名

状元，每科一名，是士子们梦寐以求的最高奋斗目标。次为榜眼，第三名探花，比起状元来，差了点，但也是令人羡慕的。状元、榜眼、探花三鼎甲，均御笔亲点，是无上荣光。殿试结束后的隆重传胪典礼，三鼎甲出列跪拜瞻仰天子风采。此后，参加礼部恩荣宴，单列一桌，金榜张贴长安街，还要勒石立碑，传之久远，发牌坊银，光宗耀祖，立即兑现。名字独占鳌头，一举成名天下知。

士子们十年寒窗，铁砚磨穿，胼手胝足，争的是这一日之荣宠，为的是一生的前程。从童蒙到鼎甲在握，几多春秋。清朝科举选拔制度的严格、细密，各项仪式的隆重、庄严，士子们和社会各界的期望、重视，超迈前代。岂知中与不中、名次的先后并不全凭学业成绩。

鼎甲之谜

光绪二十年（1894），是慈禧六十万寿，朝廷特别举行恩科会试。这一年，张謇42岁，已经四次会试落榜，意兴阑珊，热衷之气大减。他的父亲张彭年也77岁了，总想在有生之年看见儿子金

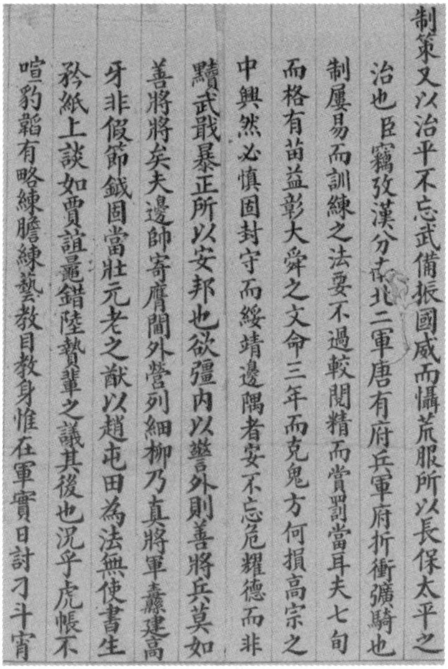

制策又以治平不忘武備振國威而懾荒服所以長保太平之
治也臣竊攷漢分南北二軍唐有府兵軍府折衝彍騎也
制屢易而訓練之法要不過較閱精而賞罰當耳夫七旬
而格有苗益彰大舜之文命三年而克鬼方何損高宗之
中興然必慎固封守而綏靖邊隅者安不忘危耀德而非
黷武戢暴正所以安邦也欲彊內以讋外則善將兵莫如
善將將矣夫邊帥寄膺閫外營列細柳乃真將軍纛建高
牙非假節鉞固當壯元老之猷以趙屯田為法無使書生
矜紙上談如賈誼鼂錯陸贄輩之議其後也況乎虎帳不
喧豹韜有略練膽練藝教目教身惟在軍實日討刁斗宵

● 清代殿试策

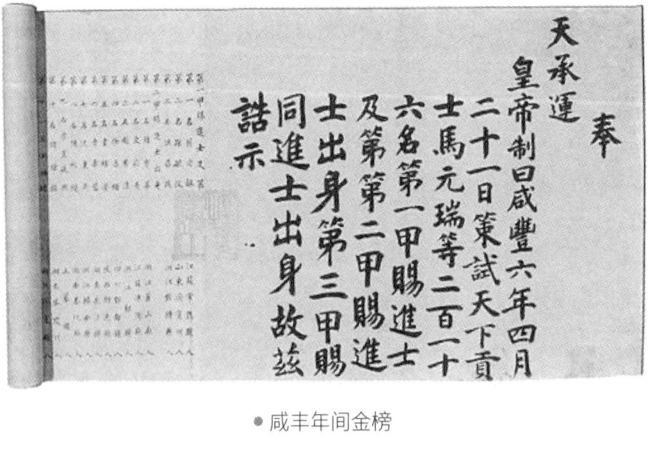

奉
天承運
皇帝制曰咸豐六年四月
二十一日策試天下貢
士馬元瑞等二百一十
六名第一甲賜進士
及第第二甲賜進
士出身第三甲賜
同進士出身故兹
誥示

● 咸丰年间金榜

榜题名，督促张謇再试："儿试诚苦，但儿年未老，我老而不耄，可更试一回。"[1]张謇难违父命，于是北上参加会试，以尽孝子承欢养志之心。会试中了第60名贡生，复试又列第10名。四月二十一日（6月9日）殿试，二十四日传宣，竟以一甲一名引见，中了状元。

张謇高居榜首，实际上靠了光绪帝的老师户部尚书殿试读卷大臣翁同龢的力量。此科读卷大臣共八人：张之万、麟书、李鸿藻、翁同龢、薛允升、唐景崧、汪鸣銮、志锐。张之万这一年85岁，为东阁大学士、军机大臣，他是道光二十七年（1847）的状元，齿德俱尊，列衔首席；翁同龢这一年65岁，为户部尚书，咸丰六年（1856）状元，是翰林后辈，无权选取状元卷子，就是榜眼、探花卷子也与之无缘，但翁是两代帝师，培养了同治、光绪两个皇帝。甲午年（1894），虽光绪帝已亲政几年，但书房未撤，翁同龢每天仍去教授皇帝，商讨国家大事，是帝党首领、清流领袖，隐隐之中，势位尊严非张之万可比了。

翁同龢早已属意张謇这位同乡门生，坐等张謇交卷。收卷官黄思永在张交卷时，迎上接收，展卷一看，有挖补空白一字未填上，遂为之补填，又见"恩"误为单抬，在"恩"字上添一"圣"字，改完交翁。翁氏卷子到手，一看便知是张謇字迹，立即评卷"文气甚老，字亦雅，非常手也"，说："这份卷子非中状元不可！"张之万说："现在卷还没看完，前十名还无法确定，怎么能定出状元呢？"两人几乎顶撞起来。位居读卷大臣第二的麟书说："我居第二，状元卷子我不争，榜眼卷子决不相让。"麟书没有帮张之万说

[1]　张謇：《啬翁自订年谱》卷上，中华书局1930年版。

话。位居读卷大臣第三的李鸿藻与翁私下达成默契，这时出面说话："我所阅沈卫一卷，通场所无，今亦愿让状元与张，幸公俯允。"

张之万无可奈何，手中原取状元卷为郑沅，因麟书不让榜眼，只得屈居探花了。沈卫不但名不列三鼎甲，而且连二甲第一名也未沾上。前十名名字排定以后，按次进呈并拆除密封，逐一奏陈姓名，一甲第一名果然是张謇。光绪帝看着第一名的卷子，问谁取中的，张之万答翁同龢，翁立即上前介绍，说张謇系江南名士，而且是个孝子，进而说殿试向来重写不重作，此卷则写、作俱佳，实可冠冕多士。又说，今年是皇太后六十大寿，张謇会试中了第60名，是个吉祥的兆头，可为恩科得人贺。张謇就这样在最高级的国家考试中名列榜首，大魁天下。

张謇中了状元，为乡梓添了光彩，家乡南通把水月阁魁星楼改名"果然亭"，题了对联："画栋欲凌云，风月无边归小阁；锦衣今获得，文章有价属崇川。"1917年，张謇重修果然亭，改名为"适然亭"，对联改为："世间科第与风汉，槛外云山是故人。"这一修改，说明张氏本人对自己23年前中状元，不敢以当然天下第一自居，只是适逢其会而已。张謇对自己中状元的本末原委，心中有数，只要看看他的日记，便可明白底里了。

孜孜以"荐"

翁、张交谊非比泛泛，翁同龢竭力为张謇争状元也非甲午一科。光绪十五年（1889），张謇中举后第二次参加会试，此科会试总裁为李鸿藻、潘祖荫、昆岗、廖寿恒，潘有意要取中张謇，把卷

● 张謇像

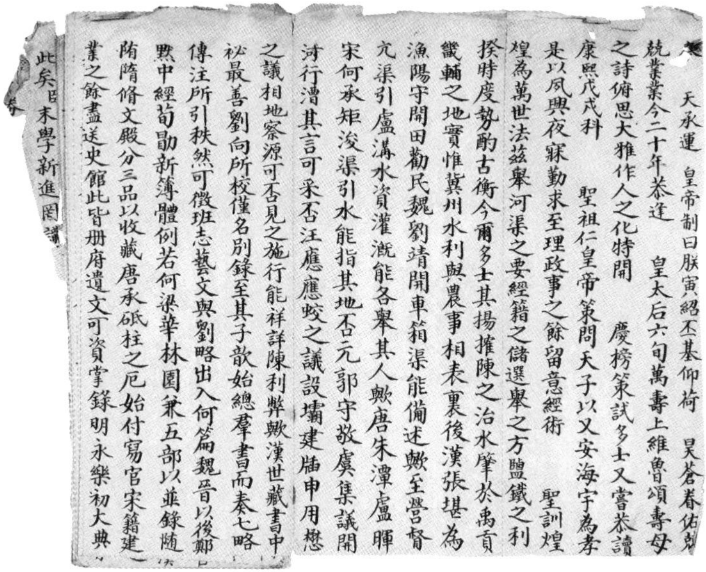

天承運 皇帝制曰朕寅紹丕基仰荷 昊蒼眷佑兢
兢業業今二十年恭逢 皇太后六旬萬壽上維魯頌壽母
之詩俯思大雅作人之化特開 慶榜策試多士又嘗恭讀
康熙戊戌科 聖祖仁皇帝策問天子以乂安海宇為孝
是以夙興夜寐勤求至理政事之餘留意經術 聖訓煌
煌為萬世法茲舉河渠之要經籍之儲選舉之方鹽鐵之利
揆時度勢酌古衡今爾多士其揚搉陳之治水肇於禹貢
畿輔之地實惟冀州水利與農事相表裏後漢張堪為
漁陽守開田勸民魏劉靖開車箱渠能備述歟至營督
亢渠引盧溝水資灌溉能各舉其人歟唐朱潭盧暉
宋何承矩浚渠引水能指其地否元郭守敬虞集議開
河行漕其言可采否汪應應蛟之議設壩建牐申用懋
之議相地察源可否見之施行能祥詳陳利弊歟漢世藏書中
祕最善劉向所校僅名別錄至其子歆始總羣書而奏七略
傳注所引秩然可徵班志藝文與劉略出入何篇魏晉以後鄭
默中經荀勖新簿體例若何梁華林園兼五部以並錄隨
隋隋脩文殿分三品以收藏唐承砥柱之厄始付寫官宋籍建
業之餘盡送史館此皆冊府遺文可資掌錄明永樂初大典
此矣臣末學新進罔識

● 张謇会试试卷

子看错了，误中了无锡的孙鼎烈。次年，恩科会试，房考官高蔚光推荐张謇之卷，又看错了笔迹，误中了无锡人陶世凤。

光绪十八年（1892）是张謇参加的第四次会试，翁同龢任总裁，多次叮咛同考各官员，凡江苏省卷子上堂务必细心校阅。袁昶推荐一卷，有点像张謇的卷子，但拿不准，看到文中有“声气潜通于宫掖”一句更觉不像。第五房考官施纪云推荐一卷，说确是张謇之卷，翁看到该卷策问中有“历箕子之封”的句子，认为这是到过高丽人的口气，而张謇曾赴朝多年，此卷有点像张謇的。于是让袁昶看，袁觉得文气跳荡，有点不对，填榜时，同考官沈曾桐要求看看这份卷子，见制艺及诗的秦字韵，就说不是张謇的卷子。

但这个时候再事搜求已来不及了。拆密封，原是常州刘可毅。翁与同考诸人四处查找，原来被第三房考官朱金鉴以词义宽泛而斥落。朱是位瘾君子，抽鸦片的时候多，江苏卷子并未太留意。翁同龢殷殷访录，不料却误中别人，急得直流眼泪，同考各官，陪着总裁大人叹息。

此科结束，翁同龢对此事仍耿耿于怀，写信给黄体芳，自道悔恨之情。黄复信答称，他任江苏学政时，发现两个人才，一是刘，一是张。这一科刘中状元，也证明会试、殿试衡文鉴人的准确。但翁仍以张謇落第为憾，到了甲午恩科会试，他全力以赴，志在必得，不惜与张之万相争。

甲午恩科会试、殿试决定鼎甲的内幕，是朝廷高层的核心机密，当时秘而又密，仅有耳食之言在一定范围流布，直至清朝灭亡后，首先是张謇之子孝若撰写的《南通张季直先生传记》披露了一些秘密，此后，影印的翁同龢日记又公开了一些。1962年，随着

《张謇日记》后15册的影印出版，鼎甲之谜的谜底才逐渐亮了出来。科举考试，理应贯彻平等、公平原则，但在最高级的殿试中，却成了等级、权势的交易，这些原则也就荡然无存了。

姓名的喜与忧

科考的中与不中的不可捉摸，不但与师生的学统相关，甚至和应试者的姓名密切相关，这也就使它变得更加神秘莫测了。光绪二十九年（1903），科举制度已成强弩之末，经袁世凯等人奏请，清廷已同意部分停止科考。这一年，将补行辛丑（1901）万寿恩科和壬寅（1902）正科会试，合并举行。这一年，也有乡试。次年，就是慈禧的七十大寿，主持乡、会、殿试的官员，都十分留意“吉庆之兆”。朝廷经过考试，派出各省乡试的主考、副主考。头两批放的是云贵两广，八人的名字是：李哲**明**、刘彭**年**、张星**吉**、吴**庆**坻、达**寿**、**景**方昶、钱**能**训、骆**成**骧，将此数字连缀起来，就成了“明年吉庆，寿景能成”，真乃大吉大利。外放考试官员何等样事，为了提前制造个祥和喜庆的气氛，竟挖空心思用姓名连缀喜庆句子选拔考官。这八个考官的父辈当年给儿子命名的时候，哪会料到会赶上老佛爷的万寿前一年的乡试考官的选拔，因而未雨绸缪？这种鸿运岂是才识学力所能幸致哉！

这年殿试，要取一个名字中有“寿”字的状元，以示预祝，山东人王寿彭三个字，念起来就像“万岁万岁万万岁”。于是他就做了金殿传胪的第一声。

王寿彭等人因名得福，因名大受其害者也不乏其人。有一年殿试，有名贡士叫王国钧。这个名字含义是不错的，国钧者，国家的重任也。白居易《赠樊著作》中就有“卒使不仁者，不得重国钧”之句。这年殿试，王国钧名列前茅，慈禧念了王的姓名说：“好难听。”因为这三个字与“亡国君”相谐，实在太不吉利。王国钧因此被抑置三甲，蹉跎以终。咸丰二年（1852），武昌人范鸣璚殿试卷取在前十名，咸丰帝因其姓名读音近于“万民穷”，是不祥之兆，只授以内阁中书。范姓后来改名“鸣鹤”，实在是咸丰皇帝没有跟踪追击，否则，更改后的名字不也与“万民祸”之音相谐，岂不是也有追究的价值？

清王朝为满族所建，为了表示自己的江山与历代汉族王朝无涉，“恪守祖制”、“祖宗家法”便成为坚定的信条。但是，在科举考试中，因为姓名决定取舍，却多少承继了明朝的流风余韵。永乐十三年（1415）乙未会试，考官想取顾文秸为会元，因为“秸”字生僻少见，就改取洪英而代之。洪者，合了太祖朱元璋洪武年号，英字则可作“英豪”、“精英”多种褒义解释。永乐二十二年（1424）甲辰殿试时，原拟取孙曰恭为状元。明成祖看了以后大摇其头，说“曰恭”二字合起来是“暴”字，于是降为探花，状元换成邢宽，说“宽”恰与“暴”相反。永乐皇帝从侄儿手里夺来江山，大概对“暴”一类字眼敏感，而特别喜欢“宽”字。

明英宗天顺四年（1460）殿试，状元原拟祁顺，这个姓名连起来，就是祈求顺从、孝顺，要说符合君主专制对臣民的要求，没有比它更贴切恰当的了。然而不幸的是，祁顺与明英宗的名字祁镇相近，传胪唱名多所不便，于是状元换成了王一夔。嘉靖二十三年（1544）甲辰科，先定吴情为状元，世宗皇帝龙颜不悦，说：“无情之人，岂能名列榜首？”犹豫间，忽见高挂的殿幡被风吹拂，结成一个“雷”字，遂在榜上寻觅符合天意的名字，有个叫秦鸣雷的便成为状元，吴情只得屈居探花。

君主专制及其各种制度，实在是衰弱的强大，强大的衰弱。论其衰弱，是应考录取者姓名含义、谐音，似乎都关系到朝廷的盛衰兴亡、祸福休咎，把它看得那么严重。论其强大，请看他们连进士们姓名，也做到见微知著而防微杜渐，也就强大得可以。

字的祸与福

科举考试中，乡、会试不注重书法，因为试卷必须誊录。但是，最高级的殿试却重视书法，文字则含糊模棱即可。读卷官员专看文字有无触犯忌讳，违背程式。乾隆、嘉庆以前，尚不如此，自道光以来，渐成风尚。咸丰元年（1851），御史王茂荫曾奏请重文不重字，因礼部不同意而作罢。光绪末年实行“新政”，废除八股文，改试策论，但专尚书法之风却未能革除。

科举这个指挥棒一抡，天下风从，书法就与士子们毕生荣辱相连了。馆阁体遂在书法上蔚然成风，独擅一时。前述王寿彭能中癸卯状元，固然得益于一个“寿”字，但他的馆阁体也端整可人。光绪二十八年（1902）山东乡试，房师余际春看了王的卷子，不甚惬意，原拟不予推荐。有人向余建言说，王的文章虽然平平，但馆阁体的书法却是朝廷殿试最欣赏的，如果推荐，取中举人，阁下就可预收一个翰林门生了。于是，余际春把王寿彭的卷子荐上。果然，乡会试连捷。殿试卷字写得黑大圆光，是成就其状元的另一个缘由。

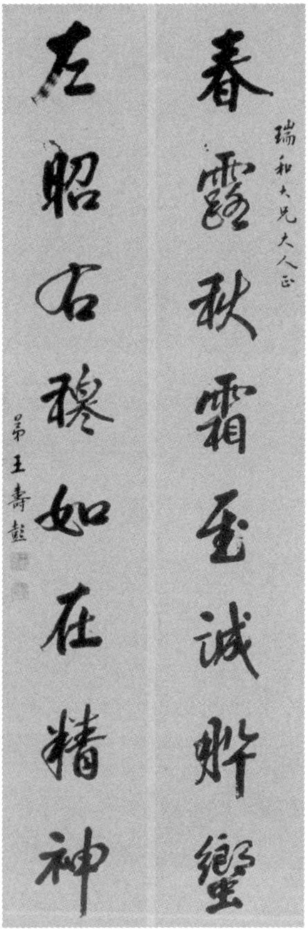

● 王寿彭书对联手迹

清朝至最后一科——光绪三十年（1904）的甲辰科，仍然重视书法。广东高要人陈重远，是康有为的弟子，少负才学，癸卯、甲辰连捷乡会试。殿试对策，际会清廷实行新政，遂畅论地方自治诸事，议论纵横，不落陈套，字也不遵馆阁体。他估计，如果遇上主张变革的读卷官，名列鼎甲有望；如果为守旧大臣所阅，则会名列三甲之末。揭晓后，果然居三甲后列。朝考时，文章乃是得意之作，他本想列为一等留馆作庶常，不料被抑置三等，授以内阁中书。陈重远的遭遇是清朝科考倚重书法的结果。不过陈因祸得福，后由进士馆送美留学于哥伦比亚大学，并获得博士学位。他自己就说，倘若不当中书而分放知县，赴美留学是不可想象的。这一科的状元刘春霖，其书法与历科状元相比平常得多，但在同考诸人中，则属最优，因而“状元”了。

以书法角逐魁首，竞争也很激烈，也有书法大家不中魁首的。光绪二年（1876）丙子科殿试，浙江人冯文蔚书法精致，写的美女簪花诗远近闻名，自己不作第二人想。岂料山东人曹鸿勋、山西人王赓荣大卷字功夫坚切庄严，远在冯氏之上，结果，这科的状元为曹，榜眼为王，

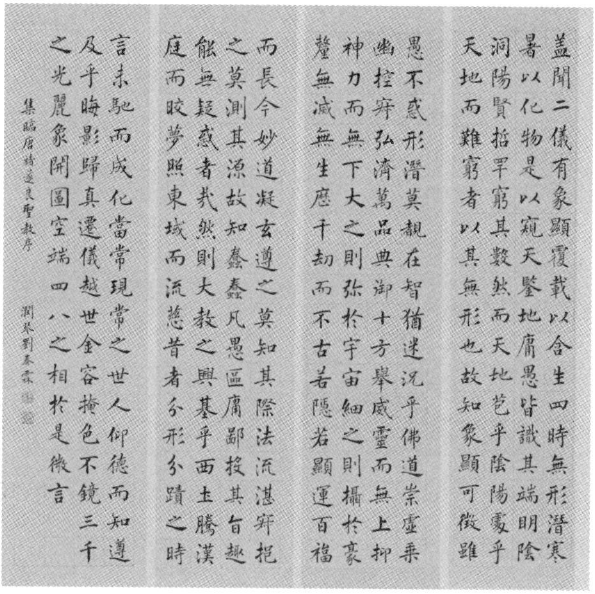

● 清光绪三十年（1904年甲辰科）状元
刘春霖临唐代褚遂良《圣教序》

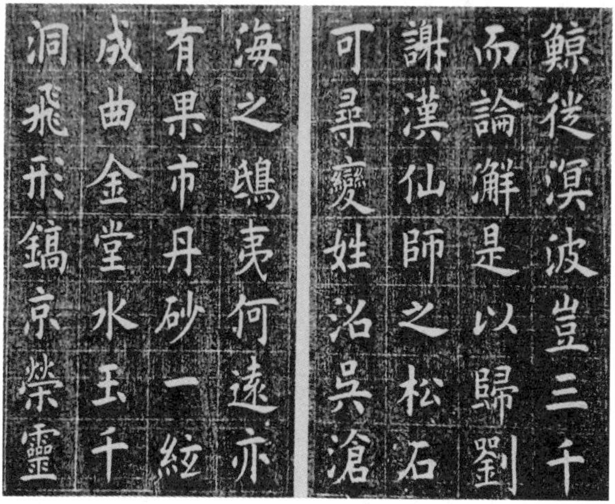

● 光绪二年（1876年，丙子恩科）状元
曹鸿勋书《重修玉清宫碑铭》局部

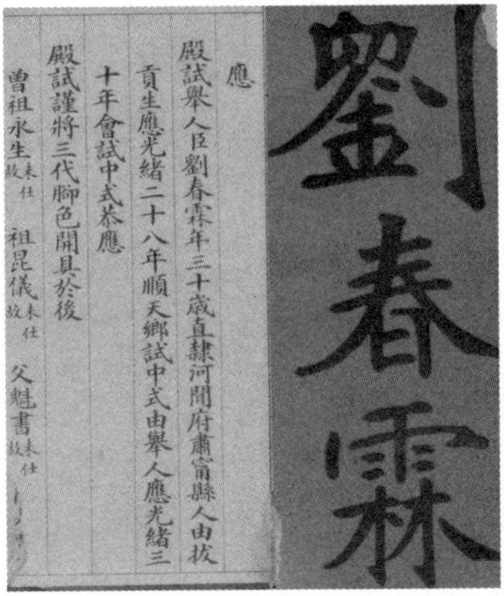

● 刘春霖殿试卷

冯只落个第三名的探花。此后，冯氏感慨：运气不好，偏与吃馒头、吃面的大汉同考！言下之意，假如不遇北方两强，状元岂不是非吾冯某莫属！

科举是朝廷抡材大典，选拔优秀人才，补充官吏队伍，清末几朝，沦为书法大赛。科举制度最后几页历史就是这么涂抹出来的。

相貌的乐与悲

按清代制度，举人应会试三科不中，特设大挑一科，不试文章书法，专看相貌。

挑选的标准是“同田贯日身甲气由”八个字。同，面孔方长；田，面孔方短；贯是头大身子直长；日，表示胖瘦高矮适中而又端直。符合这前四个字就可选中。身，表示身体歪斜不正；甲，头大身小；气，一肩高耸；由，头小身大。后四个字，沾上一个，就要落选。挑选的时候，二十人站一排，从中挑一等三人，二等九人。所余八人就是落选者，俗称“八仙”。承担此事的王公大臣照例先挑出不取的八人，挑一个叫“起去”，就是“八仙”落选的信号。

陕西米脂人高照煦，赴挑之前，颇以一等自负，亲友中也多以一等期许。凑巧，他到场列入最末一班仅余十三人，照例只能挑一等一人，他就站十一名，王公大臣将其与第九名反复比较，再三衡量，一等给了第九名，他只能居二等。又一年，山东有个举人是个身躯魁伟的伟丈夫，竟然落选，沦入八仙之列，义愤填膺，拦轿质问王公大臣："大挑以何为根据？"熟知此事的大臣一听就知道又是一位不服落选者，回答："我挑命也"。山东举人遂无言答对。其实，此公实在有点想不开，在那样的社会环境中，说你行你就行不行也行，说你不行你就不行行也不行，搞什么拦轿质问，倒不如泰然处之。

曾任户部尚书、军机大臣的阎敬铭，中进士前参加大挑，就曾沦入"八仙"之列。阎敬铭体貌属小字号，两眼一高一低，活脱脱一个乡村老头儿。阎就挑时，刚跪下，某亲王即厉声喝道："阎敬铭站起去！"不料，他中了道光二十五年（1845）进士。胡林翼奏调阎总办东征粮台，疏中有"阎敬铭气貌不扬，而心雄万丈"一语，即针对大挑落选受辱经历而言的。

阎敬铭以体貌猥琐被摈于挑场，而另一个极其丑陋的金孝廉却因丑入选。金某五官布局极不合理，观者都发笑而不敢正视。此公一入挑场，某王首先挑选他为一等。一时名公巨卿相顾错愕，某王说："不要惊讶，此人胆量可嘉！"众人仍不解其意。某王解释："此人如此面目，却敢于进入挑场。没有三国姜维的胆量，岂能达到这种地步！"

大挑知县，也是选拔官员，是给会试落榜举人的一条仕途出路。身高、长相很大程度上取决于先天的遗传，并不是经过个人后天的努力就能达到标准的。个人的奋斗，不管怎样艰苦卓绝，也无法实现，不得不求助于天命。难怪金某听了"挑命"的回答，哑口无言，心服口服了。

命运的科举

科举的创立，的确是一项举世罕见的发明和创造，简单明快地解决了选拔官员的标准问题。贫寒人家子弟只要通过苦读，可以进入官吏队伍。无疑，科举使社会管理这方面的机制有了一个统一的标准，其形式增加了一些公正的色彩。科场竞争增加了社会内部的活力，也增强了王朝社会的凝聚力。可是，当这种制度的掌握者、运用者本身僵化，从而使它固化而不加改进时，科举制度的命运就江河日下了。

同治二年（1863）癸亥科会试，状元是羊角风患者翁曾源。发榜之后，朝野舆论哗然。哗然归哗然，皇权之下，不久即归寂然。翁曾源何许人也，以一个久病之身，二十来岁就大魁天下，原来此人是已故大学士翁心存的孙子。江苏常熟翁氏家族六代科甲，一门叔侄两状元。翁曾源中举人没费吹灰之力，是祖宗显官得以荫庇，皇帝所赏。翁氏一家两代两朝帝师，又支持了慈禧政变，最受朝廷眷顾。同治元年（1862）翁心存病故，朝廷赐其孙曾源为进士，一体参加殿试。

然而，这个上谕是有错误的。举人参加会试，考中者为贡士，贡士参加殿试，才可取中进士。翁曾源先赐举人，取中也不过是个贡士。现在既赐给进士，何用再去殿试？既命一体参加殿试，那就不是进士，而应是贡士。皇帝们为所欲为，左右的大臣则事事仰承鼻息，不敢进一言而纠正。清朝自顺治帝至光绪帝九朝，都有赐贡

● 翁同龢书法

● 翁同龢像

士参加殿试的上谕，但多说是进士参加殿试。皇家风范如此，瑞亲王被皇帝写错为端亲王，也只得改名为端亲王，载漪承嗣端郡王就是以错就错的结果。

熟读四书与五经，不如有个好祖宗。翁曾源靠祖宗的荫庇，赏举人、赐进士，在科举之途上，比平常人家子弟一级一级曲折坎坷地攀登，省了多少光阴、多少精力。翁心存去世的第二年，翁曾源参加会试，他的叔叔翁同龢惴惴不安。翁同龢这一年四月二十一日日记记载："源侄出场，身体甚好，亦无讹字，为之欣慰。"二十二日："访心农（按：孙念祖、乔晋芳）及张午桥（按：张廷选），皆言源侄写作俱甚好，可望前列……源侄近年为病所困，深虑不能成名，今邀先人余荫，得与廷试，从容挥洒而出。意者其有天佑乎？”[1]果然翁曾源名列第一。

羊角风状元也曾被授官任职，但疾病缠身，不知如何报答皇家酬庸老臣的恩典。以父祖高官得赏秀才、举人、进士者，并非翁曾源一人。这种以荫庇而幸致科甲，均出自天子金口，成为常例。这种制度的施行，就使得科举制度所体现的平等竞争原则被破坏了。

科考的内容，一直规定是四书五经，这种从古以来千年不变的教条，又用八股文格式束缚得更透不出一点点生气，惟一的收获，是在皓首熟读中，熏陶了封建礼教，与整个社会制度合拍、有用。科举从隋唐到清末，始终与做官的业务脱离，自身丧失了活力。当教育的功能萎缩以至丧失，而与科举合而为一，就只能培植出做官的观念，与对传统的承袭、认同。

科场胜负，不由学业功力，冥冥之中，谁在主宰浮沉？于是归之：一命二运三风水四积阴德五读书。于是“尔无文字休言命，我有儿孙要读书”、“窗下休言命，场中莫论文”、“岂真登第皆名士，未必专房尽美人”等种种对联流行起来。科举鼓励读书，“两耳不闻窗外事，一心只读圣贤书”。“十年寒窗读孔孟，一举成名天下知。”但读书排行最后，只得靠命运风水祖先的阴功了。

直隶（今河北省）南皮县张家，张之万中了道光二十七年（1847）丁未科状元，堂弟张之洞中了同治二年（1863）癸亥科的探花。一门两鼎甲，张氏门楣也光彩万丈。张之洞在晚清算是有点革新精神的开明大吏，可他相信张之万的状元和自己的探花，端赖了祖宗从明朝就积累下来的阴德。据张之洞说，张家世代循吏，明

[1] 翁同龢：《翁文恭公日记》，1925年影印本。

朝正德年间，远祖张淮做河南道御史时，率都察院同僚争马昂妹事，载明武宗实录。张之万之父是监修清西陵的大臣之一，开渠要破一家的祖坟，他与诸大臣力争改道而保全。

要想子孙科第早达，长辈就要积先世之德。可见科举又鼓励人们积德行善，做个积善人家。春节的对联也有“积善人家春来早”。因果报应谁个能逃得脱？多色调的传统文化如此纠结渗透，真是鬼斧神工，浑然天成了。

清朝112科、114名状元，江苏一省得了50人，其中苏州竟占到17人。江南山清水秀，士子们钟天地之灵秀，科第发达，人文荟萃，风水之说遂有了根据，历久不衰。此事各种稗官野记记载最多，江南才子也因是而名满天下。同治朝，甲戌科陆润庠成了苏州府殿后状元。光绪一朝，恩科、正科多至13科，江苏状元两人，一是黄思永，一是张謇，都不是苏州人。像一首流行歌曲唱的那样，“山还是那样的山，水还是那样的水”，就是不出状元了。倒是穷山恶水的广西、福建、贵州各有两人，天府之国的四川出了一个。风水气脉似乎从地下转移到了这些边远地区，做了点平衡手脚。

四川人高树在《金銮琐记》中说：“清末鼎甲渐及边省，盖以笼络天下士人。”好一个高树，在军机处做了几年章京，参透了机关，原来掌握科举的朝廷调节这个机器，政策倾斜了一下，有意让边省平均一点皇帝的阳光雨露。科举既然是皇帝牢笼士子的工具，怎么会让苏州一府、江苏一省独被皇恩？

同治四年（1865），乙丑科殿试，状元是正蓝旗蒙古人崇绮，为了打破旗人不列名鼎甲的惯例，他成了又一个破天荒的状元。朝野窃窃私议，愤愤不平。崇绮的父亲、文华殿大学士赛尚阿以钦差大臣督师广西，镇压太平天国。咸丰二年（1852），太平军永安突围，东南半壁糜烂，赛尚阿兵败，定罪斩监候。崇绮曾因其父被逮治株连革职。崇绮的泰山郑亲王端华，于辛酉政变中被赐死。这样背景的人物，竟然当了殿试龙头，岂非咄咄怪事！

原来，这谜底隐蔽在政治中。清室镇压太平天国，自两破江南、江北大营之后，不得不依靠非经制的湘淮勇营。湘淮出力，旗营收功的算计落了空，靠八旗绿营威临天下的朝廷的形象不太美好了。同治三年（1864），湘军攻陷金陵，将帅以功得封赏者几尽汉人，籍隶八旗者寥若晨星。于是，次年的殿试，操纵科举机器，制造出一个旗籍状元，为旗人挽回一点威风、体面，以此重新描绘、修正、恢复王朝“高大完美”的形象。

玩弄这种政治“艺术”，是专制制度的政治需要和基本职能之一。只是埋头举业的士子们难以领会罢了。要你中就能中不中也中，不让你中就不能中能中也不中。否则，君主专制就不成其为君主专制了。

科举制度丧失了自身平等、公平的原则，激励读书应举的机制也日渐萎缩，导致了士子们价值观念的崩溃和变异。读书既然不是应举的惟一办法，要实现自身价值，只得求之于迷信了。于是，香客的队伍中增加了苦读寒窗的士子，烧香求神，祈求文昌帝君显灵发威；对祖先的祭祀也认真勤快起来，哀求或感谢祖宗在天之灵。

翁曾源中状元，翁同龢率全家多次奠祭亡灵。翁氏日记四月二十四日：“是日小传胪，源侄于黎明入内。辰正三刻，刘升驰报，源侄得一甲第一名，悲喜交集，涕泪满衣矣。敬告先灵。合家叩贺慈亲……侄得此科名，庶足仰答先人未竟之志。”五月初五日：“以曾源大魁、具牲醴敬告祖先，于吾父神位前哭奠。”[1]翁同龢、李鸿藻等科甲宰相，都能算卦，两人日记中都有算卦的记录，如此显宦的崇拜信仰，作了卦业发达的注脚。

风水既然紧要，房屋院落和祖宗坟茔方位的选择就不敢草率从事了。用世界领先的发明罗盘装备起来的风水先生于是业务兴旺，顾客盈门了。社会上最有知识的阶层归心于此，必然带动了社会各界尤其是下层社会的迷信趋向。雅文化与俗文化相互影响、渗透，将要次第走入官吏队伍的士人成了连接两种文化的桥梁。

知识本来是迷信的克星，当科举皈依迷信时，愚昧就无情地嘲弄了知识，无情地嘲弄了文明。不过，迷信缘科举历久不衰，科举借迷信却苟延残喘。

科举的命运

科考读书是官方批准的四书（《论语》、《孟子》、《大学》、《中庸》）及其官方诠释，出题限于四书以内，考八股文章，限韵作诗。自明朝以来，不断有人起而反对。崇祯年间，有士人贴一简于朝堂：

谨具　大明江山一座，崇祯夫妇两口奉申。

晚生　文八股顿首

[1] 翁同龢：《翁文恭公日记》，1925年影印本。

清朝，有人画八名瞎子，有的作题，有的写字，有的在鉴赏古玩，有的品评书法名画，有的调琴下棋，八人都目无所见，毫无所得。以此讥诮作八股，就是八瞽。乾隆年间，年近八旬的江苏吴江人徐灵胎，精于医术，善作道情，他写的刺时文说："读书人，最不济；烂时文，烂如泥。国家本为求才计，谁知道变作了欺人技。三句承题，两句破题，便道是圣门高第。可知道三通四史，是何等文章；汉祖唐宗，是哪一朝皇帝？案头放高头讲章，店里买新科利器。读得来肩膀高低，口角嘘唏；甘蔗渣嚼了又嚼，有何滋味。辜负光阴，白白昏迷一世，就教他骗得高官，也是百姓朝廷的晦气。"作者虐而又谑的讽刺，最终也未脱补天的窠臼，最末一句就是证明。

清著名翻译家林纾在《闽中新乐府》诗中说："须知人才得科第，岂关科第知人才。"这个诗论是恰当的。科举与选官结合，所以科举入仕始终是明清两代士人心目中的热点，也是社会舆论注视的热点。鼓励读书应举，科举又与读书保持了距离。就是八股文写得好、限韵诗作得妙又怎么样呢？催科征赋、判案量刑、管理户籍、土木工程、水利建设等社会管理的业务素养与这有什么联系？

按照清代制度，中了进士才有正式的做官资格。在荆棘丛生的羊肠小道上坎坷跋涉几十年的进士，开始学习做官的业务，从主事小科员到二品的侍郎（副部长）需一二十年的历练，回翔各部，取得了做官业务的基本经验，待到官居一品的尚书（部长），入阁拜相，一般都是年逾花甲了，白发卿相自然而然地产生了，论资排辈也顺理成章地出现了。

今天对这种现象加以观察，很难说没有一点合理性。甘罗 12

岁当宰相被视为奇迹；康有为年过不惑中进士，倡导变法改革，发动公车上书，仍被称为“少年新进”，这并不奇怪。翻阅古代历史，人们每每感慨于保守太多活力太少，社会生活停滞而不活跃。似锦年华，青春活力大部分消耗于科举考试中，民族的活力也随之消耗殆尽。

西方曾惊叹中国科举选官的优越性，演出了借玉攻错的一幕。谁能想到西方借中国科举选官制度，敲开了文官制度的大门，结束了政党分肥制的历史。中国科举考试选官，启发了他们的灵感，把教育上的考核移之于官员的教育、培训、选拔、考核，其行政业务分类、考试科目、选拔程序等，与科举制度已大异其趣了。

法国大文豪巴尔扎克写《人间喜剧》的系列小说，同情在旧的方面，但讥讽也在旧的方面，从另一方面说明没落贵族不配有一个好的命运。清朝的统治阶级，各代皇帝祖孙父子相承，似乎也不配有一个好的选官制度。他们重视科举，又儿戏科举。末代王朝，承接了科举从诞生以来的种种弊窦。名士储于夹袋，考试徒具形式，这是唐宋遗风。宋朝为了取中苏轼父子，不惜推迟考试。而奔走私门、夤缘权要的唐朝气象，到清末已弥漫天下。明朝科场贿赂公行，清末有过之而无不及。以名、貌、书法取士，也“古亦有之，于今为烈”，并不是清室的创造。

无情的原则有情的人。当制度的掌握者亦不遵循制度的规则，制度的命运就不美妙了。何况科举的内容和形式互相残杀；何况晚清入仕门路广阔，捐纳盛行，钱能买官，货币持有者就不愿受寒窗之苦了；保举可以做官，认准举主，溜须拍马者就不坐冷板凳了；留学归来可以成洋举人、洋翰林，跨出国门念洋学堂、喝洋墨水就是另一条出路。在欧风美雨飘洒下，末代王朝先是“同光新政”，又有“庚子新政”，洋学堂办起来，科举也就经清室君臣之手，在光绪三十一年（1905）永远停废了。

三　嗷嗷待哺的候补者

光绪三十二年八月二十四日（1906年10月11日），《申报》以“官册最近之调查”为题报道：“吏部近日派各司汇录已经注册候补候选人员之衔名共计二十五万七千四百余员，其未经注册者尚不在内，中国官场之人才亦云伙矣。”坐落在上海租界里的这家报馆，顾忌不多，记者（那时叫作访事）的触角伸向四面八方。大概提供内幕消息者有点好处费，从吏部透露的这个候补人员数字，在晚清尚属少见，有点独家新闻的味道。

浩浩荡荡的后备军

候选候补人员，尚不计未注册者，有257 400名。作为官僚的后备军，人数多少，要看官员数量大小，才能看出两者的比例是否恰当。据统计，清末官员编制在4万人左右。域外学者在《剑桥晚清史》中认为4亿人口的国家，官员数字应在10万左右，才能适应管理的需要。他们以西方自身作为参照系，自然结论值得推敲。中国以农立国，分工简单，官民比例必然要比西方近代国家小得多。这样看来，候补官员是编制官员的6倍，后备官僚的队伍不可谓不大。

按照清政府的规定，各省捐官、保举，以道员为限，因而当时称捐保的候补道“位极人臣”。候补道员以职权很大的南洋、北洋为荟萃之地，说天津“群道如毛”，有人将其中著名者列为三十六天罡，七十二地煞；在南京则有“候补道如过江之鲫”的说法。《官场现形记》中则说“江南本来有个口号，是婊子多、驴子多、候补道多”。

南京候补文官之多，居全国之最。宣统末年，在南京的候补道有300余人，知府、直隶州300余人，州、县1 400余人，其他佐贰杂职2 000余人，可谓冠盖云集，盛况空前。而江苏按编制，全省道员7个、知府8个、直隶州3个、厅3个、县67个，共计98个。南京一城以上各种编制名额不过50个。候补与编制的比例大约是40 ∶ 1。

候补人数与编制人数必须保持正常比例。在编官员病、死、为父母守制、终养老亲、年老退休、各种处分形成缺编，要一定量候补人员的补充，才能维持编制满员，使国家机器正常运转。但问题在于清末入仕之途冗滥，候补人员的增加大大超过正常比例。

清末，进入官场的渠道大体有五种：荫袭、保举、科举、捐纳、新式学校培养及留学生。除了最后一项，其他四项都不是新增加的渠道，而是清朝开国以后就有的，而最后一项，在清末数量尚不大，在各项中并不占重要比例。

树大荫凉多

嘉庆六年（1801）辛酉科乡试，清仁宗赐魏象枢六世孙魏煜附生，参加乡试。魏象枢在康熙二十三年（1684）任刑部尚书，休致（退休去职）三年后死去。魏氏故去百余年后，嘉庆皇帝不忘他的六世孙的仕进前途，特旨恩赐举人，沛恩重施，超过了一般的恩荫。荫袭的办法，是清以前各代王朝都用过的，三品以上京官可以荫一人，外官则要二品以上。遇到朝廷重大庆典，常以恩赏内外重臣，而荫及子孙后代。文武大员去世，临终恤典，其子孙也能沾上祖宗的光彩，皇家或赏官，或赐功名。

进士翁曾源就是祖父翁心存死后被赐进士，一体参加殿试。四川总督骆秉章死后，朝廷恤典，赏其子骆天保郎中、骆天诒举人，其孙骆懋湘、懋勤、懋仁、懋勋交部代理引见，骆秉章最喜欢的侄孙候选县丞肇铨，以知县分省即补。大臣死难，烈士的后代如有赏赐，难荫更优厚些。

世袭爵位，主要是皇室和满蒙贵族。袭荫一途，保障高级官吏与皇室贵族的特权。开国之初，皇族人口有限，封爵尚少，到了清末，人口繁衍，袭封者日众，据刘锦藻在《清朝续文献通考》中统计，达8 000余人。这部分是特权，与一般官僚队伍关系不多。光绪末年，面对着直冲云天的排满革命呼声，慈禧下令调查军兴以来督抚及尚侍等高级官员后代情况，对没有入仕的给予官职，意在笼络人心，巩固内部。

与其他途径相比，世袭增长比例不大，但也增加了官场候补队伍的压力。

科场来人

被视为正途的科举，是清末官员的主要来源之一。将清朝前五朝（顺治、康熙、雍正、乾隆、嘉庆）与后四朝（道光、咸丰、同治、光绪）科举情况进行比较，清朝112科平均每科取中进士235.8人，后四朝平均每科取中进士254.9人，前五朝平均每科取中225.3人，而后88年与前177年恩科数均为13科，由此也可以看出后四朝平均每科取中进士的人数，超过了前五朝29.6人。守成的子孙们在爱新觉罗王朝江河日下的时候，把科举当成了救生艇，以防灭顶之灾。

咸丰、同治年间，清室忙于镇压各地反清活动，17年间因战争停止乡试达14省之多，虽然战火连绵，戎马倥偬，却仍进行了补试。同治三年（1864），清军攻陷南京，两江总督曾国藩立即动手重修扩建贡院，奏准改期于十月举行了江南甲子科乡试，诸生欢欣若狂。

清末四朝取中进士人数，如果加上光绪二十九年（1903）癸卯经济特科取中的27人，以及同治、光绪两朝登基时所取孝廉方正，人数逾万。88年间取中的举人约6万人。光绪三十一年（1905）停废科举后，以前的举贡生员10万人，在宣统元年（1909）举行生员补考优贡拔贡，落选者准许考职并分别授职。光绪三十三年（1907）、宣统二年（1910）举行两届举贡会考，录取687人，复试后分三等授职。科举及其尾声的考试考职，除了万名进士授职补缺、举人大挑、截取授职外，进入候补者队伍的举贡生员又是数以万计了。

清末，各省督抚频频告急，奏请朝廷饬下吏部不能再向本省分发候补人员，以免臃滞。而吏部按朝廷决策，只能奉命惟谨、不断分发。光绪三十一年（1905）科举停废以后，积累的举贡生员的出路，在排满革命方兴未艾的情势下，成为清政府必须立即妥善处理的大事。而举贡会考，生员考优贡、拔贡等又潮水一般涌进后备官员队伍中。

作为选拔官员的重要制度，清末几个皇帝均将科举作为遗产继承下来，又经他们之手结束了这个制度。当他们为科举制度画句号的时候，遗留的问题却并没有因制度的结束而告终。

捐纳与滥保

使官僚后备军不断膨胀的另一因素要数捐纳了。有捐纳“开源”，官员后备军就无法“节流”。这条渠道的开辟，不是清朝末期的道、咸、同、光诸帝的发明，而是“祖宗家法”之一。捐纳者先要捐出身，要捐个监生，然后才能进一步买官，或是最低的佐贰杂职，或是知县、知府等等。

清朝前期的几代皇帝还比较谨慎，卖官也稍有节制，多是虚衔，官员后备军的人数还没有形成威胁。到了末期，就无限制地运用祖宗家法来解决财政的困难了。道光皇帝以守成之君自居，以节俭标榜，死后号谥为“成”。他在位30年，年年卖官，捐监总数达315 825人，这17省的统计人数加上直隶一省京捐数字，总数应在32万上下。这个数字是同期进士人数的32倍、举人人数的5倍多。

道光皇帝的子孙们在卖官方面并不亚于其祖，卖官市场“疲软”，就减价出售，九折、八折、七折，大甩卖，薄利多销，聊以救穷。乾隆三十九年（1774）道员售价16 400两，咸丰二年（1852）降为9 446.4两，光绪二十七年（1901）又降为4 732.1两，成了三折。清末有“打八折的知县”等，这样的名目也就不足为怪了。

买官得用银子，科考要受寒窗之苦，保举则无需什么本钱，只要能得到荐主的赏识与青睐，一纸荐疏，候补官即可到手。从这条渠道增加的候补官员，人数也相当可观。曾在吏部供职又担任过广东道监察御史的胡思敬，著有《审国病书》、《国闻备乘》等，他说：“近世保举之弊，十倍于捐纳，百倍于科举。”

保举名目日见繁多，始则河工安澜有保，漕运有保，军功有保，边防有保，庆典有保，会典馆、方略馆、实录馆、国史馆、玉牒馆等各馆修书有保；兴办洋务，则使馆随员有保，出洋肄业有保，机器局、船政局、洋务局各种局厂有保，水师学堂、武备学堂等各种学堂有保；后来，海防有保，劝捐有保，招垦有保，筹办电报、铁路有保，几乎无事不保！保举花样越出越奇。

辛丑慈禧和光绪帝回銮，接见百官，君臣痛哭流涕。但几天后，各部院大臣开单入奏，某某居守有功，某某扈从有劳，各保升阶，大家又无不破涕为笑。庚子之役，已经给清王朝披上了黑纱，君臣不思振作，上者以酬庸功劳为事，下者以获奖叙为荣，实在是国家的奇耻大辱。

日俄战争，清政府搞“局外中立”，划出战区，让日俄在龙飞圣地为争夺中国大打出手，战争结束，俄国吞下去的中国东北利权，吐给了日本。庆祝的应是日本，而清朝以局外中立成功，臣子照例奏保，朝廷照例允准。把“敬天法祖，勤政爱民”作为皇帝八字箴言的末代君主，祖宗陵寝所在的根本重地沦为列强势力范围，已经难以自解，腆颜作庆的一笔，把朝廷的形象描绘得不堪入目了。

光绪三十一年（1905），广西奏报“会匪”肃清，自有长串列保名单。而漏网“会匪”数十人进入贵州，抢掠丙妹四寨，巡抚发兵追歼没有追上，慌忙奏告，并列保有功者百余人，藩司邵积诚、臬司全楙绩、贵阳知府严秀熙的子弟、幕府均因保得官，闻者无不惊诧。普定县令邹炳文说，外省保案莫不如是，非独丙妹也。这就是所谓的军功保举。

大量军功保举，则是在镇压太平天国和各地反清活动的战争时期。湘军初期，军功保案以3%为率，到咸丰六年（1856）攻下武昌汉口后，提高到20%，此后遂成常制。同治元年（1862），曾国藩感到问题严重，曾一度降为12%。十几万人的湘军转战各地，保案也不断产生，保举人数之多不难想象。曾国藩说，统计各省军营，保至武职三品以上者，不下数万人。左宗棠也说，军兴以来，各省军营所保武职，不下数十万家。

全国绿营官职，从一品的提督19员，正二品的总兵56员，从二品的副将108员，正三品的参将152员，从三品的游击310员，总计三品以上者不过646人。但镇压太平天国后，以军功记名的提督即已达8 000人之多。三品以下的都司、守备、千总、把总、外委、额外外委不过12 300余人，而以军功保举记名者则以10万计。历史学家范文澜说，湘淮军镇压了太平天国和其他反清起义，加强了清朝的统治，同时也削弱了清王朝；后者便是指中央对地方控制而言的。从候补军官队伍的迅速增长看，无疑也增加了朝廷的困难。王朝摘下了胜利的果子，吞咽下去却显得有些苦涩，难以消化、吸收。

地方大吏为加强权势，通过保举结党营私。袁世凯为了提高其党羽的地位，或者个别明保、密保、特保，或者几人、十几人、几十人、百余人列案保举。随着袁氏权势地位的提高，保举的花样、名目越来越多，保举的名单越来越长。袁氏曾以办理局外中立成功奏保人员达284人之多，吏部以滥冗驳回。光绪三十三年（1907）发生丁未政潮，奕劻、袁世凯为一方，瞿鸿禨、岑春煊为一方，争得你死我活。待到瞿、岑败北，袁世凯又一次上奏力保，名单还是那样长，清廷只得照准。而对因杨翠喜一案被劾革职的段芝贵，袁世凯于七月初二日专折保举，说段氏“奋勇勤能，才堪应变，于中立一役，担负危险，艰苦卓绝，有非所及知者”。清室似乎忘记了将段革职的上谕，也“著照所请”，交军机处记名。

各种保案，不断给官员后备军保送了大量候补人员，不论素质如何，其数量对清廷形成了巨大的压力。

死候补　候补死

湖北候补道员恭钊，每移一新居，就叫仆人预先挖去屋中一砖。恭钊进新居后屡次说:“此缺何不补?”仆人回答:“即补。”于是再把原来的砖盖上去。

从这件事情可看出一些候补官员的心态。他们不惜自己制造吉祥之兆，取个立即补官的安慰，候补者得到官缺之难可见一斑了。咸丰、同治两朝用兵，保至记名提督者近8 000人，总兵20 000人。全国提督19员，如按每年一换，要420多年才能轮一次。总兵全国只有56员，如按每人当一年，也要300多年才能轮一次。候补者得到实缺，遥遥无期。纸上的官位不能当饭吃，候补不了，冻饿而死者大有人在。

据说，曾国藩任两江总督时，一天在街上碰到一个挑担裁缝，扁担上挂着红顶花翎，沿街叫卖，故意让曾知道。曾询问后，知此人是以军功保举得候补提督者，就说："国家不能为君等增加官员编制，也不能降你们的品级，授实缺来不及，不是皇恩太薄，你们这么高的品级，做卑贱的营业，是国家的耻辱，但也不是自己荣耀，反足以玷污自己。为了解决你的困难，请把翎顶以一百两银子卖给我，可以吧？"此人无法，只得答应。此后，曾氏奏准借缺补官的办法，从而出现了有从一品的提督而担任八九品的千总、把总的官职倒挂现象。

但是，小官则无补缺之望。湘军解散后，不少人没有出路，从戎十余年，不愿劳动自活，而投入哥老会等秘密会社，不少人从镇压反叛者效命王室，转而又扮演了反叛朝廷的角色。

候补官员太多，尤其是州县佐贰杂职，动辄数以千计。编制有限，使各省督抚穷于应付。变通的方法，就是改补实缺为轮流署理，或者委派一个临时差事，即使如此，仍然是僧多粥少，有的十几年得不到一次差委，几十年不能署一缺。捐纳知县者，富有者极少，如果家饶资财，就不会捐知县，而去捐道员了。此辈官大本厚，到省之后，得差署缺安排稍微容易。

捐纳州县佐贰杂职者多中下之户，倾其家产捐得一职，不计其余。本以为可以满载而归，但分发到省以后，实际情况远非意料的容易。等待一久，盘费告罄，倾家荡产者无法接济，曾向亲友借贷者无颜再次举借，妻子儿女，啼饥号寒，坐以待毙。

江西宜黄人欧阳昱游幕数省，于此类事知之甚详。他在《见闻琐录》中记载：某候补知县到省20年，未得差委，衣食俱尽，冻饿而死。临终时，身上衣衫褴褛，床上破席一张，地上稻草中躺着奄奄一息的老仆人。布政使动了恻隐之心，给了30串钱殡殓，又以10串钱救济其仆人。四川总督骆秉章奏报朝廷，一个旗人候补知县，到四川10年得不到差委，饥寒交迫，吞食鸦片自尽。

江苏一个即用知县，生性迂拙，不善应酬，到省20余年，既无署事，也未得差遣，典当俱尽，上吊身亡。即用知县有的是庶吉士散馆后所授职务，俗称“老虎班”，是地地道道的正途出身，但入仕之途冗滥，候补者拥挤不堪，正途出身也只虚有其名了。入仕制度被现实搞得面目全非，随之而产生的就是观念的紊乱，正途、异途已经颠之倒之，相信者越来越少了。

候补流水线

总督、巡抚面对源源涌入本省的候补官员，起初漫无章程，先到者有时比后来者委署还慢，为此议论纷纷。于是产生了按先后顺序轮流委差署职的轮委法。

后来，轮流太慢，又产生拔委法。即，有劳绩者可以不按班次提前委署。拔委的办法把候补者驱赶上走门子、求帽子的道路。所谓帽子，就是求大官写一叙列劳绩请予关照的书信给本省官员。大官八行书简一封，督、抚、布政情不能违，势不能却，从上而下，如帽子戴在头上。于是按大小帽子又排队，甲有外省督抚的信来，乙则持尚书侍郎信至，丙则怀揣军机大臣、大学士、王公贵族的函札，督抚布政按官阶高低，决定拔委的肥瘠先后。候补者如果缺少这一封人情书简，要想得到委署，就无异于要太阳从西边出来。

下一道工艺流程，就是帽子。给不给帽子，在于被求拜的大官；能不能让对方非给不可，就要看本人的本事了。官场充满阿谀逢迎的风气，就要看谄媚吹拍功夫了。即便稍有正直之名的显宦，有时也难免落入吹拍专家的圈套。于是，调查其嗜好，了解其亲友社会关系，投其所好，或者辗转结托，如此这般，泯去痕迹，入其心坎，动其心弦，高官显宦不知不觉，舒舒服服乐于助人，高帽子做成并戴在头上，请求者需要的帽子也戴在候补者的头上。于是，大官一言，或者奖拔保举，或者授之实缺，或者委以优差，升官发财。

高帽子制造专家出自官场，出自候补者的队伍中。清末，有一位中进士后在中央部门做小官的，放外省当知府，此公制造高帽子属于一流专家。他中进士的座师是个尚书，为官正直端方，最讨厌谄媚之徒。离京前知府谒拜座师。尚书训诫说，做官做到上不负君，下不负民，方不愧为读书人。知府点头称是。尚书问，此去做官，什么是最重要最先要做的事情。知府答，门生做高帽子一百顶，这是最重大最紧要的事情，尚书怒形于色。知府解释说，老师息怒，容门生详述。今天的大官，不谄媚逢迎就不高兴，如果违背其意旨，不但不能为国治民，且立即就会被参劾丢官。所以古人也说“善事上官，无失声誉”。如果朝廷内外，都能有像老师这样的理学名臣，斥黜一切巧邪柔媚之徒，则高帽子不但无用，而且也没有人敢用呢！

尚书听了知府一席话，由阴转晴，和颜悦色地点头。知府出了尚书家门，笑着对人说，本来做了一百顶高帽子，今天送了一顶。

这位知府以反高帽子轻而易举地给正直不阿的反高帽子的老师戴上了一顶高帽子，不能不说其制作的功夫高深。这种寓言式的记载，史学家或者不屑作为确证，但从文化和社会的角度观察，在清末官场候补者的流水线上，却不失为历史的真实。

进入候补者队伍的，不但有升官发财的热衷者，也有一些要改变境遇的比较本分的读书人。不谙官场门径，不能进入“轮委—拔委—大帽子—高帽子”流水线者，往往是此辈中人。他们执着于旧观念，坐等轮委，在等候的漫长岁月中境遇最苦。有一个即用知县，被分发到江西省等候多年，补缺委差都成了画饼，一家人将要断炊，才明了俗话说的“一日可补百年可补”的道理，懂得补缺的快慢全以大吏为转移。气愤之下，在自己门上贴了一副对联：“即用终不用，皇恩仗宪恩。”意思是说皇帝批准即用，而督抚阻难，使皇恩难以兑现。这个对联被坐轿路过的巡抚看见，立即让布政使为这位候补者补了一缺。另一任江西巡抚却不理会这些，如果候补者中的即用最先补用，尽先补用太多了，朝廷也难以没有即用而加罪于各省大吏。

候补者中有人给布政使司衙门贴上对联：“有甚心儿，须向别处去；无大面子，莫到这里来。”联语满含候补者的辛酸、不平，又于口语式的文字中加以刻骨的讥讽、鞭挞。某年冬日，雨雪霏霏，一位候补巡检到布政使司衙门辞行，衙门里的人穿皮大衣围火炉尚觉寒冷，辞行者身穿夹袍，外加纱褂，两袖和前后都开了缝，用黑纸在里面粘连，头戴乌纱凉帽，脚上旧鞋露趾，进门后，瑟瑟发抖，站立不稳。布政使问：辞行欲往何处？回答：一身饥寒已极，妻子儿女又冻馁将死，已无生路，只有求死一条路了，辞别后就去阴间地府报到。布政使怜悯其处境，安慰说，等到有差事，立即委派。让仆人带20两银子送他回家。据仆人回来报告，一间破屋子里，一家六口人穿着单薄的衣服挤在一张床上，已经饿了两天，大的已不能说话，小的已不能啼哭。

晚清中国，在进入官场的独木桥上，千军万马、拥挤倾轧，有如许数量为官而牺牲，成了别的候补人员的垫脚石头。

第二章 做官与做事

当一天和尚撞一天钟。这大概出自官员之口，说出为官者对做事的态度。清初即有人说，官员们十分精神，七分应付上司，三分做事。只用三分精神做事，能做多少事情呢？在专制制造的谎言氛围中，虚报、浮夸、上下欺饰就成为常态了。

一　做官不做事

谁家之天下

唐代著名文学家骆宾王在《讨武瞾檄》中提出了“试看今日之域中，竟是谁家之天下”的问题。清末郭嵩焘纵论古今天下：“汉、唐以来，虽号为君主，然权力实不足，不能不有所分寄。故西汉与宰相、外戚共天下，东汉与太监、名士共天下，唐与后妃、藩镇共天下，北宋与奸臣共天下，南宋与外国共天下，元与奸臣、番僧共天下，明与宰相、太监共天下，本朝则与胥吏共天下耳。”郭氏囿于传统，说南宋与外国共天下，是不对的，但论评从汉到清各代却是一针见血。

吏不属于国家正式编制，数字只能估算。县一级胥吏，丁日昌在担任江苏巡抚时指出，不但人数比知县及其私人幕僚和仆役要多，而且他们更了解条例和地方情况，权力很大。洪亮吉估计清朝前期一个县有胥吏200—1 000名，人数视县的大小而定。山东人游百川任监察御史时指出，捻军被灭后，大县有胥吏两三千名，小县至少三四百名。19世纪初期，浙江一些县已有差役一千五六百名，而山东一个大县至少有1 000名。把省、府和其他地方衙门以及京城中央机构的胥吏计算在内，全国胥吏几十万人，加上差役，就是百万大军了。这个数字几乎与清朝军队人数相当，大大超过了在编官员人数。

胥吏概念的界定说法不一。官府衙门中掌文案的吏，俗称书办。部院衙门的堂吏、门吏、都吏、书吏、知印、火房、典狱之类，都可称作胥吏。这些人熟悉某一方面或某一部门办事规则、例案，但难入仕途做正式官员，便以吏为业，祖孙父子世代相传，藉以为生。官员们办事，此辈私欲未得满足，援引例案予以驳斥，或者故意延搁，只得就其范围。这些人员三年一换，称作“退卯”。

中央机关中，户部书吏最多，多达千余人，吏部、兵部次之。工部事情较简，礼部多是礼仪活动，刑部掌司法，事涉法律。故当时有以富、贵、贫、贱、威、武六个字命名六部的说法，户部得“富”字，吏部得“贵”字，礼部得“贫”字，工部得“贱”字，刑部得“威”字，兵部得“武”字。此说不胫而走，甚至在大官中传布，究其根源，大概也是胥吏的发明。

浑账和例弊

户部索贿居各部院衙门之首，书办胥吏最富者首推户部。军费报销得经户部，清末内外战争频繁，报销数字动辄数十万，甚至百万、千万。凡是报销一案，实际上先是户部书吏与地方督抚谈判贿赂数字，双方同意，则报销顺利，否则，往返辩驳长达数年不能报销。户部官员甚至作为堂官的尚书、侍郎也染指分肥。此事在官场已经是公开的秘密，像曾国藩、李鸿章这样封爵拜相、坐镇一方的大员，也为此事头疼。

镇压太平天国后，湘淮军报销经费，数以千万计。清政府于同治三年（1864）七月颁布上谕，各路统兵将帅均免造册报销。将帅们自筹粮饷，中饱私囊，清廷却难以与功臣们算计，干脆予以承认，又免得部中胥吏勒索。这样快刀斩乱麻，了结了糊涂账，就成为一种恩赐，是对削平大难功臣的酬报。曾国藩接到上谕后写给儿子曾纪泽的信中说："真中兴特恩也。我朝酬庸之典，以此次最隆。"

同治七年（1868），剿捻军费，曾国藩、李鸿章共报3 000多万两，事前让布政使李宗羲托许缘仲关说户部书吏，谈妥贿赂数字8万两。但是，皇帝的上谕是"著照所请，该部知道"，就是说，全部报销，不用户部再作审核。曾国藩联想同治三年（1864）免办报销册，不追索打下金陵后所得太平天国窖金的上谕，加上这次顺利报销的圣旨，写给儿子纪泽的信中说："感激次骨，较之得高爵穹官，其感百倍过之。"[1]

官场倾轧，军事不利，屡疏求退的曾国藩接到这个上谕后，不好请求开缺退休了。批准报销，免于部议，竟然比得到高官厚爵还感激。但是原定给户部书吏的8万两贿赂，照送不误，这大概是曾氏老于仕宦之处，以8万两不必要的贿赂，结好书吏，作为修桥铺路打通门径的用度吧。

工部书吏遇到国家有大工程则兴高采烈，礼部书吏遇到会试、皇家大婚、大丧则手舞足蹈，刑部书吏盼到外省有大案发生则眉飞色舞，所为何来？财门大开，大发利市的机会来到了。胥吏作祟，

[1] 《谕纪泽》十一月二十七日，《曾国藩全集·家书二》，岳麓书社1985年版。

败坏吏治，从清朝开国就是如此。只要稍微翻阅一下清末编纂的《皇朝经世文编》续编、三编、四编和笔记、日记、书信，几乎从上到下都了解这个问题，不断地有大臣议论，也不断地有皇帝的谕旨下令整顿，但延续两个半世纪，一直整治不了。

国家机构的设置，各级官员的编制，选拔人才的制度，必然造成胥吏专权的局面。既然吏是办事的行政人员，却不在编制之内，必然造成各级政府机构存在大量编外办事人员，也造成了官员当官做老爷的官僚作风，似乎官与事无涉，做事就不像做官的样子。反之，官员不做事，就失去官员本身意义，产生异化。然而科举制度培养选拔官员，只是皇家规定的四书五经，与当官的业务渺不相涉。做了进士，到中央各部做主事，外放做知县，必须从头学习管理行政业务。在具体的实际业务上，状元、进士实际是启蒙的儿童，就不得不依靠这一帮业务熟悉的胥吏了。部中书吏称司官老爷，司官称书吏先生，实际上官员是学生。官员与书吏对话，书吏站立不跪，官员虽然愤怒，也不敢在脸上摆出来，害怕此辈暗中掣肘。

清朝衙门办公除皇帝明确的上谕外，其他都要查例案，就是过去处理这一类事情的成案，援例办理。事情千差万别，不是一个成案可以解决的，有的必须七拐八拐，援引很多成案，才解决一个问题。这些案例堆积如山，汗牛充栋，如非熟手，无异于大海捞针。官员们忙于钻营奔走，很少有人去熟悉、钻研业务，不得不事事听命于书吏，从而形成了比官员队伍庞大的书吏队伍，造成书吏专政的局面。

官员们任职时间短，知县三五年，有的署理只是一年，所谓

“官如传舍”，就是说官员之于官府，就像住旅馆的旅客。胥吏世代相传以此为生，更熟悉业务和地方情况，大部分知县不得不依靠他们办事，取得收支平衡，还要在一两年内积累一笔财产。

八国联军入都，官员多逃亡，胥吏则很少逃亡。所以，胥吏专政的局面，即便至高无上的皇权、政声显赫的大官也只能望洋兴叹，无可奈何。胡林翼感慨万端地说，大清律易遵，例难尽悉；刑律易悉，刑部处分律例难尽悉，此不过专为吏胥生存耳，于实政无丝毫之益。六部之胥，无异宰相之柄。疆吏竭诚殚血办事，而部吏得持其长短，岂不令英雄气短！廉能如胡林翼，浩叹如此！

光绪二十七年（1901），清政府实行“新政”，裁撤胥吏是改革内容之一，吏部尚书张百熙裁撤该部全部书吏，用新到的司官办事，其他各部才仿效办理，裁撤了书吏。可惜的是，“正月十五贴门神，晚了半个月”，大清王朝已在弥留之际，百病缠身，只废除书吏积弊，并不能挽救其覆灭的命运。

贺错了的万寿

光绪年间，有一善于书法的人做了总督李鹤年的幕僚，为李起草章奏文牍十余年。李鹤年革职后，此人转入湖广总督李瀚章幕府，缮写奏折时，驾轻就熟，信手写上了“湖广总督李鹤年”，李瀚章因此被传旨申斥。可见幕府中其他人并不校阅，具奏人李瀚章本人也未过目。奏折是写给皇帝的上行公文，发走叫作拜发，要跪拜放炮的，十分隆重庄严。官至总督的李瀚章，漫不经心，用自己的衙门官衔替李鹤年上了一份奏折！

阴历六月二十八日，是光绪皇帝载湉生日，各省督抚照例上表庆贺。光绪四年（1878），8岁的小皇帝万寿之期，贵州按察使吴德溥的万寿贺折，竟写成“恭祝慈安端裕康庆昭和庄敬皇太后万寿”，皇上的万寿而贺至太后，当然是开不得玩笑的，皇帝颁发上谕，交部议处。可怜的吴德溥，拍马屁拍错了地方。

魏光焘任甘肃平庆固泾道时，驻军固原部下有几个士兵逃亡，遍索不得，便行文通令所属各府及直隶州缉捕。一纸公文，胥吏写来毫不在意，竟把朝廷所直辖的奉天府列入所属各府中，还把府尹写成知府。奉天府尹松林接到这个通令，大发脾气，行文质问魏光焘。魏氏赶紧托朝中要人从中转圜，自称门生，塞了一万两银子，才了结此事。谁料第二年尹松林致信魏光焘，请代买玄狐、猞猁等贵重裘皮数十袭。魏光焘明知是竹杠再敲，也只有哑巴吃黄连，自认晦气，又花了一万两银子。当时人说，这个通缉公文真值钱！

清末的官员很多是做官不做事，胥吏是做事不做官。其实在清朝前期，这种现象已经不是个别的了。乾隆时，巨鹿县令禀复直隶总督一事，这个公文，在奉宪谕之下，只写了云云二字。向来，这类公文格式，云云二字，在誊写时是要填入具体内容的，因为是上级的指示，不愿在草稿上重复。正式公文还写云云，就成了笑柄。直隶总督方观承看到禀复后，批示：吏云云，幕云云，官亦云云，速将该承办书办提解来辕，仰候本部堂当堂云云。这种公文旅行，大概誊抄的胥吏也抄得糊涂了，不耐其烦，仍然云云。

京城各衙门，公事简少者，堂司各官，每天到衙门一次，小坐便走，露露面就算上班了。故有人写一对联：

大人套车，中堂请轿；

茶房开饭，苏拉倒茶。

优游岁月

官僚们饱食终日，无所用心，文恬武嬉，优游岁月。庚子以后，有人作诗嘲讽：

六街如砥电灯红，彻夜轮蹄西复东。

天乐看完看庆乐，惠丰吃完吃同丰。

头衔强半郎员主，谈助无非白发中。

除非早衙签配字，闲来只是逛胡同。

京城夜间华灯初上起，官员们的车马交错奔驰，看完天乐班又看庆乐班的戏，吃罢惠丰饭馆又吃同丰饭馆。街上多半是各部院衙门的郎中、员外郎、主事们，口中所谈无非是麻将牌的白、发、中。除非要早晨到衙门上班，都到八大胡同妓院倚翠偎红去了。郎中为正五品官，员外郎为从五品，这些中级官员却是吃喝嫖赌的主儿，皇权赖以存在的竟是这等货色，岂能希望长治久安。清末，上谕末尾常有“朕有厚望焉”几个字，此辈岂是能负厚望的人物！

经过八国联军事变之后，京城里似乎恢复了往日的平静和繁华，各衙门的大小官员依然故我，并不知朝廷死期将至矣。

光绪二年（1876）六月，朝廷议定给两宫皇太后册封徽号。这是王朝隆重大典，仪式宏大庄严，捧上册宝是大学士的差使。礼部原奏中称，要求派大学士16员，请皇上批准，出了大笑话。内阁是政府，历朝会典列于宗人府之后，位居第二。大学士为辅臣首列，虽不循旧例称宰相，但官场均以宰相视之，地位崇高，位极人臣。大学士例为4员，协办大学士满、汉各一，合计6人，这是常识。大学士为正一品官，朝廷授受向来审慎。礼部是掌管礼仪的衙门，奏折中多出10位大学士，这种疏忽，实在无法交代。翁同龢此时正做着光绪帝的老师，对此，在日记上写了三个字“可笑也”。

哭笑不得的事情层出不穷。光绪二十年（1894）十月，仓场衙门侍郎祥麟等在奏折中，抬写处皇上写成“皇下”，这大概创造了历史纪录，龙颜大怒，当然是交部严议。这种因笔误而受的处分，常常明发上谕颁行全国，一般封疆大吏、尚书、侍郎们都小心谨慎。有些公文由中央颁发标准文字，各省照抄，只写上官衔姓名就成了臣下的贺折之类章奏了，为慈禧恭贺寿辰的表文即为一例。慈禧的寿命长，碰上整寿，如50、60、70，礼部拟订特别表文，颁发给各部，届时照缮上奏就行了。平常年份的生日，礼部也颁发普通贺表一通，只是空出年岁，各部照抄表文时填上当年岁数即可。

光绪三十一年（1905）是慈禧71岁生日。河南巡抚陈夔龙的幕友照抄了贺表章奏一份，陈最后检阅时，发现所写是70岁，遂翻阅了所有部颁表文，才弄清原该按普通贺表抄写，填71岁，但幕友照着70整寿的特别表文抄写，连岁数也没有改动，陈夔龙吓出一身冷汗。因为写错的表文上奏，内阁如看出，就退回另缮，路途往返早过了吉期，最少也要处以大不敬之罪，是担当不起的。如果因错误表文一事被上奏弹劾，吏部议处也是逃不了的。陈氏作为清朝遗老，在上海写成了《梦蕉亭杂记》，于此事十分庆幸自己的细心。清代的笔记，包括正史在内，常称赞某某官员章奏书牍都自己动手，不假手幕僚，作为一种德政来歌颂，实在是能这样做的官员太少了，所以才予以赞扬。

河南人秦树声，是光绪丙戌科进士，学问博雅，擅长草书，楷书融欧、虞于一炉，尤见功力。秦在工部做到郎中，截取繁缺知府，必须引见召对。召对时，慈禧问：你常到衙门吗？答：不常到。慈禧很诧异地问为什么，答：无事可办。又问工部堂官勤惰，回答：不常到署，皆无事可办。召对后，慈禧召见军机大臣，讲了秦回答问话的情形。此人以御史记名，军机大臣们害怕这个人狂妄质直，即日外放云南曲靖府知府。秦后来升到广东按察使，入民国后，在清史馆任纂修。秦树声说了实话，暴露了工部的情弊，得罪了一大批官员，外放边远的云南省。实在是报喜者得喜，报忧者得忧，奖励的是弄虚作假的，提升的是吹牛拍马的。

六额驸景寿之子志钧，是同治、光绪皇帝的表兄弟辈，由孝贤纯皇后荫爵，承袭承恩公，任乾清门侍卫，兼副都统，是从二品大员。

有一次，光绪皇帝在天坛祭天，晚宿斋宫，照例应由御前侍卫及乾清门侍卫在门洞两旁值班。午夜，侍卫们应起来当对引后护之差。志钧酣睡不醒，他平日懒惰成性，又有大官的急躁脾气，没人愿意去叫醒这个三等公爵。黑暗中，缺少一人，也不易发觉。到天亮祭祀完毕，礼部执事人员锁了斋宫门。过了很久，志钧在里面大声疾呼，幸好被来接他的人发现。到礼部要来了钥匙，才把这位公爵大人放出来。大学士柏葰的孙子崇彝与志钧有点亲戚，听了这个故事后说，如真的饿死，不知该给何种恤典。

有年秋天，京城巡警在东城东单牌楼二条胡同外国人私设的赌馆里抓住了一群赌徒，男女80余人，其中多半是京官。巡警面对许多熟面孔说，你们是什么人？要知道平常商民罚20两银子，立即释放；若是官员则另有办法。别人都知道这番话是什么意思，随便报个假名假业，交上罚款就可以走人。

其中一位不懂个中奥妙，自报真实姓名，在某部任司员。巡警对这个赏脸不要的家伙说，你自己行为不检点，想趁这个机会连累别人吗？于是仍给此人填上假名字。到了官衙，谁想此公竟站出来质问为什么擅自改了他的名字。其他官员不想节外生枝，没有一个人说什么。他们知道，按规定，官员聚赌是要丢掉乌纱帽的。谁愿丢掉这个来钱轻松的营生呢？

自由幸福的囚犯们

清末，报纸上常登载多方面的新闻。一条消息说江西某县女监中女犯人生了儿子，使人诧异惊奇。此前数年，扬州监狱中男犯娶女犯为妻，结婚时发出请帖，酒宴宾客。请帖送到了本县县官的手中，知县大人才发觉此事，大发脾气，进行追究。这是世界上最不自由的地方，开出了一朵自由之花。

自从有了新闻这一界，搞新闻者不但讲究新，而且追求奇，狗咬人平淡无奇，人咬狗却能产生轰动。皇权专制本身就不自由，皇权专制下的监狱尤其不自由，不自由而能自由，不但新，而且具备了奇的特点。办报半生的汪康年把这条新闻摘入自己的笔记中，还说直隶河间县太爷的公子，发现一名颇有姿色的女犯人，为其开脱罪名娶其为妾，实在不够可笑。浙江一个知县发现女犯很美，减轻处罚释放后引入自己衙门，补充内室，荒唐而不够可笑。可见这位报业先驱有追求新奇的癖好。他办《京报》揭露庆亲王奕劻的丑闻，失去了办报的自由，但奇癖犹存，只是在自己的笔记中自由一下，新奇一番。

囚犯们如此“自由幸福”，官员之子把略有姿色的女囚犯纳为妾室，囚犯狱中摆婚宴，典狱官肯定是座上客，官员们实在是和尚打伞，无法无天了。

官与盗

官员们这样上班当差，皇帝和垂帘的太后却是宵旰忧勤，每天和军机大臣们处理朝政，是非常勤谨的。每年除春节、冬至、万寿三节外，没有休假的日子。但各部院衙门的官员们却并未被感动。看看李慈铭的《越缦堂日记》就可明白。此公在吏部为郎中，领薪水时才光顾衙门，平时文友诗酒酬唱，赴饭局、逛妓院、进戏园，几无虚日。这样的司官，当然是胥吏专政的肥沃土壤。京城里盗贼横行，各部院衙门就成了梁上君子们大展身手的处所。

据说，皇帝的玉玺就做过神偷的囊中物。有一年，玉牒修成后，加盖“皇帝亲亲之宝”玉玺，用完后送入库房加锁封存。一位大学士回家后返回内阁，让值班的内阁学士把这颗玉玺拿出来再看看。内阁学士去取时，看到封条未动，锁也完好，但取出匣子，刚刚用过的玉玺却不翼而飞。这下急坏了大学士，按处分条例，丢掉玉玺是要受到极重处分的。这位大学士不主张立即奏报皇帝，而是给匣子里放了一张银票。第二天拂晓再来检视，玉玺已代替了银票。梁上君子们志在银子，用玉玺换银子是最灵的法子。

梁上君子光顾内阁，诸多库房的库丁们则监守自盗。户部银库的库丁，每月有十几天当班。那时京华重地，没有现代的水泥地面，尘土飞扬，每次当值都要挑水洒路。他们在桶底装上夹层，乘机窃取银子，挑担从容而出。据说，库丁值班时，都要脱光检验，换上工作服，以防夹带偷盗。而库丁们有绝招，他们会把银子塞进肛门带出。练习时，先由鸽蛋、鸡蛋、鸭蛋、鹅蛋，由小到大循序渐进，最后塞进铁蛋。功夫到家，每次可盗窃银子50两。没有现代化的电子检测仪器，这种偷法是很难被识破的。晾晒衣被的库丁们，检收散落的珍珠时，以假充真则每每得逞。陕西督粮道方用仪，卸任时在大雁塔附近收购麦壳4 000担掺入仓库，掩盖贪污的痕迹。

清朝皇帝理政之勤是二十多个朝代中少见的，但从中央到地方的大臣敷衍塞责，懒于公事也是二十多个朝代中名列前茅的。

光绪年间，陈康棋在东华门外酒馆碰到一老翁。此公曾做幕僚20年，做官30年，足迹遍9省，对官场情形了如指掌。他认为："当时知府、知县，幸不甚知；知则劫富民，噬弱户，索土产，兴陋规，百姓更不堪命。巡抚、巡道幸不常巡；巡则搅驿道，折夫马，斥供张，勤馈赆，属吏更不堪命，仍苦百姓耳。"[1]当然，这是从另一种角度的讥讽。官员不理政事，也会给民间带来另一种苦难，比如犯罪率增加，甚至出现百姓保强盗的事情。

---

[1] 陈康棋：《老吏论各省吏治之坏》，《郎潜纪闻初笔、二笔、三笔》卷五，中华书局1984年版，第417页。

岑春煊曾经向章士钊讲述自己任四川总督时捕盗事。四川有一大盗，多次被拘捕，又多次获释，每次获释都是众多百姓到官府哀求担保的。百姓真的爱戴强盗吗？非也。岑春煊在任时秘密捕获此人，尾随求保释放的人群绵延几里路。岑氏一等人犯押到，审问几句便欲枭首示众。惊慌害怕的群众回答岑氏的问话说，我们受尽了这个强盗的祸害，但是过去的官府太怕事，逮捕以后不杀他。所以缉捕时我们不为他担保释放，出来后他就更变本加厉，我们不能不保，也不能不全力担保。岑氏在民国年间写的《乐斋漫笔》中提到此事，说这个盗贼是一名担任把总的乡绅。说明官盗一家，官盗难分了。

同治初年，山西省有一个姓杜的富裕人家，妯娌争产，词讼连年累月，互不相让。山西官员从州县到按察使都发了大财，因为双方都贿赂官府想打赢官司，山西巡抚英桂亦得到双方的好处费。官员有利可图，官司则不忙了结。按察使瑞昌所得最多，后来革职离开时，银子多得无法携带，就在省城以12 ∶ 1的比率换成金子，省会金子几乎为瑞昌换绝，瑞昌因此获得了“黄金贼”的绰号。挨骂一阵子，舒服一辈子。走了瑞昌，又来 × 昌，时间久了，新骂代替了旧骂，瑞昌腰缠巨资，安度余生，骂又能怎样？在清末，道德的沦丧竟到了这种地步！在朝廷的关照下，瑞昌席卷赃私已去，逃脱了刑法的斧钺，只是又被押上道德的民间的法庭，在这个法庭上，早已革职退赃，处以极刑。

皇家工程

每一个皇帝上台后，就开始了修陵造墓的皇家工程。陵寝工程按照程序进行，风水先生们用罗盘寻勘“万年吉地”，即选址，继之型制图式的描绘、用料的估算，能工巧匠们施展技艺，以至修造竣工。慈禧陵寝在东陵（今河北遵化境内），从同治五年（1866）她32岁时选址开始，到同治十二年（1873）整个方案定下来，花了七八年的时间。陵寝完工于光绪五年（1879），花费227万余两银子。慈禧陵寝可谓工程浩大，花费巨大了。

事情并未因陵寝竣工就了结了。东陵专设有官员，驻有军队，守护这些已葬未葬的庞大建筑群。官员的任务之一，就是随时察看损坏情况，报告朝廷进行维修。慈禧的陵寝在修成后16年，即光绪二十一年（1895），陵寝大臣溥龄等奏报有渗漏、糟朽、吊落、爆裂、酥碱等情况，慈禧陵寝的维修工程开始了，一直到光绪三十四年（1908）十月慈禧重病在床时才竣工验收。维修工程历时13年，比初建多用一倍时间。光绪二十一年（1895）先后派礼部侍郎刚毅，协办大学士、吏部尚书徐桐，户部尚书敬信两次勘估，又派庆亲王奕劻、兵部尚书荣禄承修。次年，徐桐、敬信又根据奕劻、荣禄的查勘重新勘估，又加派端郡王载漪，协办大学士、军机大臣、礼部尚书李鸿藻再次勘估。通过多次细勘，简单的维修工程项目上得越来越多。第一次的维修方案是大殿揭瓦油饰、角梁和龙柱修补，神库、宝顶、宫门等也都限于修补，尚未越出“维修”的概念。到最后几乎是重修了，大殿、东西配殿、方城、明楼、宝城、东西朝房、神厨等都拆掉重修，规模一次比一次扩大。用料也越来越考究：石料一律改用艾叶青石，大木料由杉、松、椴木，一律改用质地坚硬、纹理华美、价格昂贵的黄花梨木，仅此一项，就打破了明清两代陵寝使用木料档次的纪录。慈禧陵寝做工精细考究，御路石晶莹剔透，石制栏杆精雕细刻，柱子全部是木质本色，罩笼罩漆，墙壁干摆到顶，雕砖扫金。

值得注意的是，慈禧陵寝从选址开始到大规模“维修”，中间经历了中日甲午战争、八国联军入侵之役，国难当头，财政拮据，如此大兴土木，完全追求个人安富尊荣。死后的哀荣要在生前慢慢享受：不惜工本，投入大量的人力物力，朝中臣子、大学士、协办大学士、军机大臣、尚书、侍郎、宗室亲郡王勘估、承修、监修，总之，工程的规模、规格，炫耀尽皇家的威严和荣华。墓穴是常人的称谓，皇家则称地宫。陵寝刚重修成功，慈禧即病死，这位老佛爷的死尸送进地宫，葬礼进行了一年。服丧期间，全国官民人等不准结婚、理发、进行娱乐活动。

慈禧陵寝初建花费270万两，重修更多，葬120余万两，共660多万两银子，尚有许多人工、物料不计在内。《廿四史》是正史，都有食货志记载了各朝的经济、财政状况，共同的特点是，有“国计”即家天下的经济账目，而无“民生”，即没有一般老百姓的生产生活生计状况的记载。慈禧陵寝初建、重修到慈禧丧葬的种种花费，一律由国库开支。在这里，家国真是完全一致了。

国事即家事

与胥吏专政、官员因循相呼应的，就是皇室中人把国家大事与家务事合而为一。

同治四年（1865）三月，慈禧发难，黜革恭亲王奕䜣。为了争取支持，召见大学士周祖培等人。周祖培却说，这种事只能由两宫太后独断，非臣等所敢言。失望的慈禧对这位资深望重的大学士大发一顿泼妇脾气。另一位大学士倭仁则稍有不同，他不满意奕䜣办洋务，想借机整整他。在王公大臣讨论此事时，一位汉族官员说，这是人家家内之事，外人岂可妄言？讨论没有结果。经过宗室王公亲贵及众多大臣的请求，奕䜣终于复职，只是革去了议政王的头衔。

关系朝政的大事，两位汉族大臣竟然置身事外，理由竟是人家的家务事，外人不便干涉，这道出了皇权专制家天下的真谛。

《汉书·盖宽饶传》有言："五帝官天下，三王家天下，家以传子，官以传贤。"皇帝把国家看作一家一姓的私产，祖孙父子，世代相传，便是家天下。家长制放大到皇帝这个层次，皇帝佬儿就是国家最大的最高的家长。所以，《诗经》里早就吟咏出"溥天之下，莫非王土；率土之滨，莫非王臣"的名句。贵为天子，富有四海，也是说的这个意思，国事理所当然的是皇帝的家务事了。二十几姓的家天下到了爱新觉罗王朝，已经政治家族化、家族政治化了。不过，清朝为满族贵族肇建，他们从来没有忘记自己是统治民族的首领，因而，他们的家长制、家务事具有双重的身份和意义。周祖培等人在传统文化中生活，没有也不可能超越传统。他们说的话不能不承认是符合身份的，把握了分寸，颇为得体。

慈禧说得直白。光绪十三年（1887），在决定光绪十四年（1888）归政过程中，御史屠仁守奏请归政后，臣工密奏仍由慈禧裁夺。慈禧大为光火。翁同龢正月二十二日日记记载了这件事，日记中写道："蒙太后皇上同召见于养心殿东暖阁。首言昨屠仁守事。对：御史未知大体，然其人尚是台中之贤者。曰：吾心事伊等全不知。对：此非御史一人之言，天下臣民之言也。即臣亦以为如是。曰：吾不敢推诿自逸，吾家事即国事，宫中日夕皆可提撕，何必另降明发。对：此诚然。”[1]说得多么明白，吾家事即国事。

清朝皇权的争夺激烈残酷，但汉族大臣很少卷进漩涡。辛酉政变时，双方对垒的是太后、王公贵族，首脑人物没有一个汉人。彭蕴章、周祖培、沈兆霖、赵光四大臣的奏请太后垂帘，乃是在端肃等已经就捕、局势明朗化后的事情。署两江总督的曾国藩当时在安徽祁门大营，政变发生一个半月后消息才陆续传来，曾氏也只是惊骇之余，私下议论议论而已。其他督抚也如局外人，作壁上观。

朝廷大政，讨论的层次虽然很多，但王公贵族一层的意见占很重的分量。同治六年（1867）原议十年修约将要到期，朝廷的上谕先交沿海沿江督抚议奏，后又经几名亲王、郡王如世铎、奕劻等议奏。俄国侵占伊犁时，也经王公贵族参加讨论，他们的意见对最后拍板起的作用很大。

清末，并没有恢复清初的议政王大臣会议，但亲工入值军机，作为当然的军机领袖，自恭亲王奕䜣而礼亲王世铎、庆亲王奕劻成为常例，奕劻之首席军机大臣一直到宣统三年（1911）四月军机处撤销。嘉庆时，成亲王永瑆出任军机大臣，很快就收回成命，特别声明没有先例。事隔几十年，却成了常例。为什么？家务的需要。遏制汉族官员权力的膨胀，政局只有掌握在最可靠的血亲手中，才能放心。

4岁的光绪即位，奕䜣被七弟奕譞取代，奕譞虽然无军机大臣

[1] 翁同龢：《翁文恭公日记》，民国十四年（1925）影印本。

之名，却是遇到紧要事件与之商办的太上军机。皇帝的生父，要比叔叔亲近多了，取代的过程诚然夹杂了其他因素，自古以来的“亲亲”原则却是十分重要的。

就才干讲，人们往往只比较奕䜣与世铎，如果把奕䜣、世铎，与曾国藩、李鸿章、左宗棠比较，会得出什么结论呢？或许这种提法会被讥为可笑甚至无知，但这样比较更使人们明白家天下的清王朝，不能任用外姓异族的特别心肠。载沣当摄政王，连宗室都不敢信任，只认亲哥们儿，把国事家事天下事，齐家治国平天下完全融为一体了。

皇帝口里的辈分

清朝的嘉庆皇帝在嘉庆四年（1799）有一道谕旨是：

> 州县为牧养百姓之官，上司有稽查仓库之责。大吏不能体恤属员，以致亏缺公帑，是无异自取家资，以供浪费也。州县无以供应大吏，以致剥削民膏，是无异自朘子孙，以肥祖父也。试问小民不安室家，属员致有亏缺，甚或酿成事端，地方长吏，岂能逃罪乎？……[1]

上谕训诫督抚藩臬，不准公出时让州县官供应迎送，一切费用应该自己掏腰包，否则就是“无异自取家财”，州县剥削民脂民膏

[1] 《清实录》仁宗睿皇帝，卷三十七，中华书局1986年版。

供应迎送，“是无异自朘子孙，以肥祖父也”。

其逻辑是州县官是民之父母，督抚藩臬就成了民之祖父，当然是州县官的父辈了。推理下去，他这位皇帝岂不成了督抚藩臬的父亲，州县官的祖父，老百姓的曾祖父了吗?

曾国藩创办湘军，把教育分为训营规和训家规两种，“将领之管兵勇，如父兄之管子弟”，“我辈带兵勇如父兄带子弟一般”。《水师得胜歌》的歌词有:“我待将官如兄弟，我待兵勇如子侄。”袁世凯编练新式陆军，也强调对士兵如待子弟。

从皇帝到官员都是家长的腔调，他们是一级一级的家长。家庭，人类社会的基本组织，熔铸了人们生活的篇页，带给人温馨和依靠，把仁慈和威严和谐起来。皇权学说的理论家摸透了社会的脉搏，给皇权穿戴上家庭的衣冠，高居宝塔尖上的皇帝不但合法，而且合情。这种巧妙的构思使忠与孝水乳交融，家与国统一和谐，宗法血缘与皇权专制融合得天衣无缝，社会生活完全伦理化了。

政治伦理化

清朝及一切宗法专制社会中，亲疏贵贱的等级与血缘辈分相对应，确定了每一个人的身份、名分，突出了人与人之间的伦理关系。一个人出生后就在义务的罗网之中，他们必须按伦理关系对父辈、君主、兄弟姐妹、妻子丈夫、家庭社会尽与自己身份相当的义务。这些义务最根本的归纳为两个字，就是忠、孝。具体地说，交粮纳税、出差应征、生儿育女、保持贞操等。

在伦理化的政治格局中，长辈，特别是皇帝，享受了小辈、臣民无偿奉献的义务。嘉庆皇帝们坐在由无数臣民的义务支撑起来的权利金字塔的顶端，尽情享受着每一个臣民的奉献。人们看到的无所不在至高无上的皇权，就是这样从无所不至的义务中提取的。集中了全国每个人的权利在自己手中，他们才显得权力无边，能够生杀掠夺，尽享荣华富贵。无怪乎有那样的谚谣：皇帝轮流做，今年到俺家。陈胜起义前也对兄弟们说，王侯将相，宁有种乎，苟富贵，毋相忘。底层人民对宝塔尖上的富贵充满了渴望。

伦理政治化，政治伦理化。嘉庆皇帝、慈禧太后们以国为家，以家为国，脱口而出：吾家事即国事。家长之态那样自然，充满了人情味。僵化的皇帝专制制度又盈溢了亲情、人情，是怎样陶铸了臣民性格心理的深层结构，良可沉思。

二　做官大全

晚清流行着一首《一剪梅》，刻画了保位取荣的官僚们做官的手段、态度与心理。这首词写道：

仕途钻刺要精工，京信常通，炭敬常丰；莫谈时事逞英雄，一味圆通，一味谦恭。大臣经济要从容，莫显奇功，莫说精忠；万般人事在从容，议也毋庸，驳也毋庸。

八方无事岁年丰，国运方隆，官运方通；大家赞襄要和衷，好也弥缝，歹也弥缝。无灾无难到三公，妻受荣封，子荫郎中；流芳后世更无穷，不谥文忠，便谥文恭。

冯道再现

曹振镛是乾隆、嘉庆、道光三朝元老，乾隆时是侍读学士，二品官。经过25年的嘉庆朝，成了体仁阁大学士，加上了太子太保的宫衔，兼军机大臣。一入道光朝，立即大红大紫，居首席军机大臣15年，晋封武英殿大学士，宫衔加到太子太师，已经是无以复加的高度。道光皇帝倚信为心腹股肱，亲自为绘在紫光阁的曹氏功臣画像题字："亲政之始，先进正人。密勿之地，心腹之臣。问学渊博，献替精醇。克勤克慎，首掌丝纶。"曹氏道光十五年（1835）80岁时死去，道光亲自赐谥"文正"。生加太子太师，死谥文正，在有清一代的汉族大臣中屈指可数。

曹振镛才具平常，也没留下多少文字可以鉴评，做官也无赫赫实绩。《清史稿》本传说，嘉庆死后，枢臣代草遗诏，竟说乾隆皇帝诞生在避暑山庄。曹氏听别人指出这个错误，告诉了道光，新任皇帝龙颜大怒，罢斥枢臣，曹氏则从此乘上了直升飞机，成为军机领袖。另有记载说，曹氏看到道光皇帝终日埋首几案，批阅章奏，太辛苦了，建议抽几份细看，挑出书写的错误大作文章，在大臣中传阅，众多的臣工就会感到恐惧：皇帝看得这样细致，连错字都看出来了！以后再不敢草率应付了。这个建议足以把皇帝从日理万机的苦海中解救出来，而且一抓就灵。可能这就是"献替精醇"吧！这两手说来也没有什么不平常，大概正中以守成为宗旨的太平天子的下怀，从而铺平了他仕途的道路，爬上了人臣的顶峰。

有几种笔记说，曹振镛晚年恩遇极隆，身名俱泰，门生某请其术，文正曰："无他，但多磕头少说话耳。"[1]徐凌霄、徐一士兄弟在《凌霄一士随笔》中曾予辩正，说不一定出自曹氏之口。但是这类文字，概括了一种类型，符合其人特点，从这种意义看，此类记载反映了真实情况。

和曹振镛同时又比曹多活了几年的潘世恩也是同一型号人物。

---

[1] 《安徽通志·曹振镛传》，《清代碑传全集·续碑传集》，上海古籍出版社1987年版。

他是四朝元老，状元宰相，是曹氏死后道光倚信的一位枢臣。他敦厚养寿，决不做那些费力挽回的事。或许这也是太平宰相的心法。

曹振镛型的官僚的形成，是官场千年风波冲刷激荡磨砺的结果。这种型号在中国历史上早领风骚的是五代时期的冯道。在五代十国乱世中，冯道先后事后唐、后晋、后汉、后周，四朝九帝，居相位20多年，后晋被契丹所灭，冯又媚事辽太宗耶律德光，担任太傅。在波峰浪尖上，冯道左右逢源，八面玲珑，始终高官厚禄，持泰保盈，成为政界的不倒翁。言谈举止上修行宰相风度，遇事不置可否，首鼠两端，实在是侍上保身的传世秘要。历史千锤百炼，锻造出冯道、曹振镛型的典型的宰辅人物。

斋匪

南书房入值翰林，是皇帝的文学侍从，陪皇帝讲经、写诗、鉴赏书画等，是居清要之地的清要人物。庚子以后，入南书房者多至11人，如徐郙、陆润庠、张百熙、徐琪、张亨嘉、朱益藩、吴士鉴、陈伯陶、郑沅、袁励准等。其中徐郙为同治元年（1862）状元，资历最深，做官达40年，而徐为人最懒，经常不入值。对这位翰苑前辈、江苏同乡，同治十年状元陆润庠作诗调侃说：“阁、部、监、斋，处处不到；酒、色、财、气，种种俱全。”徐担任礼部尚书、协办大学士，兼管国子监事务，书房又称南斋，故有阁、部、监、斋的说法，讥讽徐既懒惰又贪财。

还有一位徐琪，善于走太监的门子，官升得很快，光绪二十六年（1900）从正五品詹事府左庶子一下升为从二品的内阁学士，连升五级。张亨嘉同在南书房而性情古板，他把徐琪等人叫作“斋匪”。

清末京城流传一句顺口溜：太医院的药方，翰林院的文章，都察院的奏章，光禄寺的茶汤，銮仪卫的刀枪，金鱼池的婆娘。讥讽他们徒具形式，没有实用价值，可以说言之成理，持之有故。太医院的御医们治疗对象都是皇帝、太后一类人物，诊断用药担着极大风险，众多的御医在一起，最后处方，综合各人意见，虽治不了病，但绝对无害；翰林们的文章虽然洋洋洒洒，辞藻华丽，却无益于实际；都察院的奏章连篇累牍，不关痛痒；光禄寺办理婚丧节庆筵宴膳食，贪污了经费，茶汤不咸不淡，没有多大味道；金鱼池是妓女聚集的地方，这些女人是官员们的玩物，名声地位不齿于人。几句顺口溜，倒是把中央若干机构的状况概括无遗，从中也可以窥见当时官场情状之一斑。

下层官吏的夫子自道

对比曹振镛之类中央的高级官吏，《一剪梅》反映的显然是中层官员的做官法。虽然是一首词，却是官学入门、概论、教程、讲义的文艺版。

流外官们居于下层，尤其是县衙门的典史。他们虽为编外官员，却也擅作威福。梁章钜《归田琐记》中载有一首十字令，作了高度的概括：

一命之荣称得，两片竹板拖得，

三十俸银领得，四乡地保传得，

五十嘴巴打得，六角文书发得，

七品堂官靠得，八字衙门开得，

九品补服借得，十分高兴不得。

高照煦在《闲谈笔记》中说，光绪二十四年（1898）赴陕西同州府送考，遇到潼关厅训导张晨岚。张署职多处，口述教官的十得歌。十得歌是：

一品官前坐得，两回丁祭办得，

三年考试盼得，四等秀才打得，

五品升衔加得，六旬太太苦得。

七品县印代得，八条卧碑记得，

九两斋夫扣得，十分将就不得。

教官们十得歌与典史的十得歌，对照起来倒也映照出下层官吏的欲望和心理。这类人处于官与民之间，向官的方面靠拢。教官的训导之类，他们也自撰楹联，如："百无一事可言教，十有九分不像官"、"教无可教偏称教，官不成官却是官"、"近圣人居大门径，享闲官福小神仙"、"读书人惟这重衙门，可以无妨出入；做官的当此种职分，也要有些作为"。自我解嘲，几分不满，从这里得到宣泄发抒。

做官五法

清末京城流传着做官的谚语：小官大做，热官冷做，俗官雅做，闲官忙做，男官女做。

嘉庆、道光之间，德州人卢荫溥做礼部郎中，这是正五品的角色。卢氏气宇轩昂，议论宏畅，夹杂在尚书、侍郎一二品大员中，难以分辨，所以说小官大做。龚丽正做军机章京，这是个连接四面八方的处所，但龚氏不奔竞趋走，故叫热官冷做。杨芳灿当县令捐纳进入户部，进了京城，与名公巨卿诗文唱和往还，几无虚日，故叫俗官雅做。周锡章在礼部做个小官，整日应酬繁忙，奔走无暇，把个闲散的官做得十分忙碌，故叫闲官忙做。蔡銮扬喜欢做香艳的艳体诗，而且顾影自怜，所以叫男官女做。考究起来，小官大做、热官冷做、俗官雅做、闲官忙做、男官女做，所体现的正是官僚们的信念和向往。

李瀚章在道光末年以即用知县分发湖南，路过武昌，晋见湖广总督裕泰，裕泰坐在台上接见。行礼后，李坐在裕泰旁的椅子上，裕泰呵斥再三，李才起立。事后，裕泰对其他官员说，你们看见李瀚章了吗？此人架子大，日后名位一定不亚于我。这一种反常行为被裕泰大加赞赏。裕泰果真是慧眼独具，后来李瀚章居然做到总督，外号李大架子。官僚们相度人才的思维方式在今天看来竟是这样奇特。官员尤其是大官僚，言谈举止、往来礼仪在没有明文规定中另有一种不成文的标准：架子的大小。

皇帝讨债

提起皇帝，似乎都有一种笼统的印象：至高无上，予夺在握，可以为所欲为。但正如一个历史学家所说的，这实在是一种误解。

嘉庆十二年（1807），户部报告：全国各省自嘉庆元年（1796）至十一年（1806）应该交纳的地丁钱粮，除朝廷批准因灾缓征、带征外，共计欠银886万余两。如果把缓征、带征的386万余两计算在内，总数累计1 272万余两。这个数字，占全国当时财政收入的六分之一。

嘉庆已经当了12年皇帝，12年钱粮不能完结，日子不太好过，因而大为光火，发布上谕，训斥了江南等省官员，重申严厉处分的条例：总督、巡抚如果包庇州县官员，不执行条例，将一并严厉处置；同时也制定了完成缴纳数量官员的奖励条例。有奖有惩，期望能讨回一些欠债。

父债子讨

道光二年（1822），道光皇帝下令催办安徽省欠银41万余两，命令新任巡抚孙尔准和布政使陶澍立即追查，限期完纳。皇儿帮助父亲嘉庆讨债了。

皇帝鼻子底下的直隶省（今河北省），竟然从嘉庆十一年（1806）至十九年（1814）的应征钱粮1 200余万两没有报告户部，嘉庆二十年（1815）至二十五年（1820）又有未完成的500余万两。道光皇帝勒令直隶总督蒋攸铦督率官员迅速清理报部。道光五年（1825），全国各省仍有嘉庆二十二年（1817）以来欠银380余万两之多，缓征、带征银两积累到849万余两。这两个数字和他父亲催征时正好打了个颠倒，总数1 229万余两，没有多大变化。但问题够严重的了，嘉庆是登基以后第12年，道光是登基以后第5个年头，积累数字已大体相当了。

经过鸦片战争，到了道光二十八年（1848），省欠中央、地方欠省的债务共计362万余两，制钱5 050串。而各省未计入账内的欠款比这个数字更大，竟高达银1 014万余两，制钱2 016串。过了一段时间，户部才将完整准确数字报告皇帝，各省积欠正征、缓征地丁银两共计2 390余万两，道光二十年（1840）以前共免去银两930余万两。一直到道光皇帝死去，子代父讨债才有了结果，但儿子自己身后又积下了庞大的欠征数字，只得又留给了儿子、孙子。

嘉庆的曾孙光绪皇帝载湉，依然操起讨债的行当。光绪十一年（1885），户部还报告说，每年正杂各项赋税欠1 100万两以上。

祖孙四代都说清朝永不加赋，政令宽大，为什么老百姓不知感恩，还要拖欠？官员俸禄优厚，为什么还没有劲头严催课征？为什么疲软如此？

各省拖欠太多，应调中央政府的款也是久拖不报。咸丰元年（1851），在祖父、父亲催了50多年后，咸丰皇帝又下令各省迅速报告。而江苏江宁、安徽自道光三年（1823）起至咸丰元年（1851），有1 059款，合银926万余两，28年不造册上报。咸丰皇帝谕令两江总督及江苏、安徽等巡抚务必将道光三年（1823）至二十三年（1843）未报各款限期三年，道光二十三年（1843）至二十七年（1847）未报者限期一年，二十八年（1848）至咸丰元年（1851）八月各未报款项限期半年迅速清结，否则严惩不贷。严则严矣，似乎地方官员们对付皇帝自有一套办法。否则，16年后的同治五年（1866），同治皇帝就不会说江苏、安徽等省，自道光四年（1824）至同治三年（1864）积累将及千万两之多。又是一次子代父讨债！

钱的去处

各省亏欠数目如此之大，钱到哪里去了？

道光二年（1822），前任直隶总督颜检奏报直隶藩库应存余银51.5万余两，但历任布政使因公借支未归还银计47.6万余两，现在实存银39 400余两。另外，盐斤加价生息等项收入，除因公动用外，多有借支。每次报销，都是虚列项目，并无存银。道光皇帝没有想到总督布政使们竟也像不法州县官员一样借支挪用，责令曾经在嘉庆朝担任过直隶总督的颜检立即查明，限期追缴。

这样的糊涂账一直延续到王朝的末日。

咸丰二年（1852），山东巡抚报告说，这个省已参州县亏空案件自道光二十八年（1848）至咸丰二年（1852），共有11起，当皇帝的当然是严令催缴，否则，从布政使到道府州县一并参惩。但是，到了咸丰十一年（1861），山东巡抚谭廷襄报告说，山东州县官员，藉口报灾情军需，擅造报销，挪移中饱，查明咸丰七年（1857）以前州县官员前后任交代发现的亏空，应该追赔达71万余两。7年以后积压的此类案件有200余起。咸丰皇帝命令限四个月一律清结，并要求各省查处同类案件。

事情并不那么简单，过了4年，到同治四年（1865），山东巡抚阎敬铭报告说，他将咸丰十一年（1861）以前归为旧案第二案，涉及州县官员达96人，逐案钩稽。除章丘知县屠继烈交代清楚外，其他各人短欠共47万余两。朝廷责令阎敬铭将亏欠各员一并查抄监追，限期若交纳不出，按律定罪。已经病故者如有子孙当官，令其完缴。并通令各省将欠款人原籍家产查抄抵偿。阎敬铭在山东雷厉风行，先后解革州县官员近百人。吏治稍有起色。但是，像阎敬铭这样的巡抚太少了。阎氏后来担任户部尚书，大力整顿，才使财政略有节余。

各省官吏欠皇帝，但老百姓从不欠官府，欠皇帝账的是官员。最基层的州县官，既要支应上司的需索，也要装满自己的腰包，盘剥百姓的办法多种多样，甚至可以诬民叛乱，加以镇压。而新旧任的交代就颇费斟酌，时间长了，也积累了很多经验。凡是前任的亏空，上司无可奈何，物色继任者的条件之一，就是要能够弥补亏空，或者强令后任接收烂账。新任上台又把亏空留给下一任，像接力赛跑一样，一棒一棒跑下去，亏空依然故我，甚至像雪球一样越滚越大。

至于弥补亏空的办法就多种多样了，谎报灾情就是一种。把受灾的面积、程度加以扩大，上报朝廷，以求免除，或者减成征收，对下则照征不误，多出之数即可弥补亏空，或中饱私囊。光绪、宣统之交，河南洛阳县令某死，亏空很大，布政使朱寿镛勒令武阳某令代为弥补，否则不准赴任。此人正好从布政使库领出4 000两银子，立即交回库房作为弥补。但库房书吏不收，要求照例加上销熔火耗。这位继任者说，刚领出来，封皮标记都没有动，为何要加火耗？有人把这事告诉布政使朱寿镛，朱说，这是库吏的事，要和库吏商量。继任者无法，只得加上火耗银，才交了上去。

部有部费，京官吃外官，部款供应皇家，千孔万洞，国家财政收入就这样被渗漏、消耗。皇帝向各省要债，只找对一部分债主，他的权威岂能不大打折扣！

三　火神到

清朝前期，康熙、乾隆向外打，统一了各部。乾隆以十大武功自诩，自号“十全老人”。到了清末，西方列强打进来，战火四起，战则失地，和则辱国。内部也是火警频报，可以说后院起火，惶惶不可终日了。

户部失火

孙宝瑄《忘山庐日记》光绪二十九年（1903）五月十五日载：

> 十五日，趋署，始闻户部治所于昨日失慎，烧去房屋百余间。

户部十五日报告说，户部捐纳房失火，延烧大堂银库及各司处。失火的原因是当月司员文懋、汪文，司务厅值班笔帖式锡璋、张启芳等疏于防范。捐纳房是卖官收银的机关，火从这里烧起，格外启人疑窦。但户部的报告以疏于防范了事，朝廷指令查明损失，有关人员交吏部议处。一场大火就这样了结了。

有趣的是，这些日子京师大旱，朝廷从邯郸请来铁牌，在龙王庙设有官方的祈雨坛，日日派人祈祷，官员亲自上香，并请僧道念经祈求雨露早降。自铁牌进京，老天略显恩典，滴了几点雨，立即风吹云散了，旱情犹胜于前。有人写了对联，嘲讽道：两班恶道淫僧七打八敲，呵退风云雷雨；几个赃官污吏三叩九拜，拜出日月星辰。奇怪的是，五月二十三日白天酷热难耐，晚上大雨降落，二十四日拂晓仍然淅沥不止。这场雨如果能提前十天，户部的火灭起来也容易些，真有点天公不作美。户部失火不止这一次，有记载说，咸丰时就发生过一次，火烧了三昼夜，该部档案全部化为灰烬，户部因此无案可查。董恂在户部时曾节抄有关案例，后来董任户部侍郎，修订则例，用自己保存抄件加以补充。火神一再光顾户部，大概不能以疏忽失察之类的理由搪塞过去。

光绪十四年（1888）八月二十四日，天坛祈年殿被电击起火，这把天火把皇帝祈谷祷天的殿阁烧得瓦木不存。虽然是天灾，掌管祭祀礼仪的衙门太常寺的官员们降二级留任，奉祀刘世印降一级调任，罚俸一年，工部重新修建。灾从天降，治不了天，对人毫不客气，大概这也是人治治人的表现之一。

光绪二十六年（1900）七月，八国联军攻占北京后，户部银库存银折数百万英镑被先到的日本军队洗劫一空，后来的军队把咸丰时所铸铜钱一万余串抢光，各库房钱米像经过大扫除一样干干净净，一物无存。最后，联军放大火烧了清王朝的这个财政衙门。这一回，清朝皇帝没有发布上谕处分哪一个官员，对洋大人们更不敢得罪，反而表示，要“量中华之物力，结与国之欢心”。

军火库的一响

光绪十五年（1889）五月初二上午八点钟左右，坐落在石碑胡同的神机营兵工厂火药库爆炸，厂房全部坍塌，右邻尼姑庵的禅房尺椽不存，四邻民房被震塌、烧毁，人员伤亡难以计算。天空到处飘飞着人的腿、脚、头颅。这一天恰逢护国寺庙市，市面上的琉璃器物全被震碎。当日该厂工人点名后，都出去吃饭去了，幸免于难者多，死亡的有队长郝悌长等人。

步军统领以郝悌长等6人死亡塞责，连倒塌房屋人员死伤也含糊其辞，至于邻近民房人口损伤只字未提。步军统领是京城卫戍长官，奏报偌大事故，不及百姓一字。官员们目中无人，心中根本没有老百姓。朝廷上谕责其调查，最后，也只是处分了管带、帮操、营总等官。

从上到下，贪污贿赂，骄奢淫逸，在火的频频警告下，仍然麻木不仁。户部多次失火，起火原因始终未能查明，人们怀疑放火者就是户部的司员胥吏，为掩盖其作弊贪污而放火灭迹。

皇帝大婚前的火光

紫禁城集几百年建筑之大成，是皇帝后妃生活的宫禁重地，也大火不断。道光十六年（1836），西佛堂失火，烧了延辉阁。同治八年（1869）失火，烧了武英殿。光绪十四年（1888）十二月十五日深夜，紫禁城内贞度门失火，东邻的太和门、昭德门及附近的毡库、皮库、茶库等库房化为灰烬。火烧起来后，王公、大学士、军机大臣、各部院尚书、侍郎、各旗副都统及詹翰科道、各衙门司员及警卫兵7 000余人，用了两天时间，才扑灭了大火。

灾后的日子，光绪皇帝连续颁布上谕，奖励救火的功臣，得到奖励的王公贵族及高级官员达156人。到场救火的兵丁、匠役、苏拉人等，每人赏银2两，受伤者赏银10两，15处水会赏10 000两。水会负责人交部优叙，有的赏给五品顶戴。对失火肇事者及有关官员加重处理，处死、降级、罚俸。纵观事后奖惩措施，也无非是故伎重演，奉行的逻辑是：有买棺材的钱，没有治病的银子。

光绪十五年（1889）正月二十七日，是光绪皇帝载湉结婚大典的良辰吉日，大火发生在此前40来天，实在给皇家婚典蒙上了浓重的晦气。按照封建礼法，这是无论如何要加以补救的。但是，婚期迫近，这种宫廷建筑，所用木石砖瓦等材料决非一般可比，采购运输制作就不是旬月间能够办到的。于是，搭了几座与原建无二的彩棚，权作临时的应付。正是因为临近光绪婚期，所以，奖励、处分都是从重、从快的。

四　大案折光

东窗事发

清末，户部官员串通书吏，每借各省报销之机，勒索贿赂。云南省为了报销，派人商谈贿赂数目的事，哄传京城已经一年多了。至光绪八年（1882）七月二十三日，御史陈启泰奏劾太常寺卿周瑞清包揽云南报销。这一弹章把户部烂污拆开曝光，也是多年来的第一次。户部尚书景廉（满）、左侍郎王文韶都是军机大臣，周瑞清是军机章京，于是事情牵连军机处。朝廷派出前都察院左都御史、新调理藩院尚书麟书和刑部尚书潘祖荫两名大臣查办。人们引颈期盼，要看看究竟。

七月二十九日，麟、潘报告，已拘拿顺天祥、乾盛亨两个汇兑局商人王敬臣、阎时灿及账簿，初知云南粮储道崔尊彝、永昌府知府潘英章确实汇用银两。但崔、潘已回籍、回任。于是，朝廷命令云贵总督、云南巡抚、安徽巡抚速饬二人来京，听候质讯；并将周瑞清军机章京撤去，令其听候查办。初步的结果已证明传言非虚，陈启泰奏劾不诬。黑幕已经揭开，非水落石出不能闭幕。

八月十八日，给事中洪良品借天象示警上言，奏说景廉、王文韶二人受贿过万，请按周瑞清之例，将景、王二人撤出军机处，听候查办。军机处五大臣牵进了两名，两人又都是户部官员，朝廷十分震惊，立即派出皇帝的五伯父、宗人府宗人、惇亲王奕誴，皇帝的老师、工部尚书翁同龢传洪良品询问，要求说出确凿证据。但御史洪良品系风闻言事，并没有确凿证据。

此时，户部有关书吏早已逃之夭夭，不得不命令步军统领、顺天府及五城御史缉拿归案，又严旨云南、安徽督抚将崔、潘解送来京。案情扩大，军机大臣受贿已被点明，不得不彻查。外号“铁汉”的邓承修此时再上一折，要求将王文韶撤出军机，以便查核此案。朝廷退无可退，只说王本人再三要求解任听查，但朝廷谅其任事以来并无贻误，仍令其继续供职。另外，加派奕誴、翁同龢查办此案。

人与法的辩论

九月初二日根据麟、潘二人报告，户部有关书吏系传令看管后被纵容潜逃，崔、潘来京是办报销，并与周瑞清有书信往来。上谕将周瑞清解职听审，户部云南司司员纵逃案犯交部议处。

这时，有个叫梁俊的御史出来说话，凡光绪八年（1882）八月以前军需善后未经报销的款项，只将收支分年开列清单奏明存案，免其造册报销。梁俊的理由是，军需报销都事隔多年，地方督抚不是一个人经手到底，造报细册，实际上是很难做到的。各省造出细册，户部司官未必能查核清楚。这种报销办法，在于堵塞督抚浮冒多报，却给书吏勒索大开方便之门。并举云南报销案为例，说这类事情向来视为故事，已成惯例，现在反倒成了新闻。现在书吏远逃，枢臣被劾，舆论沸腾，成何体统？所以必须变通办法，一律开单报销免造细册。

梁俊的奏折，想给正在扩大的案件降温，以免牵连过大，朝廷立即批准。但是，事情过了三天，詹事府右春坊右庶子张佩纶指出，同治初年镇压太平天国军费免于造册报销，是朝廷特殊的措施，不能当作常例。开单报销，很难杜绝各省虚报，问题很难发觉；造报细册，又难以根除部吏婪索，但容易觉察，云南报销案就是明证。两种办法，各有利弊，应该责成户部尚书阎敬铭（汉）另外筹议新的办法，内除户部招摇需索之由，外绝各省含混报销之弊。这个奏折，剖析了两种办法的弊端，言之成理，朝廷不得不交户部制订新的方案。

张佩纶和梁俊的奏议，几天之内左右了朝廷。两个人都谈到人与法的关系。两人所论人与法都没有超出皇权统治下人与法的传统观念，无非是说官员忠诚廉正，没有法也行。朝廷在批准梁俊办法的上谕中就说，开单笼统报销，训诫督抚和统兵大员务当激发天良，切实查核开报。这是人治对官员素质的要求。在人治政制下，皇帝一言而为天下法，从汉代起，就形成了前主所立著为律、后主所立著为令的传统。万千律令实际上是皇帝的旨令汇编，皇帝可以法外施仁，可以特批。

如同治初年湘军军饷免于造细册报销，而开单笼统呈报皇帝，不经户部就直接批准，上下左右都认为这是皇帝对曾国藩削平大难的特殊恩典。同治六年（1867），曾国藩、李鸿章剿捻军费3 000多万两也是这样特批报销的。

皇帝说官员激发天良，不激不发怎么办？朝廷想借梁俊一折，又作为特批，下不为例，只是张佩纶紧扣云南报销案的主题，又涉及根本报销制度，才没有能够定论。如果只谈守法，皇帝还有什么特权？

水落石出

十一月，周瑞清的家丁谭兴及票号商人阎正卿供出户部云南司官员提起过付银两的情节，案情有了突破。两天后朝廷就批准了王文韶开缺养亲的要求，给王以体面的出路。不久阎敬铭整顿户部，纠正颓风，将十几年前曾任户部司员纳贿营私的广东布政使姚觐元、湖北荆宜施道董俊汉、湖北候补道杨鸿典三人劾罢。本案牵涉的前户部司员、都察院御史李郁华也由麟、潘奏准解任候传。接着，御史邵积诚劾罢前户部司员、河南候补道启续。至此，当年在户部招权纳贿贪赃枉法的姚、杨、董、启四大金刚全部落马。

光绪九年（1883）五月二十九日，奕䜣等一亲王四尚书的强大班子终于查清云南报销案：崔尊彝原系捐纳郎中，又保举知府分发云南省，不久升为督粮道，任善后局总办，曾署布政使，被人参劾，自知在云南难以立足，趁入京引见之机，将13口灵柩及全家带出，挪移已撤销的云南捐局余款17 000两和全部私蓄32 000两，一并汇到了京城汇局。潘英章由同知升补永昌府知府入京引见，向崔借公费银1 600余两、私项银10 000两，又代该省同知邓家荣等20余人汇银35 400两，两人共汇银18.5万余两。

太常寺卿、军机章京周瑞清，其侄周祚恩在云南与崔同营当差，生病时颇得崔照料，周瑞清在江南任乡试考官取中崔的堂弟崔应科为举人，两人通信以为世家。潘英章与户部云南司主事龙继栋关系密切，龙曾为潘的幕友，潘在知县任内曾借龙家房价抵还交代。云南省自同治十三年（1874）以后一切收支均未报销，这次崔需和年例两项合并报销，恐怕户部书吏刁难勒索。光绪七年（1881）九月入京后，托周瑞清同龙继栋向同司的孙家穆说合，户、兵、工部共用贿赂8万两。谈妥之后，在周瑞清家过付5万两，3万两等奏结后由崔交付。不料兵部以未造册报送该部驳回，报销搁浅，只得等云南造册复奏到京才能进行。

潘英章的同乡御史李郁华曾去云南，与潘相识，李四处打听报销情况，潘不敢冷落李；李郁华在代崔置办女儿嫁妆时，把剩余400两银子装进了自己的腰包。孙家穆受贿的45 000两银子，自己留下7 000两。送工部书吏5 000两，留给兵部书吏6 000两，14 000两由户部司员书吏崔澄寰、周颂、张瀛、褚书亨、吴庆林、张兆鸿、卢良驹、沈鸿年、陈瑞轩等朋比分赃，周瑞清则未受贿。

朝廷根据情节，除交出受贿银两外，将孙家穆、周瑞清发往黑龙江效力赎罪；户部员外郎福祉及潘英章、龙继栋、李郁华发往军台效力赎罪；户部主事崔澄寰、周颂革职，户、工受贿书吏杖一百流三千里。崔尊彝虽已病故，仍予革职，侵吞的23 000余两公款由家属完缴。景廉、王文韶虽无受贿，但云南报销案未查出，属员受贿失察。吏部左侍郎、前户部左侍郎奎润、前户部尚书董恂保员外郎福祉京察一等均降二级调用。景廉仍任军机大臣总理衙门大臣。前任现任云贵总督刘长佑、岑毓英、巡抚杜瑞联降三级调用。景廉、王文韶、奎润、前署户部左侍郎现任吏部右侍郎许应骙、前户部右侍郎现任通政使崇礼罚俸降级留用。前工部右侍郎翁同龢、前工部左侍郎调任兵部右侍郎师曾以及孙家鼐、徐用仪、福志、秦世杰罚俸。

延续十个月的云南报销案至此结束。

五　京师秩序

京师乃天子之居，古来就称为“首善之区”，官员理应为天下的榜样，秩序理应是天下的模范。但事情大大的不然。

光绪六年

光绪六年（1880）二月二十二日，御史邓庆麟上奏，说：京城缉捕不力，抢劫案件迭出。去年八月，东四牌楼北花户王泰被杀，朝阳门外住户罗荣普家被抢劫，主人受伤身亡，至今没有破案。朝廷认为，这简直不成体统，责令负责京城秩序的步军统领衙门、顺天府及五城御史逐案严拿，务必尽快破案。

八个月后，案犯依然逍遥法外。十月十七日，邓庆麟又报告说，近来前门外明火抢劫之案层出迭见，很少破获。甚至有棍徒分党成群，假冒宗室，讹诈抢夺；诈称巨室、官亲密友、言官的门客家丁，专门刺探官场内幕，编造谣言，藉端欺诈。恶棍诈骗有术，冒充的都是社会上层不好惹的角色，看来效果理想得很。

皇帝依然重复了二月份的话。过了两天，步军统领文煜和穆腾阿报称，棍徒贩运私酒，竟然打死巡查的士兵王瑞，西城巡城御史事过几天才将死者尸体挖出验尸。报告也互相矛盾，说王瑞是死在南城地面，但验尸结果与西城也有出入。

十二月，又有有关人员报告说，孝陵库存镀金银中盘16件被盗。贼胆包天，竟然偷到皇家祖坟上来了。天子大发雷霆，守陵的官员夫役人等被解到刑部严加审讯，同时不得不拨出同样规格的16件镀金银中盘，祭祀大典是耽误不得的。

这一年中，尚未看到一件破获的案件。各种案件越来越离奇，越来越难破。

光绪七年

光绪七年（1881）四月二十七日，恩麟等人报告，东华门门楼隔扇被撬，武备院收存的盔甲丢失。按理说丢几件早该进历史博物馆的盔甲不是什么损失，清朝早就使用了当年的新式火器。问题是，天子之居是在戒备森严的紫禁城里，现在偷儿们竟然光顾戒备森严的紫禁城，盗走了盔甲，这简直是一种挑战，太不成体统了。而光顾城楼，是否还会入乎其内，走进宫禁呢？朝廷当然又是震怒，责令参处有关官员兵丁，缉拿罪犯。

三个月后，一年前的案犯未见捕获的消息，偷盗盔甲的罪犯也是杳无音信；倒是吏部书吏朱庆云等冒领赏恤银两畏罪潜逃。闰七月二十日，御史又检举京城中央部院衙门的官房中有窝藏匪徒的事情，皇帝又是发布指示，重复他不知重复了多少遍的“一体缉拿”的上谕。有人指出是否紫禁城警卫部队和官员以及有关制度需要整顿，恭亲王奕䜣根据皇帝批转的奏折，重申了有关制度，也作了一些调整，皇帝看了比较满意。到了十月，终于抓住了一名潜逃的仓匪唐荫亭，立即组织审讯，似乎为有关部门挽回了一点面子。

好景不“多”，十一月有满族御史报告，八旗兵丁把营房拆毁、租赁、出售，已经很长时间了。在京师担任守备警卫的八旗兵，是王朝的卫士，是经制兵中的精锐之师。士兵们是生计无着以至于租赁出售营房，还是心有不平竟将营房拆毁？不过，这次皇帝的口气不太严厉，只是责令步军统领严定章程，查明咨报、设法兴修。

加强了宫廷门禁，步军统领文硕去检查值班情况时又发现了东华门匾额上“额勒登额”四个字不翼而飞。匾额高悬重檐之上，嵌造坚实，绝不是黑夜仓促间可以挖窃的。事情本身说明，这是光天化日之下干的勾当。如果是这样，无异于又是一次警告！文硕不得不再一次修订门禁章程。

十一月八日，有个叫刘振生的人由神武门大摇大摆走入宫中，到了慈禧居住的房间外，慈禧听见有人行走，惊问：“什么人？”刘振生回答是太监，立即被发现抓住。公布的消息说此人有疯病。但是，窃贼还是照样大摇大摆地走入宫中，将慈宁宫等宫殿中铜练、宝匣偷走。到了年终，总算抓住了深入宫中的偷儿，串通者太监徐志祥以及贼帮袁得山等7人被处以极刑，但是，韩老西等5人仍然在逃。

光绪六、七两年间，京师各种案件层出不穷，杀人、抢劫、诈骗、盗窃，从民间到官员以至军队，从外城到宫廷，几乎没有安全的处所。也绝不是这两年风气骤然变坏，案件骤然增加，早在同治年间，大案、要案、恶性案件就不断发生，破获者却寥寥无几。

原因何在

京城驻军十余万，负责治安的有步军统领即九门提督，五城又各有监察御史、兵马司，还有朝廷直辖的顺天府。紫禁城警卫者是天子最信赖的上三旗官兵，每天昼夜巡逻，街市巷道，堆拨相望，防范不能说不周密。但是，在强盗、窃贼的挑战面前，一败涂地，皇朝的威严扫地以尽，强大的朝廷显得何等软弱无力！皇帝只是锲而不舍地颁布谕旨，一批又一批地处分有关官吏，一次又一次地责令缉捕，结果是一次又一次地破不了案，为什么？

詹事府右春坊右庶子良贵说出了一点真相。光绪八年（1882）十月初二日他上奏说，官兵夜间持灯巡查，前后互相传报，实际上是给罪犯指示逃避的时间和地点。有人报案，巡查者掩耳急逃，不愿听这种消息，显然是当一天和尚撞一天钟，只要报个平安无事即算尽了责任。一旦出事，官兵们央求事主千万不要报案，或者派人说合，许愿缉捕罪犯，追回赃物。只要事主不再追究，就可多一事不如少一事了。一经报案，层层追查，从基层到上级衙门，还得层层花钱贿赂；即使缉捕罪犯在手，接收衙门的书吏们不拿到钱还不予接收。

官员升迁都是夤缘请托，行贿者得到好评，缉捕勤奋者、有功绩者反而升官无望。这样，就没有人愿意认真出力了。贿赂公行，奖惩不公，把皇家的规矩变成了一纸具文，昼夜巡逻也只是虚应故事。案件迭出，没有什么不可理解的。

有个御史从另一角度揭示了个中奥秘。他说，罪犯中人，很多是旗人，宗室也不少。这些天璜贵胄，平日挥金如土，家财早在祖先手中挥霍一空，于是打着宗室亲贵的金字招牌无恶不作，一般官员即使侦知其事，也是传不到案，两月不到，就可销案了结。宫中太监在紫禁城里开设烟馆，各种官员在京城酒肉征逐、吃喝嫖赌，都给罪犯制造了很好的环境。京城、宫廷，是财富荟萃的地方，也是藏污纳垢的地方，皇室、官员们搜刮聚敛了大量的民脂民膏，这正是各种罪犯们行窃的理想目标。而民穷财尽，对偷儿们有什么魅力？

六　假天下

皇帝喜欢官员欺蒙

下面是嘉庆皇帝与四川总督勒保的一次对话。

皇帝问：你们做总督巡抚的，什么样的僚属最占便宜？

勒保答：能说话者。

皇帝说：对呀！工于应付，有能力者更能彰显功绩，即使平庸者也可掩饰劣迹而突显功绩，就是事后察觉，而当时亦被其蒙蔽矣。

又说：凡政事不借敷奏不能畅达，往往有极好之事被拙于词令者说坏。因此，我遇见朴诚无华的官吏都平心静气地让其尽其所言。据此，就明白孔子教门人弟子为什么设置言语一科了。

这段对话透露的信息是：皇帝爱听好消息，报告事情的官员最好有很强的口头和文字表达能力。皇帝日理万机，每天忙于批阅奏议、接见臣工，希望臣工们都有流利巧妙的文字和应答，实在无可厚非。即使是一般人，谁愿意听结结巴巴的话语和疙里疙瘩的文字呢？

另一条信息就令人吃惊了。皇帝竟然允许甚至喜欢官员们对他欺蒙！专制皇权的极权统治下，“招摇撞骗”在官场上流行千百年，只要忠于皇帝、皇家、皇权，朝廷“使贪”、“使过”、“使短”，实际上也包括“使骗”，只是没有明言罢了。现在嘉庆皇帝突破了这条底线，刷新了一项纪录：直言不讳。

嘉庆搬出大成至圣先师孔子为自己护法。不错，孔子教育门下弟子，设有德行、政事、言语、文学四科。孔子门下弟子3 000，贤人72，而四科翘楚仅仅10人，孔子讲诚信，讲仁爱，反对欺骗，怎么能成为嘉庆喜欢的欺蒙的理论指南呢？可笑！嘉庆权令智昏，把讲信讲仁的孔子当新衣穿了起来。

写《庸闲斋笔记》的陈其元听他的当布政使的长辈转述皇上的高论后，惊叹“圣主之明”。

陈其元同治六年（1867）代理南汇知县，按照巡抚和布政使的要求掩埋暴露的尸体。他亲自督促董事保长等办理，三个月掩埋4万余棺，砖、石灰使用一空，尚有万余或因子孙在外，或因方位不利没能掩埋。陈氏据实禀报。另一县仅葬1 700余棺，但报告境内完全葬尽。这个县得到的评语是：办理认真。记大功表彰。陈其元则因还有一万余具未葬而被申斥。陈氏说，原来幕僚起草报告时说了掩埋净尽，他考虑这样报了，下一年不用掩埋，但万余未葬者就暴露了。因此，他相信了公事不可不作欺饰。掩埋少者得奖励，证明是“能说话”者有用。此事说明最基层的官员就是这样领会皇上的高论的，也举例证明皇上所言非虚。

光绪朝后期，朝廷多次下诏斥责官员欺饰如故，找错了对象，提倡欺饰的是他的祖宗嘉庆皇帝。

专制皇权是一家一姓的家天下，也是假天下。

假善后，真挥霍

光绪初年，华北大旱，山西尤为灾重省份。任山西巡抚的曾国藩的弟弟曾国荃，致信各省述诉晋民被灾流离失所的悲苦情状。各省官吏中，不少是曾国藩荐拔，其部下将校更多，看到曾国荃自处卑下，为民求救援之手，很受感动，纷纷劝捐助赈，款项源源而至。

但向来大手大脚的曾国荃放赈显滥，各级官员乘机滥放冒领，中饱私囊。

给事中指出此点，要求朝廷加强管理。军机大臣文祥的看法是，晋民十有九皆沦为饥民，情宜遍赈，滥不为害。慈禧认为款数有限，滥放则难以为继，责令曾国荃应核实发放，不能过滥。李鸿藻推荐理财老手阎敬铭会办赈务。

阎敬铭受命后主持稽查核实，微服私访，在吉州石门地方发现朝廷所拨京米囤积如山，询问百姓，才知官员囤积居奇，遏粜牟利。阎叫来州牧段某，问办赈如何，段说米少。阎指出某地某庄各屯米无数，段知道事情败露，不敢作声。阎致信曾，立即将段某奏劾革职。慈禧看到奏折大怒，认为情重法轻，应即就地正法。曾以朝旨让段某自己看，段乞求免其一死，曾国荃说，你闭粜居奇，罔顾民命，死不蔽辜，立即行刑。此后，放赈比较公平，官员不敢中饱，也不敢滥索供应。当时山西民谣有“曾活一半，阎杀一半”。也有称阎敬铭为阎王、阎罗老包，也是美谈。

段牧之诛，慈禧裁断。看来其有时也能体念民情，整肃纪纲。

只是慈禧本人贪婪成性，不可救药，也是赈款，她敢贪占挥霍。庚子、辛丑、壬寅年（1900、1901、1902）山西、陕西、京津善后助饷三捐共收捐款约4 000万两，而秦、晋两省灾民所得不过800万两，京津所得也不过600万两，2 600万两都被慈禧提用，户部和各省皆无报销。慈禧居晚清实际女皇地位，富有天下，仍如此贪得无厌。

从平安无事到大事不好

官员们每月都有例行奏报，向皇帝报告气候、物价、民情等社情。有事则尽量隐瞒欺饰，报告“平安无事”，战事难以隐瞒也大事化小，尽在掌握之中。再一步就是铺叙如何分兵把守，英勇作战，终因敌众我寡，先走一步；继续作战，屡战屡败，则说“屡败屡战”，顽强不屈，不轻言败。因为皇帝常常是报喜得喜，报忧得忧。老练的官油子们谁愿意当傻瓜。如实奏报就等于自己和自己过不去，说自己无能，有负皇帝委任，岂不是自找不自在？同时也是和皇帝过不去：皇帝英明无比，一贯正确，现在岂不是用错了人？下面等着的就是革职、逮问。所以，平安无事的奏报成为惯例。

道光三十年（1850），广西各地同时暴发数十股起义，巡抚郑祖琛工于弥缝粉饰，一下子无法隐瞒，刚上台的咸丰皇帝立即将其罢斥。后来四易统帅，没有挡住太平军北上的步子。朝廷撤不胜撤，官员们有时连个奏折也来不及送，闻风而逃，有被太平军所杀，也有自杀者，如湖北巡抚常大淳、两江总督陆建瀛、江宁将军祥厚等。

咸丰三年（1853）秋，太平军北伐渡过黄河围攻怀庆府城已两个月。咸丰派大学士、直隶总督讷尔经额为钦差大臣，节制河北南军务，理藩院尚书恩华、江宁将军托明阿帮办军务，各路兵力约2万人，解怀庆之围，堵击太平军北上之路。太平军与清军激战多次，曾给清军以重创。讷尔经额等虚报战功，讳败为胜。七月末，围城的太平军悄然弃城而进入山西，清军觉察已是三天以后了。八月初一日，经过几天策划，讷尔经额、恩华、托明阿以及胜保联衔会奏，他们指挥“全队进攻，立破贼巢，毙贼殆尽”，如何部署，将弁兵丁“人人奋勇争先”，“城围立解”，“人心大定”。咸丰皇帝接到“捷报”，大喜过望，亲笔书写“喜报红旌”四个大字，命令制成匾额挂在隆宗门内的军机处。明发上谕一道，引述讷尔经额奏折中铺张的战术战绩，并对“有功人员”重加褒奖。谁想事过几天，太平军入山西攻克垣曲，山西巡抚告急奏报到京，讷尔经额等所谓的“毙贼殆尽，余贼穷蹙西窜”的谎言被拆穿了。被愚弄了的正在兴奋中的咸丰发雷霆之怒，发去的上谕，是措词严厉的责问，严令堵截，等到太平军突破直隶的临洺关，把讷尔经额远远甩在后面，兵锋直指保定、京城。震怒的青年天子将讷尔经额革职、拿问、遣戍。京城成立了团防局，咸丰命亲胞叔惠亲王绵愉为大将军，表兄科尔沁郡王僧格林沁为参赞大臣，率军堵御征讨，选择九月九日重阳节举行了隆重的授印典礼。

绵愉、僧格林沁不用也不会讲假话，自己人，实话实说，说者没有顾虑，听者也不猜疑。然而，这样的亲近人儿太少了。

以多报少和以少报多

清军作战获胜，往往残酷杀降。李鸿章在苏州杀太平军八个王以泄愤，而左宗棠在甘肃镇压回民起义，对诈降无常的回民起义者，大肆杀戮，无辜百姓也不放过，甚而引起谏官奏参。此后，则采取以多报少的法子，把平民说成作战的士兵。

同治十年（1871），刘松山阵亡金积堡，其侄刘锦棠扶榇回籍，拜访湖南巡抚王文韶，谈到刘松山死后，剜回民首领马化龙的心来奠祭，同日残杀回民精壮实以万计，只因人数太多，未便据实奏报朝廷，只说杀了两千余人。事实比刘锦棠说的似乎还严重残忍些。三个月以前，王文韶曾宴请曾国荃，曾氏出示左宗棠批牍：马化龙父子于正月十一日被杀，“并歼死党悍目两千余人，此外老弱妇女一万二三千人均解赴固原听候安插”。残杀人数不止一万，亦非全如刘锦棠所说是“精壮”。杀两千人与刘说一致，另有老弱妇一万二三千，恐怕就是刘所说的“实以万计”了。

以多报少为了逃脱罪责，而以少报多就是为了捞取好处。李星沅任江苏巡抚暂署陕西巡抚时，特别关注江苏情况，他从友人来信中得知江苏每年先不造实征粮册，从而无法开仓兑交，而且人人都存有一分报灾缓征的心思，州县官转而被挟制。不造征册，谎报灾情，皇帝蠲缓征收，实际上官员会按无灾征收，差额则层层分肥。苏辙《久旱乞放民间债欠贴黄》一文中说：“贪刻之吏习地成风。上有毫发之意，则下有丘山之取；上有滂沛之泽，则下有涓滴之施。”范成大《四时田园杂兴》：“黄纸蠲租白纸催，皂衣傍午下乡来。”看来，皇帝蠲缓征粮的黄纸不敌官吏催征的白纸，历代相承，积重难返，最后形成“虽岁事屡丰而不办灾歉皆下不去”的咄咄怪事。懦弱的州县旗丁的讹索岁岁增加，险滑的州县官拖欠年年不已。到征收漕粮的船只到来，旗丁又受经征需索，粮道所带公用银两还不够旗丁借用。恶性循环的怪圈无法打破，将要当江苏巡抚的李星沅发出浩叹：“将来不知伊于胡底？”

谎报灾情，各省普遍存在，道光朝如此，到光绪朝以至清朝灭亡，这个痼疾才被带到棺材里去了。

假光绪与假租界

光绪二十五年（1899）武昌金水闸忽来主仆二人，主人20余岁，白皙长身，仆则四五十岁，无须，说话似女音，均操北京口音，租住旅馆中，很少出来，但服用豪奢，非平常人物。仆人给主人端送茶饭必跪称“圣上”，自称“奴才”，俨然皇上与太监。住在同一旅馆的候补官员感到十分奇怪，暗中传给友人，不多时，光绪来武昌依张之洞保驾之说传遍了这座省会城市，街谈巷议，报纸登载，越传越神。

假光绪被袱皆绣有金龙，用的玉碗亦刻有五爪龙，玉印“御用之宝”，仆人也示人观看。民众相信真龙天子光绪从瀛台逃了出来，驾临武昌，城中男男女女均到该旅馆跪拜。见者有行三跪九叩的君臣大礼，说“恭迎圣驾”的，光绪则稍稍抬手说：“不必为礼。”候补官员没有得到差使者，认为天赐良机到来，遂拜见皇帝，还有献款供奉者。江夏知县陈树屏亲往查看，问他是什么人，这位“皇帝”说，见了张之洞就可以透露。有人怀疑太监的真假，好事者邀这位仆人去洗澡，故意戏弄其下身，果然是太监，传得更为厉害。

后来张之洞亲自提问其为何人。“皇上”说，大庭广众，不能向总督说，退堂后可以当面说。“仆人”则称自己是宫中太监，偷盗宫中禁物被发觉，私逃出京，碰上这个人，也不知道他的姓名，他只说到湖北大有好处。众人疑为太监中有权势者。当堂未供出要领，遂交武昌府、江夏县拷问。假光绪供出真相：本是旗籍伶人崇福，幼入宫中演戏，故知宫中之事，面貌类似光绪，故同班伶人皆称崇福为“假皇上”。守库太监偷窃仓库被发现，逃出宫禁。两人商定，光绪幽囚于瀛台，内外不通消息，遂走外省行骗。他们在京城经常听说装成假亲王、假大臣致富的人不少，没想到装成假皇上却遭到重辟。二人遂被斩决。

骗子以假乱真，以天下第一号人物行骗，固然能得到好处，但也最容易露出破绽。他们何尝不是利用人们崇拜皇权的心理，尤其是推行变法被慈禧幽囚的光绪，又能赢得人们的同情，岂不料制台大人多次晋京陛见，屡睹光绪天颜，省城冠盖云集，怎么能不被识破呢？

有了行骗的氛围，以假行骗的事层出不穷，如假官、假官亲等名目，但有一点新奇的是竟出现了假租界。

光绪二十四年至二十七年（1898—1901）天津出现了假租界。源丰润的管事安徽人詹丙生伙同浙江人钱丙渭等三人，于毗连租界之西开造房六七百间，设巡捕房，有犯事者，公堂科罪，如租界一样。中国人以为是租界，不敢过问；洋人则认为是中国地方，不予理睬。此事是官商勾结所为，就连直隶总督也被蒙在鼓里。事情败露后，所修房屋除抵债外，为三人所分，此事当局没有深究。

假状元

光绪三十年（1904）张庆云以候补知县任宁波厘金差使。一天，忽有一人持一尺长红柬来拜访，张看了才知是本年新科状元刘春霖来到。张、刘素不相识，但都是直隶同乡，遂殷勤延入内室。清朝惯例，新进士、翰林于朝考后游行各省，各级官员都以一见为幸，临行赠送路费，叫作“程仪”，新进士、翰林们则印刷好本人硃卷或所书联扇相赠，主人亦以名人手笔收藏。此所谓“打抽丰”，亦叫“打秋风”者。

刘春霖未中状元做拔贡时，书法名气就很大。张庆云雅好书艺，其女亦长于八法，所临之帖即刘春霖所出石印小楷也。张氏见新状元光临，遂拿出纸扇一柄，请其挥毫，留下墨宝。谁知这位新状元变脸失色，言语支吾。张氏甚为惊讶，以为状元谦让不肯赐墨宝，邀请越发诚恳，状元遂勉强提笔书写。状元的随从此时闯入，附言低语，两人即以急事匆匆辞去。张氏取其所书扇子一看，字画尚端正清楚，但差刘春霖就远了，才知道所谓上门拜访者是一名冒牌状元，不过借状元之名“打抽丰”也。

张氏为人忠厚，想想这也是个贫寒的读书人，没有追究。后来张氏与同官友人谈及此事，说自己虽与刘素昧平生，但刘的书法还是能分辨的，女儿即临仿刘春霖书法也。座中有与刘春霖熟稔者说：“刘氏断弦，尚未续娶，与张君女适成佳偶，我愿为之介绍作合。”众人皆称善，并催快办。此事后来果然成了，张刘两姓结成了秦晋之好。假状元愚弄张庆云没有成功，张氏却因此得真状元为乘龙快婿，一时成了佳话。

波将金村故事

波将金是俄国女皇叶卡捷琳娜的宠臣，在女皇出巡所过之处，用板子搭建、纸张裱糊出整洁的街道房舍、漂亮的村庄，让百姓高喊“乌拉”，使女皇感到一片“升平”景象。于是，“波将金村”成了传之久远的典故。

据说光绪皇帝向自己的老师翁同龢推荐鸡蛋，说鸡蛋有营养，很珍贵，一两银子才能买一个。翁氏知道御膳房上上下下在欺骗光绪，只是唯唯诺诺地说好，不敢揭穿这个骗局。

君主专制的绝对集权统治，信息反馈是系统内部由下而上的单向反馈，这个渠道被各级官吏所控制。为了自己的前程，他们封锁、过滤信息，使得皇帝对其统治对象的实际情况十分隔膜。生于富贵之家、长于妇人之手的光绪皇帝就时常处于各级官员制造的幻觉之中。据时人记载，光绪时一桌鱼翅席也就几两银子的事，一个鸡蛋要用一两银子，足见其距离实际有多远。专制体制不敢正视自己，实在是可悲的虚荣。

第三章 官场百态

“专制政体的原则是恐怖，恐怖的目的是平静。”恐怖平静法使官场经常处在震荡之中，震中就是皇帝的殿陛。官吏固位自保的安全法花样百出，送礼、贪污、纳贿、受贿，朋比为奸，层层中饱。隐身绝招无所不用其奇，往往超出情理之外，新奇得令人震惊。

一　官场＝市场

晚清朝廷公开卖官，明码标价，官职成了商品，官场成了市场。等价交换，市场价值规律起了作用，认钱不认人了，银子面前人人平等。

有记载说，太平天国看到清朝捐纳之风大开，杨秀清特挑选万余人赴北京捐官，并得到指捐省份，进入候选的队伍，作为内应。甚至捐得道员、知府，朝廷方面却无从查究，因为捐纳的程序首先是捐出身，就是用钱买监生，可以入监读书，也可以买举人出身，然后再按价买官，有钱就行。既然出身不靠寒窗苦读参加科考就能得到，政府就无案可稽，所以，合资捐官也罢，捏造姓名籍贯也罢，实在如探囊取物，易如反掌。政府的目的是敛钱救穷，也就顾不上许多了。游手好闲之徒，别有所图之人，各色人等，方便之门洞开，又何乐而不进呢？

五人承包知县

浙江山阴县人蒋渊如看到买官有利可图，尤其是知县的职位，少者每年可得银子数千两，肥缺则可得10万两。如果不理睬舆论，遇事纳赂，则收入数十万两不难。蒋渊如苦于资金短缺，就与唐文卿、陈柏生、王平斋、吕少川4位朋友筹商，5人集资捐了个最新花样最先得缺的候选知县。彼此在神前歃血为盟，议定：5人分工，蒋任县令，唐任刑名师爷，陈为钱粮师爷，王为钱漕家丁，吕为转递公事的家丁，以防肥水外流。贪赃所得按集资多少分配。数月之间，乘朝廷规定的郑州黄河工程捐例第一卯出资上兑，得到一个肥缺知县。上任以后，按所定分工，蒋以县令高坐大堂，待唐、陈以幕宾之礼，视王、吕则如奴仆，各无怨言，通力合作。5人团伙上下其手，贪赃枉法，年收入达20余万两。朝廷3年考察中，蒋以贪污被罢，但5人如愿以偿，满载而归。

这则故事，或许出自虚构，但清末朝廷明码标价，公开卖官，美其名曰"捐纳"，却是无法否认的事情，只有在这样的背景下，才会出现这样的故事。

救穷之道

卖官一事，历史悠久。秦始皇时，就有纳粟一千石拜爵一级的记录，大概要算卖官之滥觞了。汉代沿袭秦制，纳粟拜爵。清入关以后，虽然历朝有停止捐纳的上谕，然而持续到清朝灭亡，卖官一事并未停止，实与清朝相终始。尤其是后期5个皇帝，个个叫穷不迭，"恪守祖制"，大卖特卖。

道光皇帝以节俭出名，因财政拮据，在卖官方面大手大脚，在位30年，年年有卖官的记载。30年间，仅捐监一项，卖了银子

3 388万余两，直隶的京捐因材料阙如未计算在内，平均每年收入100多万两。

但比起他父亲嘉庆皇帝仍略显逊色。嘉庆从五年（1800）起开捐监生，到他撒手人世，20年间，共收入4 072万余两，山西、直隶两省京捐未计入，平均每年200万两。

到咸丰皇帝时，国家财政困难重重。咸丰三年（1853），祖宗积存已花费一空，国库仅仅剩了22万两银子，不够包围南京的江南大营一个月的军费开销。此时，万乘之君在朝堂上竟然大放悲声，涕泗滂沱。或许，这成为清代历史上地地道道又堂堂正正哭穷的例证。

在救穷的各种办法中，捐纳占了重要地位。咸丰以后，援照祖宗先例，各种名目花色品种齐全。计有：

捐实官。京官自五品的郎中以下至未入流的兵马吏目，京外自四品的道员、知府到未入流的县仓大使，成百种实职官缺均可一手交钱一手交货。

捐虚衔。按捐实官价格减半或六成则可得同职虚衔，花一二百两银子捐个从九品的虚衔荣光一下，小康之家即可尝试。

捐封典。用银子给祖宗买个空头衔，显亲扬祖，孝治攸关，不限现任或候补候选人员，缴银即得。

捐出身。对没有进入科举一途获得功名的人，买官先得买个监生的出身，再加钱捐官，一度允许买举人的出身。

捐加级纪录。按照清朝制度，官员有功由吏部加级纪录。这种纪录可以抵销处分，如罚扣俸禄六个月，即可以纪录一次抵销，四次纪录可以抵销降级的处分。同时可以捐复处分，降级、革职等处分，按价捐钱，即可开复。

捐免。这是“加快费”的别名。捐官要经过投供、点卯、验看、掣签等手续，还要分发到省，排队等候。捐纳人员增加，候补候选须按班安排次序。如按规定上足银子，这一切即可免去。谁不愿加快得官的速度？时间就是金钱！交钱还可以免去回避家人亲友等规定。

卖官的倒爷

官职既然成了商品，卖官的二道贩子就不可避免地出现了。候补候选者成千上万，候补之“路漫漫其修远兮”，又有放官债的坐收利润，放官债者叫“睹子”，此辈探听候补者的名次，以三五年有委差署事希望者为对象，贷给几百两银子，约定得到差使后由“睹子”担任账房师爷，利息两分，俸银200两或120两，账房收入或对半，或三七分成，或全归账房师爷所有。候补者已倾家荡产，急需钱银度日，无不一一答应，双方签订合同，一一载明，毫不含糊，签字画押交“睹子”收存。

候补期长、借贷多者，一朝上任，署中布满了“睹子”。遇到诉讼案件，收受贿赂，贪赃营私，官员受其挟制，不敢不从。如果是肥缺，此辈睹子们数月半年，就可本利到手，可以退出。缺分瘠薄，在任的借贷者恐怕到期不能清偿借款，则任其所为。还有以门丁为目标而借贷给候补者的，也立有字据，而且利息高达三分上下。一旦到任，如狼似虎，鱼肉百姓。

候补官员得到委署，立即有推荐师爷者，多则百人，少者六七十人，其中有来自上司的，盛情难却也不敢开罪，因而送给干薪者和到署任事者各居其半。荐来的家丁数以百计，留用七八十人。幕友、门丁伙食、薪俸每年要开支四五千两银子，加上孝敬上司，馈送同僚友朋，应酬往来大员，一岁所出不止千金。如果负债较多，即使上等肥缺也一时难以清偿。

买官卖官——一种特殊商业

一般的商品交换，货、款在交易结束时互易其主，买方得到货失去钱，卖方得钱而失去货。但是，官职是一种具有特殊秉赋的商品，使用价值在于它是权与利的结合体，有了官职，就可图利。运用得当，使用价值不但不会减少，甚至可以增长，一官到手，利源在握。这种特殊的秉赋，是任何商品无法比拟也无从具备的。

卖官也是一种特殊的商业，不需花费任何成本，不受劳作之苦，不用购买或租赁地皮和门面，各级衙门就是门市部，开门就能营业。买卖双方都有利可图，又都唯利是图，因而大利所趋，双方都很踊跃，成交额很高，市场的繁荣历久不衰。

到了光绪二十七年（1901），清朝实行“新政”，下诏限期三个月停止捐纳。一纸诏令，给各捐局上紧了发条，加快了捐纳的速度，人人都想赶在截止期前买得一顶乌纱帽。惊心动魄的争夺，官的价钱如脱缰之马，狂放不羁。到了期限之后，倒贴日月，成交数额不小，户部因此大获丰收。仅直隶一省，善后赈捐收入1 200余万两。此后实官买卖时停时开，及至清朝灭亡。

道光话捐纳

丁日昌任江苏巡抚时指出："在省候补十数载，贫苦已极，一旦得一署事，又仅一年，于是前十数载需次之费，皆在此一年中补偿，后十数载需次之费，皆在此一年中储积。此时如委群羊于饿虎之口，虽有强弩毒矢在其后，亦必吞噬而有所不顾；故今日欲求吏治，非先止捐纳不能也。"其实，皇帝并非不知此中情弊。道光十六年（1836）皇帝在召见翰林张集馨时说："捐班我总不放心，彼等将本求利，其心可知。科目未必无不肖，究竟礼义廉耻之心犹在，一拨便转。得人则地方蒙其福，失人则地方受其累。"[1]

时间过了13年，到了道光二十九年（1849），张集馨任贵州布政使请训，道光又说："用人不可预存成见，登仕籍者只四样，满、汉、科甲、捐班而已，何途没有人才？我最不放心者是捐班，他们素不读书，将本求利，廉之一字，诚有难言。我既说捐班不好，何又准开捐？"说到这里，大清天子拍手叹息说："无奈经费无出，部臣既经奏准，伊等请训时，何能叫他不去，岂不是骗人吗？"

道光在这里说的几句不免有几分矫情，捐纳不可信任又要任用，以作为朝廷生财之道，还是硬着头皮推行。明明自己手握大权，既批准此事，又要诿过于奏请的臣工，岂不是有点无赖的口吻！

金钱与官职交易，是一种特殊的交易，买卖双方都具备了双重

[1] 张集馨：《道咸宦海闻见录》，中华书局1981年11月版，第22页。

身份，就是说：买方也具有卖方的身份，卖方也具有买方的身份。买者用钱买了官，有了将本求利的基础，就可能一本万利；卖方卖出去了朝廷要求官员遵守的规矩，卖出去了应该承担的义务，卖出去了良心和忠诚。买方“千里做官只为财”，上任只去捞本就是了，别的事情找朝廷，找皇帝去，大老爷就管不了那么多了。而卖方，卖掉了官职，买到了金钱，买来了财政危机的解决，买回了选拔官员的统一标准，买回了对官员的严格要求，也买了贪污成风的吏治，这是卖方的买方身份所得到的。朝廷在出卖官职的同时，把朝廷的尊严、官场的廉洁也都折价变卖了。

“敬”字背后

下面是曾国藩同治八年（1869）正月日记摘录：

十四日

……袁子久来久谈，旋核别敬单，二更四点睡。

十五日

……夜写信，与朱修伯商事，核别敬单。二更三点睡。

十六日

……夜与许仙屏核别敬单。二更后，张竹汀等来一谈，三点睡。

十九日

早饭后清理文件，核别敬单三纸。旋见客多次，料理城内送礼各事。中饭后见客，直至二更，未曾停止。是日会客二十余次，深以为苦。二更后写澄沅弟信一封，添应敏斋信一叶。小睡片刻，三点睡，三更后成寐。

二十日

早饭后至间壁谢公祠一坐，核别敬各单，旋归会客三次，巳初起行出京。[1]

曾氏于同治七年（1868）七月二十日由两江总督改任直隶总督，腊月入京请训，在京城盘桓一月余，于正月二十日出都赴保定上任。从十四日起，他就筹划别仪，此后，除十八日外，每天在深夜临睡前都要审核别敬单，甚至出都的当天上午，又最后核定一次。官拜武英殿大学士、直隶总督的曾国藩，位极人臣，在京应酬往来，几无虚日，而对“别敬”一事，如此认真、细致，足见此事不可等闲视之。

“别敬”——礼仪与贿赂的合一

道光二十五年（1845），张集馨补授陕西督粮道。年谱中记载：“今得此缺，向来著名，不得不普遍应酬”，向各处借贷1.9万两银子，“余京中连买礼物数万金，共用别敬1.7万两。而就道盘川无几矣”。道光二十七年（1847），张集馨升任四川按察使，入京请训。“别敬军机大臣，每处四百金，赛鹤汀（按：赛尚阿）不收；上下两班章京，每位十六金，如有交情或通信办折者，一百、八十金不

[1] 曾国藩：《曾国藩全集·日记一》，长沙岳麓书社1987年版。

等；六部尚书、总宪百金，侍郎、大九卿五十金，以次递减；同乡、同年以及年家世好，概行应酬，共用别敬一万五千余两。”

看了这段记载，“别敬”的意思不难明白。它作为“礼物”馈赠亲戚朋友、同乡、同年及年家世好，但是，从军机处到中央各部院寺监，按官阶高低，不论认识与否，交情有无，几乎人人有份，又不像是礼物。说“别敬”是贿赂，但是，亲朋世好、同乡、同年、老师等照例致送，这类人又何须行贿？岂不是对亲情友谊的亵渎？应该说，“别敬”银两，具备礼物与贿赂两重属性，它是礼仪式的贿赂，又是贿赂式的礼仪，礼仪与贿赂合一，既降低了礼仪的意义，又抬高了贿赂的身价，典雅别致的名字，遮盖了几多丑恶。

心灵历程

咸丰九午（1859）九月初八日，年满花甲的张集馨守制期满，奉旨署福建布政使。张氏一反常态，陛辞离京，不留别敬。在年谱中写道：

> 京中同人，以及同事，原该留别，窃思时势艰难，无从借贷。且我年已六秩，官兴阑珊，不值热中要求权贵，即或百端罗拙，抵任后无力偿还，累己累人，诸多窒碍。且思命中如果能升巡抚，何至两遇坎坷，其福命之衰薄，已可想见！今已立定主意，三五年内决志回京，何苦终身不悔，甘心降气，为人属吏耶！

外官留别敬，早已成为官场不成文的规矩，外官、京官也已形成心理刻板印象，在认识上也形成思维定势。张氏混迹官场30年后，却突破了心理刻板印象和认识上的思维定势，“义无反顾”，扬长而去。张氏的心灵历程实在有探索的价值。

张氏道光九年（1829）中进士，道光十六年（1836）京察一等记名御史，特旨外放山西朔平知府，颇著政声。5年后又以特旨调升福建汀漳龙道。两次没有留别敬，只应酬师门而已。道光二十五年（1845），调陕西督粮道的肥缺，两年后，实授四川按察使，前者送别敬1.7万两，后者1.3万两。此后任甘肃布政使，道光二十九年（1849）请训时，被召见多次，皇帝许愿：我今日叫汝做藩司，是要汝做好督、抚，汝不可自暴自弃。次年调任河南布政使，留别敬一万二三千金。眼看要跨上巡抚的台阶，成为封疆大吏，孰料在甘肃布政使任上被冤抑牵连于琦善捕杀良番案，革职遣戍军台。一年多释回，赏四品顶戴，补授河南按察使，未赴任，平调直隶并帮办军务，不料被直督桂良诬陷，留胜保军营效力，直到咸丰六年（1856）赏四品顶戴，署甘肃市政使。在布、按这个台阶上浮沉蹉跎十年了，这次又是署布政使。巡抚的官职，本可拾级而上，却始终像荡秋千一样，已近目标，又荡开了。每次的留别，年节应酬、红白喜事的礼物，十分丰厚，但是，没起作用。张氏在年谱中慨叹道：

应酬不可谓不厚矣。及番案牵连，朝右士大夫持公论者甚少，转以附会琦文勤为余罪案……余资格官声，当开府者久矣，而抑于藩司者十载，曾未闻有力陈政绩上达宸知者，则应酬又何足恃乎？且有性情暴戾、声名平常、阘冗因循、一无知觉，转得高牙大纛，久任疆圻，并有圣眷；并无大优，而舆论又不甚洽服者，亦复不数年致身通显，岂非人各有天命，而君相并不能造命耶？余今已老矣，灰烬余生，断无奢望，学问经济，颓废日深，更不必攀附要津，以幸提挈。自信此生休问天，转悔从前之阅历未深耳！今则大彻大悟，如桶脱底。

在官场，由“热”而“凉”，就是送礼没有达到期望的目标，希望变成失望，“大彻大悟”，“官兴阑珊”，就无所顾忌了。别敬大送特送的时候，心理上未尝不是从众，加上自己的热衷，京官吃外官别敬，习以为常，在致送的竞争队伍中，忘记一个张集馨，有什么奇怪？

言为心声，张氏疲惫伤痛的心灵呐喊，要告老还乡，也就突破常规；走出官场，就不受官场模式的限制了。这样的例子何止一个张集馨！翁同龢罢归乡里，自号松禅，入世、出世，以释道为依归，求得心理平衡。孙传芳大帅下野之后，皈依佛门，礼佛诵经，放下屠刀，立地成佛，也是这种心路历程的逻辑发展。

“一人有庆，万寿无疆”

章太炎在光绪三十年（1904）写下了一副对联，传诵一时：

今日到南苑，明日到北海，何日再到古长安？叹黎民膏血全枯，只为一人歌庆有。

五十割琉球，六十割台湾，而今又割东三省！痛赤县邦圻益蹙，每逢万寿祝疆无。

作者把“一人有庆，万寿无疆”分开颠倒所生发的嘲讽效果，令人惊叹。80年后再读这副联语，联想到的是，历史老人这个黑色幽默大师实在幽默得可以，因为慈禧的几个整寿庆贺都与中国的屈辱相连。

光绪二十年（1894）十月初十日，慈禧在紫禁城升殿受贺，大宴群臣，传来了大连失陷的消息，宫中戏剧按规定仍然连演3天，60岁万寿在连天烽火中强行度过；此后败报频传，最后割让台湾，向日本赔偿2万万两白银。次年台湾军民反抗日本割台斗争的战火刚刚熄灭，慈禧又“补祝万寿”，热闹了一番。慈禧的生日与民族灾难联系在一起，便载入史册了。

应该纠正的是，太炎先生对联中说“五十割琉球”，是方家一时失察。割琉球是同治十三年（1874），慈禧40整寿的事。光绪十年（1884）50岁整寿是冒着中法战争的炮火度过的。慈禧对神礼拜勤谨，也似乎虔诚于佛，留下了扮作观世音照的几张照片，还让身边的人称自己“老佛爷”，大概神佛都不帮忙，所以碰上生日总是流年不利吧？

“叹黎民膏血全枯”是写实之笔。甲午战前，清政府债台高筑。慈禧在光绪十八年（1892）就下令要隆重庆贺花甲整寿，次年成立了庆典处，紧张筹备了近两年，日本在磨刀霍霍备战，慈禧则大张旗鼓备寿。甲午当年，日本开战，慈禧开庆，从八月加封徽号开始的庆典活动，共用银不下1 000万两，相当于清政府全年财政收入的八分之一。其中动用边防经费100万两，铁路经费200万两。

借着庆典之名，慈禧没有放过搜刮的机会。据档册记载，全国官员报效银子298万余两，进献贡品无法统计，安徽巡抚沈秉成的贡品单这样记载：文玉如意成对、一统万年成座、翠玉麻姑全尊、景泰铜鹤成对、灵璧乐石九座、铁花挂屏四扇、黄山景松九盆、花卉围屏九扇、牡丹画册四本。这在贡品单中属于最小的一份。

西方哲人孟德斯鸠在《论法的精神》中说："专制国家里有一个习惯，就是无论对哪位上级都不能不送礼物，就是对君主也不例外。"这里说的当然不是中国，不是清朝了，看来，向上司、向君主送礼，表示自己的"忠诚"，中西一律。

国难年发国难财

上帝要谁灭亡，必先让其疯狂。国难当头，仍然这般骄奢淫靡，这般贪婪搜刮，不是疯狂了吗？光绪二十六年（1900），当时的人称作国难年，今天看来也是国耻年。慈禧携光绪西逃，狼狈万状，刚出京城，睡大土炕，喝小米粥，日饱三餐、夜安一宿还保证不了，甚至向老百姓乞求玉米充饥，嚼秫秸秆解渴。一到太原就故态复萌，使用祖宗当年巡幸五台的宫室服用，下令各省解送钱粮，依然挥霍奢侈。各省解送太原银两有500万之多，到西安后就更铺张了。次年回銮，大修道路，修建富丽行宫37座，驿站公馆不计其数。各省贡献的私财，从金银到珍宝方物六七百万两，3 000辆大车还装载不下。十月初二日到达开封后，又在挥霍中过了67岁万寿。

逃亡、回銮，一路搜刮，大大地发了一笔国难财。回到北京，逃亡时埋的金银珠宝尚未被八国联军掳走，挖掘出来，大喜过望。慈禧私房钱到临死前究竟有多少，说法不一。她的侄女婿、度支部尚书镇国公载泽说有黄金3 000万两。作为朝廷的主宰，魂牵梦萦的是自己的私房钱的保存和增加，已经是除了快快发财没有别的乐趣了。

乱收费

贿赂公行，纳贿索贿，成为社会风气，形成官场惯例。各种衙门的官吏们“靠山吃山，靠水吃水”。权有大小，官有高低，八仙过海，各显神通。中国社会苦于市场十分不发达，但官场率先垂范，使行政行为市场化。

四川州县以至臬司审案时，每提一次，索费270两，竟提至数十次。顺庆府知府玉钧每提一案定价50两。门丁王四、差役徐奎相勾串，认为干亲，擅改案件批文招摇撞骗。徐奎甚至养有戏班子，私蓄三四千金。华阳快班专司捕盗，但以“豢贼为生”。

湖南黔阳县（今湖南洪江市）设卡收取夫马费。起初，以学差过境为名，后来学差过境年份则一律勒派，多至八九千串之多。收钱不给收据，实际所收之费往往数倍于所派之数。借差扰民，莫此为甚。收费巧立名目，各县又长期拖欠应解兵粮。历年旧欠，现任诿之前任，前任又以业经谢任为辞，藩司库储支绌，谷价本多欠发。每逢军营催索，不过行文到县了事，从不实际过问。军营与县府因此龃龉，几乎酿成事端。

京城的中央各部院官员常常给本省来京到吏部领凭照官员出具甘结（证明），加盖本衙门大印，收取结费，收费时往往讨价还价。光绪二十一年（1895）郑孝胥在办印结时，印结单写明收740余两，往返讨价还价，最后以555.7两成交。各部轮流带领官员陛见皇帝，本属分内职责，也要向被引见者收取引见费。郑孝胥交了引见费70余两。

官员将要离任，要大捞一把，往往减价勒税，名曰“放炮”。公事繁剧的地方，放炮一次，可得五七千金不等，多者可达万金。在任亏累较重，为了赔垫，就经常放出要离任的风来，减价催税，差役们遍乡传知，百姓贪图小利，纷纷交税，这种叫“太平炮”。有的新官刚到任，亦减价征税，叫作“倒炮”。这种与条例不符的做法，终究比横索民财为好些，上司亦不过问。广西北流县知县要离任，百姓纷纷前来，要求清结官司，害怕新官上任要交“结费”、“坐堂费”等名目。

丢了官却发了财

道光二十二年（1842），闽浙总督颜伯焘因失厦门被革职，回原籍广东时，途经漳州，扛夫搬运箱笼什物多至六七百人，一连10天才过完。颜伯焘的差役、轿夫、家属、舆马仆从近3 000人，漳州官员招待酒席400余桌。颜伯焘的祖父做过巡抚，父亲做过总督，是一个三代封疆大吏世家，丢了官，没有丢财物，罢官后照样满载而归。漳州官员接待5天，花去了一万多两银子，再住下去实在负担不起，后来通过和颜伯焘的心腹亲军营黄守备换帖结拜，又送了50两银子，第二天，颜伯焘才和随从起程离去。

这样庞大的搬运队伍，搬运的却不全是颜氏的私产。原来颜氏的仆人和营弁包揽了商人的银标和货物，用公家驿传夫马运送顺带赚上一笔钱。客商省了运费，又有亲军营保护，不怕强盗拦劫，何乐而不为呢？当然，颜伯焘并不知道仆人和营弁的这些手脚，身边人借护送颜氏的名义饱了私囊。

八仙过海

大员们聚敛无度，俸禄微薄的下属们，也不甘做过路财神，只饱眼福、耳福，于是乎仿照办理。

翰林院的翰林们清苦难耐，如大旱仰望云霓一样企望三年才得的一次考差，因为能得一次主考、副主考的差事，可供十年之用。连续获得差使就是“红翰林”，否则，就是“黑翰林”了。如果能得到三年一任的学政差使，稍微节俭一下就终身用之不尽了。翁同龢咸丰六年（1856）中状元，八年（1858）放陕西乡试副考官。试差结束，立即又任陕西学政，可算是锦上添花了。王先谦是同治四年（1865）进士，担任过云南、浙江等省乡试考官，光绪十一年（1885）以国子监祭酒分放江苏学政，任满后开缺回乡，吃用不愁，所著多种著作，都是门生们帮助刊刻发行的。

翰林们能放考差、学政，各部的小官却没有这种机会，他们开发的生财之道，就是吃印结费。印结，是卖官的副产品。买官后需要入京引见者很多，吏部为了防止弄虚作假，就规定了凡引见者必须同乡京官出具保结，保证文书叫结，又必须盖上各部大印，这就是印结。要盖印就得出钱，这种“创收”就成为京曹的外快。各部因此成立印结局，专门管理这项业务。印结费不断涨价，买官者已经出了大头，这些费用咬牙也就交了。京曹们由此大饱私囊。

部费也是京曹们得到的好处费来源之一。管理文武官员的吏、兵两部收取补缺费、保奖费；各省报销，户、兵、工三部收报销费。刑部虽无收入，在取消刑罚笞杖以下皆收罚款，于是摊派各州县，每年能收不少银子。翰林院聘用一名俄国教习，就令各省上交学费，大省500两，小省400两。这些都经奏请朝廷批准，成了政府命令。

仓老鼠

守库的库丁们不甘心守着仓库受穷，于是朋比为奸，监守自盗。

道光二十三年（1843）三月，户部银库竟出现了925.2万余两的亏空。这个数字，相当于国家当年财政收入的六分之一左右。道光皇帝大骂查库、管库官员“丧心昧良，行同背国盗贼”。此事暴露，并不是通过查库和管库官员工作认真查出的。道光二十二年（1842）十一月初二日，负责进库过秤报数的库丁张诚保，在匆忙之间，把第二秤报成第三秤，没被发觉，于是大做手脚，报第七秤的报成第十秤，又蒙混过去。多出的银子库丁们分赃不均，听到消息者乘机敲诈未遂而上告，于是东窗事发。道光下令查库，处分了从嘉庆五年（1800）到道光二十三年（1843）40余年历任、现任管库、查库官员，分别罚赔银两。已故者由其子孙按半数赔交，其中慈禧的曾祖父吉郎阿就是已故管库司员之一。他已死去多年，就由慈禧的祖父刑部郎中景瑞按半数赔交了21 600两，因为拖延交赔被革职监禁，追交了60%，释放并官复原职后，继续赔清，一直拖了七八年之久。这使慈禧家过了几天紧日子。

“上有所好，下必甚焉。”父辈聚敛无度，子孙更爱财如命，连孝道都抛到九霄云外了。官文任湖广总督被弹劾后免职，回京时，银子太多，难以装运，就地连开9个当铺。死后几个儿子急于析分家财，竟秘不发丧，等把当铺分定才发丧。四川总督宝兴退休时，宦囊丰富，此公嗜好收藏鼻烟壶，据说，有48箱之多。死后子孙忙于争夺遗产，几天不曾发丧。英国诗人爱·扬格《夜思》说得好：“亡人的眠床，是心灵的探测器。”

上下几千年，还没有一个皇帝发表上谕公开允许、鼓励官员贪污、受贿的，个个都堂而皇之地倡廉肃贪，并且不断地树立清官作为榜样。包拯是名满天下的青天大老爷，是宋朝人，但关于包公等人的公案小说，却产生并盛行于清朝，包公戏也是清朝唱得最红火。这种艺术花朵的开放，可谓是用官场的肮脏作为肥料的。

贿赂的雅称

中华乃礼仪名邦，千百年来，各朝各代，都讲究“礼”。“礼”，规定了社会行为的法则、规范、仪式。《礼》为六经之一，《礼·表记》中有“无辞不相接也，无礼不相见也”的说法。这里说的

“礼”是指礼物、礼品。往来要有礼物，写封信托别人代交也有伴函的礼物数事。礼尚往来，来而不往非礼也；礼物也好，礼品也好，对接受者都包含有敬意。

但是事情一到官场，礼仪就变了味道，连礼物表达的敬意也发生异化。贿赂而叫作“×敬”，名称是分外的典雅别致。“别敬”之外，还有“炭敬”，这是外官冬天致送京官的贿赂，大概取义是：天气严寒，送上银子，暖和暖和。“冰敬”，是夏天的作为，与冬天相对：炎夏酷暑，凉快凉快。此外，送给上级年轻读书子弟的叫“文敬”：买点文房四宝，读好书，早中功名早做官。

“敬”一直敬了上去，礼物也就一级一级送上去，一级一级的上级就有了额外的收入。礼，不管花色品种，都取之于民，送之于上。送礼和贿赂之间画上等号，就失去了人们的敬意。

清末，官场舆论严厉谴责贪黩好货的奕劻父子为“庆记公司”。“三年清知府，十万雪花银”的十字民谚，不知产生在什么朝代，反正晚清仍在广泛流传。十个字，将官僚们的丑行概括得何等深刻，以至它长期流布，绵延不绝。

门包开路

大概有鉴于老百姓的骂娘，才给贿赂加上了一个个文绉绉的名字。有了送的心意，准备了可观的礼物，送进去也得有钱开路。虽然当官不打送礼的，而官府的门丁们没有买路钱却是不开门让路的。若不先送上门包，则会得到老爷不在家的回答。送上门包之后，立即传话：“老爷有请，大人请进。”门包也有文雅的名目，叫作“门敬”。靠着买路钱，官府的门丁以捐纳得高官者，大有人在。

安徽巡抚王晓林的门丁陈七，小有才干，深得王的信任，陈七倚势弄权，巡抚的下属官员多奔走陈七门下。王晓林生子，属官前往庆贺，省城文武官员也同样无不前往贺喜，连外地也有赶去庆贺者，本人未去的则派专人送礼。陈七荷包丰满，咸丰时潜入京城，改名陈小山，捐纳得官，竟然蓝顶貂褂赴他人宴请，只是后来被御史孟传金弹劾斥逐。

明廉暗贪

门包虽然改名门敬，名声仍然不好。惮于舆论，庆记公司在府门写了“严禁阍人收受门包”几个大字。署江西提学使林某去见两次都被门丁挡驾。林以为奕劻为首席军机大臣，公务繁忙，实在无暇接见。

第三次前去，门丁索要门包，林某指着墙上大字说，王爷有谕，我怎么敢送门包？门人笑着说，王爷的话不能不那么说，林大人你这个钱可是不能省。林某这才恍然大悟。正争执着，徐世昌——林某父亲门生的门生从里面出来了。他对林说，老世叔还没有动身吗？林说，我来了三次，王爷尚未得见。徐请林稍等，徐进去不大工夫，就传呼请林大人。林因为父亲的荫功，据说是光绪、宣统年间，外任大员谒见奕劻的惟一一人。

奕劻果然名不虚传，挂着清廉的高名而收受贿赂的实惠。可以说是不廉而廉，贪而不贪；明廉暗贪，名廉实贪，以至廉为贪用，贪廉合一，臻至妙境，令人叹为观止矣。

送礼送掉了江山

送礼，在清朝也是祖宗家法，乾隆以前就有。乾隆时曾专门发布上谕禁革门包陋规，乾隆四十六年（1781）又一次发布上谕："各省督抚，何得任听家人向属员恣索门包？且督抚原系封锁衙门，一应亲族奴仆，俱例禁出入，是以设有中军及巡捕等官及供稽查传禀。今伊等仍令家人传事，以致积收门包，盈千累万，所谓封锁者安在？若不明禁革，流弊恐无底止。即奏事处，向有收受督抚随封银两，此系旧时规例，相沿至今。但各督抚俱为朕所管教，若不一体裁减，伊等转有所藉口。嗣后奏事处随封银两，俱照例裁减一半，即向得双份者，亦只许得半分。督抚至道府，概不许收受属员门包，各督抚不许另设立管门家人。"[1]

煌煌上谕，训诫督抚，不许设管门家人，收受属员门包。而天子身边的奏事处，却只裁减一半。据说，清朝门包之始，是吴三桂出山海关向清军请援，求见摄政王多尔衮不成，于是重金贿赂其左右，始得开门接见。由此肇端，遂成陋规，牢不可破。

宣统三年（1911）八月十九日武昌起义前，杨洪胜等起义被武昌知府侦知，深夜密告湖广总督瑞澂，门人在特别时间索要特别门包，知府说，这是什么时候什么事体还能按常例办事？门人不得已才通报了瑞澂。事为瑞澂所知，将门人训斥了一顿。到捕获了杨洪

[1] 《清实录》高宗纯皇帝，卷1130，中华书局1986年版。

胜等，门人又去向知府大人索要赏钱。

所以人们说，清朝268年与门包陋规相终始，其得国以门包，失国也以门包。这种说法近于谶纬，但不无道理，送礼送掉了礼教，送掉了江山。

二　官场＝戏场

俗语说，天地大舞台，舞台小天地。戏剧舞台的帷幕有起落开闭，戏剧演员根据剧本角色的要求，按照导演的意图创造出各种不同的艺术形象；而政治舞台长期开幕，官员只是本色演员，始终表演着同一角色。不过，同样的是，演员们都追求良好的艺术效果。

千呼万唤始出来

垂帘听政，掌握清朝最高权力几乎半个世纪，这是慈禧在人生舞台、政治舞台上的重头戏。

咸丰十一年（1861），成功地发动辛酉政变后，慈禧上台掌权。如果太后直接干政，未免名不正，言不顺。于是，编导了众多臣下奏请两宫太后垂帘的一幕。大学士管理兵部事务贾桢、大学士管理户部事务周祖培、户部尚书沈兆霖、刑部尚书赵光联衔上奏，请两宫皇太后亲操政权，以振纪纲。同时，在直隶、山东交界的统兵大员胜保也上折奏请皇太后亲理大政，并简近支亲王辅政。有了众多大臣的奏请，垂帘就成为俯顺舆情的善举，慈禧掌权披上了合法的外衣。

无巧不成书，无巧难成剧。戏剧情节的编排，奥妙多在巧合。贾桢、周祖培、沈兆霖、赵光四人联衔的奏折，与远在前线的胜保的奏折，据《随手档》记载，竟在同一天上达，形成内外舆论绝对一致，配合得丝丝入扣。

主角该出场了。不！安排儿子的登基大典在十月初九日举行。清朝入关以来第三个小儿皇帝载淳在热河已经登基过了，当时和后世都有人说这是画蛇添足，多此一举，责怪太后身边的谋臣策士们昏庸。这种说法，太不了解慈禧的心肠了，也忽视了传统的巨大压力。

中国的历史，已推移了二十多朝，尤其宋明以来，男性单系世系的世袭已经牢不可破。但是，宋明以来，也有太后干政的事情，却没有一个改国号易正朔的。垂帘已经违背了祖宗家法，只有再演一遍登基仪式，才能表示对传统的让步、尊崇，缓和、消释各方面的疑虑和不满。

不能忽略的是，以皇帝生母身份，加上奕䜣以皇叔身份的议政王头衔，分外显示了端华、肃顺诸人的疏亲揽权、骄横跋扈的弱点。他们没有忘记宣布端、肃八大臣辅政矫诏擅权的罪名，即此一点就足以置对手于死地。但咸丰遗命八大臣辅政却铁证如山，慈禧以假乱真的表演产生假作真时真亦假的戏剧效果。当年，谁敢去查证公布的咸丰遗诏？堂堂上谕遮尽了多少不可告人的内幕。走上权力顶峰之路，曲折亦复肮脏。

十月初十日是慈禧27岁生日，前一天儿子登上皇位，今天，母亲生日过起来才够味道。喜上加喜，庆外有庆，都不能不说精心编排的细密妥帖。同治的年号，说法有二：一说同于“顺治”，取开国祖宗年号吉利，中兴祖业；一说两宫太后同治天下，都不无道理。如果再加上一层，即母子共同掌权，也颇合实际。舞台上，各式人物，唱、念、做、打，帷幕之后，却是这等勾当。

现在主角还不能登场。前边的各种角色的表演，不过是序幕，铺垫不够，戏路不通。于是，议政王、军机大臣、大学士和六部九卿们忙忙碌碌，制订垂帘仪礼制度。这项仪制，是多少朝代没玩过的把戏，制作起来，颇费工夫。制度毕竟是为人服务的，酌古推今，终于编制告成。十一月一日，举行了两宫皇太后垂帘听政大典，慈禧名正言顺地登上了实际女皇的宝座。编剧兼导演终于作为主角走出了帷幕，表演起来。经过严密的筹划，紧张的角逐，从懿贵妃到慈禧皇太后，角色转变得迅速而自然。

慈禧不过是27岁的新寡少妇，另一位慈安太后还比慈禧小两岁，辅政的奕䜣29岁。在老人政治传统的王朝政治中，他们都不过是些少不更事的毛孩子！于是，皇太后懿旨下来了，起用退休的大学士祁隽藻、翁心存以及李棠阶、刘绎。

祁、翁、李、刘的作用，颇似刘邦立太子时吕后请来的“商山四皓”。祁、翁不但资历深，而且进士出身，历典乡试，主持会试，桃李满天下，尚、侍、督、抚中不少是其门生。二人的出场，带动了满门桃李归心新朝。李棠阶授任都察院左都御史、军机大臣，讲理学，名扬天下。刘绎以体弱不出。这三个人物，一下为新朝增色不少，压住了阵脚。时人评论说，此举使众正盈朝。

有不少关于慈禧的小说，说慈禧入宫后如何受咸丰青睐，擅宠专房，如何才干出众，帮助咸丰帝处理政事，咸丰病中如何代批奏折。实际上，按清朝制度，慈禧之类人物根本无法涉足政事，慈禧之于咸丰也不如所言有专房之宠。中国第一历史档案馆所藏有关档册中，并没有留下慈禧代批之类的痕迹。

上述传说，多是慈禧垂帘之后，尤其是坐稳了江山之后出现的，有出自身边人的谀词，有出自作者的穿凿揣测，有的恐怕是慈禧有意放风，用别人之口制造出来的。只要看看上台初期的表演，即会了然。联系光绪十年（1884）甲申易枢那一纸誊抄别人起草的懿旨，错别字连篇，联系大臣请训时召对的言辞，就知道慈禧有表演天分，而没有多少经验。惟其如此，才演得逼真，有点动人处。

第二幕中的慈禧

从七月十七日咸丰死去，到十一月初一日垂帘大典的举行，这一幕戏，从策划、编排到演出结束，未免有些拖沓，尤其是处置了对手以后，显得枝蔓。这种拖沓、枝蔓，正是慈禧演、导、编集于一身的特点。

光绪十二年（1886）载湉到了结婚亲政的年龄，慈禧柄政已20多年了，六月初十日懿旨说，以前因为皇帝年幼登基，才恩准廷臣之请，垂帘听政，并说等皇帝学有所成，即行亲政。并宣布光绪十三年（1887）为亲政之年。这一段台词，就显出了辛酉年演出拖沓、枝蔓是何等重要了。垂帘并非出于自愿，而是迫不得已的权宜之计，是俯准廷臣所请的德政。

果然，导演兼演员的慈禧的开场白道过之后，各种角色纷纷表

● 慈禧像

● 醇亲王奕譞

演。醇亲王奕譞、礼亲王世铎、科尔沁亲王伯彦那谟祜等率王公大臣、大学士、六部九卿上奏，恳请慈禧或再训政数年，或缓数年归政，或归政后按现行规制，行政先奏请皇太后懿旨，再在皇帝前奏闻。慈禧又出面再唱一遍所谓垂帘听政是不得已的举措，仍然指令明年正月十五举行亲政大典，但已有转圜的余地，批准了亲政后仍然随时调护的请求。

于是，奕譞、世铎又率王公大臣、大学士、六部九卿再奏，锡珍、贵贤等也粉墨登场，加入了演出，要求慈禧勉允训政。第三次吁恳，终于“感动”了慈禧，允准所请。但她第三次重申，垂帘听政，历稽往代，皆出权宜之举，行之不慎，流弊滋多，史册昭昭，可为殷鉴，但“该王大臣再三沥恳，何敢固执一己守经之义，致违天下众论之公”，当然还是勉允所请，权宜变通，处以公心，垂帘听政了。

而戊戌变法后，也是“满足”臣工请求，才第三次垂帘听政的。

垂帘尾声

慈禧不过是咸丰皇帝的小老婆，和同治帝是母子关系，与光绪是伯母、姨母与侄儿、外甥关系，并没有任何官方头衔，她要垂帘听政，光说自己的意思是远远不够的，必须一而再、再而三地让群臣表演劝进的请求，自己再三表演欲擒故纵、推拒迎求的角色，才合情理。

光绪三十四年（1908），老迈不堪的慈禧去世前，第三次决定了皇帝人选。死后的遗诏，却再不提垂帘一事了，讳莫如深得似乎不曾发生过一样。此又所为何来？传统的压力是她始终不敢小视的，革命党人排满呼声日益高涨，她还要顾及身后之名。

“节俭”的太后

光绪二十年（1894），是慈禧60整寿，经过近两年的筹备，是要大庆特庆一番的。尽管日本发动了战争，筹备仍在紧张进行，内外大臣贡献已应诏备好。在国难当头的情况下，大庆祝又收礼，未免影响皇太后的“光辉”形象，如若放弃这个搜刮的机会，未免可惜。于是，一幕大戏开始上演。

八月二十六日，慈禧发布懿旨说：所有庆辰典礼，仍在宫中举行，不在颐和园受贺礼。光绪皇帝这时候扮演了主角，发表上谕，复述了慈禧的旨意，表示不敢不钦遵宣示。实际上，庆贺的规模并没有缩小多少，日程安排未受丝毫影响。从十月初一日至十三日庆辰活动排得满满当当。关于万寿贡品，慈禧原说，毋庸进献。到了九月二十日，慈禧下令王公大臣和各省大员将万寿贡品于九月二十五日前呈进，蒙古王公于九月二十六日呈进。九月二十六日已收足了礼物，发表懿旨说："该王公大臣等仍循旧例呈进贡物，系属出于至诚，若仍不允准，无以申臣下将敬之忱，转若近于矫情，均著加恩赏收。"[1]

这实在是千古绝唱！自己不收贡物，就是矫情，就对不起臣下，就会犯"无以申臣下将敬之忱"的弥天大错。收受了礼物，是对进贡者莫大的恩惠，所以，"著加恩赏收"了。不过慈禧这一次表演的效果极不理想。《马关条约》签订不久，北京城曾有人贴出了一副对联："万寿无疆，普天同庆；三军败绩，割地求和。"

光绪三十年（1904），慈禧70大寿。山河破碎，大厦将倾，仍然要大庆，仍然要收贡物，甲午年的戏又表演了一番。这一次效果亦不佳。名士辜鸿铭口占一首《爱民歌》："天子万年，百姓花钱。万寿无疆，百姓遭殃。"

何必当初

光绪二十六年（1900），慈禧携光绪在八国联军兵临城下时，

[1] 朱寿朋：《光绪朝东华录》，中华书局1958年版，第342页。

仓皇出逃。上谕中却说："朕为天下之主，不能为民捍患，即身殉社稷，亦复何所顾惜。敬念圣母春秋已高，岂敢有亏孝养，是以恭奉銮舆暂行巡幸太原。所幸就道以来，慈躬安健无恙，尚可为天下臣民告慰……"在这里，光绪恪尽孝道，意要做天下的表率。

如果说慈禧强行挟持光绪以逃，皇太后如何母仪天下？慈禧不挟持光绪同行，列强入都，光绪作为中国代表与之接洽，皇太后垂帘的局面就会被推翻，而且会以主战祸首被查办。在以上谕连缀而成的《实录》中，这些真相都被母慈子孝的谕旨遮盖得严严实实。由慈禧编导、光绪主演的这一幕戏做功尽管老到，但列强步步进逼，答应了议和条款才罢了手。

回銮时，慈禧在正定换乘火车，对列强表示悔祸输诚。銮舆到正阳门，东交民巷的外国使馆人员站在城墙上观看，慈禧在轿中看见了，向洋主子们招手致意。回到北京，很快就接见了各国公使及其夫人。

此后，常常让各国公使夫人进宫或到颐和园游览。慈禧的演技不能说不高，只可惜扮演了列强臣妾的角色。

扬州相会

同治五年（1866），清政府在镇压完太平天国之后，正忙于围剿捻军的时候，新任湖北巡抚曾国荃奏劾大学士、湖广总督官文贪庸骄蹇、欺罔徇私、宠任家丁、贻误军政。满汉封疆大吏共同对敌的和好局面出现了裂缝。清室派出亲王绵森、侍郎谭廷襄查办，二人虽然极力为官文洗刷遮盖，也不得不奏明官文动用公款的事实。

于是官文被免去湖广总督，罚俸十年，以大学士管理刑部事务。此案引起的轩然大波久久未能平息。

曾国藩亲身经历官场风浪，深知个中滋味。当弟弟透露要奏劾官文时，曾氏认为火候不到，作为兄长一再劝诫。弹折上奏后，曾国藩一个月后看到奏稿，虽然也说所言都是正人应说之事，无论输赢都足以自立，但他毕竟知道，老弟劾官文这样的高级官吏，他无法置身事外，脱掉干系。给弟弟的信中就说，此等大事，人人皆疑为兄弟熟商而行。如果李瀚章劾官文，说李鸿章全不知情；李鸿章劾我，说李瀚章全不知情，你肯相信吗？天下人会相信吗？这样激烈争斗的一幕武打戏，因骨肉手足情之所系，忧谗畏讥，把谨小慎微的曾国藩牵连进去，并参加了演出。

二月底，受处分后入京任职的官文，从武昌乘船东下，后由运河北上。回任两江总督的曾国藩由运河南下，两人狭路相逢于扬州。

官文和曾国藩相遇，不是寻常人物的邂逅巧遇。官是文华殿大学士，曾是体仁阁大学士，官拜伯爵，曾封侯爵，属于高级同僚。在长期对付太平军的战争中，官坐镇武昌，曾亲临前线，协同作战，后来曾氏升任两江总督，两人权位相侔，有多年交情。但是，自从曾国荃弹劾官文后，二人又成了对头。但出面奏弹的毕竟是曾国荃，曾国藩和官文都没有避而不见的道理。

于是，从南京迎接曾氏的丁日昌等人从中转圜，曾、官二人先以书信往来，相约彼此不提弹劾事。曾氏于三月初一日上船拜会了官文，见面应酬寒暄，别无他言。官来答拜，曾以他事未见。丁日昌及盐运使程桓生设席宴请两位大学士，曾去而官未赴宴，两个人就这样分别了。

曾国藩对人说，兄弟的奏折事先并未就商于他，但是，亲老弟举动而说不知道，何以为兄？若说知道，又何以对友？故相见无辞可措。这句话说出了他此时的心曲。两人相见的前一日和后一天，曾国藩给老弟写了信，只字不提与官文相逢一事，一再鼓励作战大败的老弟务须咬牙励志，一心一意料理军务，另起炉灶，重开局面。

保定聚首

扬州一别两年后，同治八年（1869），官文、曾国藩相见在直隶省城保定。官文在同治六年（1867）继刘长佑后署理直隶总督不长，捻军张宗禹部进入直隶境内，危及京城，官文被罢去太子太保，拔去双眼花翎，直到左宗棠、李鸿章率湘淮军镇压了捻军才得以恢复官衔。清政府不得不把资高望重的湘系头子曾国藩调任直隶总督代替官文，造成了曾、官二人第二次聚首。

曾国藩同治八年（1869）正月二十日从容就道，挥洒自如，到长辛店后，顺道视察永定河工地，二十七日才到保定。这一天正午，卸任总督官文率领布政使、按察使等官员等在城外迎候曾国藩。曾国藩进城后先拜会官文，然后才回到公馆。礼尚往来，来而不往非礼也。二十八日，正午，官文回拜了曾国藩，谈话时间较长，客散之后，曾氏已十分疲倦了。

据记载，曾国藩谈到他的亲老弟弹劾官文时说，老九胡闹，别在心。二月初一日，曾氏拜会藩、臬和清河道。初二日，官文和司、道、府、厅各官在浙绍会馆宴请曾氏，然后入座听戏，直至酉初一刻才散。初二日，官、曾举行了交接仪式。次日，曾赴衙门回拜官文，两人一同看了上房院落，一同拜会刑名、钱粮幕友。初五日，官、曾一同参加了文庙丁祭，曾氏也在浙绍会馆公请官文，宴会后演戏招待。初六日，官文来公馆向曾国藩辞行，次日曾氏又去衙门为官文送行。二月初九日，曾氏率官员到城外送官文还京。

官、曾相处半个月中，往复拜访，亲切宴谈，几无虚日，不了解这幕戏的背景，谁能看出他们是明争暗斗的冤家对头。官场敷衍功夫，官、曾都是上乘的。官员交接，不见面而委托别人，或者新任到来的当日，在官署、路途进行交接，不乏其例。而两位大学士都不草率从事，迎送互访，情意依依，温良恭俭让。他们的表演，掩盖了当时满与汉、满员与湘淮系之间势同水火的倾轧、排挤。管弦锣鼓声中，格外显现了官场的黑暗、险恶、狡诈。

敌手的慰问信

光绪三十三年（1907），瞿鸿禨被奕劻、袁世凯一派攻倒罢官以后，袁世凯致函慰问。全文如下：

宦海波生，石尤风起，以傅岩之霖雨，为泰岱之闲云。在朝廷援责备贤者之条，放归田里；在执事本富贵浮云之素，养望江湖。有温公独乐之园，不惊宠辱；但谢傅东山之墅，奚慰生灵。虽鹏路以暂行，终鹤书之再召。弟投身政界，蒿目时艰，读芝焚兰蕙之篇，欷歔不绝；感覆雨翻云之局，攻错谁资。敢问起居，藉鸣结辖。[1]

这封信说的是，宦海突起波澜，逆风迎头吹来，使瞿这样的贤良辅佐大臣，转眼间成了泰山顶上的闲云。在朝廷来说，对贤者责备严厉，把阁下放归田里。您本人视富贵如浮云，正好养望于江湖。现在虽有司马光独乐之园林，宠辱不惊，但是谢安居东山别墅，如何安慰天下生灵？鹏程万里的贤佐之路上虽然暂时挫折，朝廷终会召回起用。我投身政界，同情您的遭遇，看到翻云覆雨的形势，正好改正自己的缺处。情意拳拳，既同情其遭遇，又肯定挫折只是暂时的，终将大用，吹嘘瞿是司马光、谢安一类贤良宰相。

究竟是奚落还是同情，是鼓励慰勉还是落井下石，抑或两者兼有，实在难以区分。既然这样情意深厚，又何必当初？双重人格淋漓满纸，备官场修养之一格，宦海风波中恩情与仇恨与共，成了政治文化的一页实录。

反郭子仪现象

“天下本是将军打，不叫将军见太平”，这是唐朝的一句谚语。平定安史之乱后，封王的郭子仪，广置田产美女，终日以醇酒美人自娱，做出一副优游岁月不作他想的姿态，李唐天子因此放了心，郭子仪因此保住了脑袋，享了“太平”。这便是昭著史册的郭子仪

[1] 《袁世凯致瞿鸿禨》，张一麐：《心太平室集》卷一，上海人文编辑所1932年版。

现象。

郭子仪现象凝结了唐朝以前多少南征北战，为一家一姓喋血疆场的将帅血泪。春秋时文种，汉朝的韩信，在王朝历史的系列片中，留下了“飞鸟尽，良弓藏；狡兔死，走狗烹；敌国灭，功臣亡”的哀叹。到了清末，曾国藩打下南京，迅速解散湘军，此后以临深履薄的心态，度过了封侯拜相的岁月。世界进入19世纪中后叶，曾国藩重演了中世纪的郭子仪现象。

袁世凯在清王朝排汉、革命党人鼓吹排满的形势下，走了一条反郭子仪现象、反曾国藩作为的路子。

甲午战争让湘淮同悲，标志了湘淮军时代的结束。袁世凯从光绪二十一年（1895）拜小站练兵之命，到光绪三十一年（1905）编练成北洋新军六镇，10年时间，抓军权、抓财权、抓政权，气势咄咄逼人，权势蒸蒸日上，很少有曾国藩忧谗畏讥的情态。

光绪二十五年（1899）年底，袁世凯率武卫右军走马上任山东巡抚，第二年春天，通过荣禄奏准，把山东旧军改编成武卫右军先锋队，编入荣禄率领的武卫军系列。八国联军之役，天津前线吃紧，都城告急，朝廷数次檄调武卫右军赴津作战。袁世凯或以义和团猖獗不能立即开拔，或以沿海紧张，兵力不敷分布，或者以守土有责为借口，只派夏辛酉率几营旧军敷衍应命，新式陆军始终未派出一兵一卒。

经过这场大风大浪，荣禄编组的武卫军瓦解了，前、后、中三军伤亡、溃散、资遣，番号取消，左军大大削弱，惟独袁部右军完整保留，而且手中兵力扩充了一倍。袁世凯保住了起家的血本，成为踏上直隶总督兼北洋大臣台阶的重要基石。袁世凯也因“守土有功”获得了太子少保的重赏。

光绪二十八年（1902），袁世凯贯彻实行朝廷编练新军的上谕，率先招募编组成北洋常备军两镇。次年，袁氏向慈禧进言，为使朝廷统一编练新军事宜，需要成立练兵处，正中慈禧下怀。练兵处成立后，庆亲王奕劻任督办大臣，袁氏只居会办之位，可是练兵处各司的官员都是他夹袋中的人物，练兵处成了袁氏的练兵处。日俄战争爆发，袁世凯以京畿兵力空虚，募练了北洋常备军第三镇，也是在朝廷惶惶不可终日之时，袁世凯又是急朝廷之所急。到光绪三十一年（1905），北洋新军六镇编练而成，速度居全国之首，武器一律进口，所需经费共900多万两，却是全国各省分摊。

“兵，犹火也。”这是《清朝续文献通考》上的话，表述了朝廷对军队的渴望与畏惧交织的复杂心情。慈禧狡狯异常，能眼看袁世凯的北洋集团在眼皮底下坐大，缘在袁氏口口声声“三代世受国恩”、“报称愈难”，事事替风雨飘摇的爱新觉罗王朝打算，一遍又一遍地表示了竭诚事君的忠荩。大智若愚，大奸似忠，对忠诚的一再的表白才使慈禧放心。

郭子仪、曾国藩一类人物，以军队获得高官厚爵，当功成之时，像怕火一样，远远离开使自己升迁的军队。袁世凯在清朝灭亡前十几年，抓紧军队，毫不放松，串演一场反郭子仪现象的剧目。

天子圣明，臣罪当诛

光绪二十六年（1900）七月，慈禧挟持光绪帝出逃时，将幽囚多时的光绪帝宠妃——珍妃推入井中害死。

光绪二十七年（1901）十一月二十八日，慈禧和光绪一行回到京城，第三天——十一月三十日，慈禧亲自发布懿旨说：上年京师之变，仓促之中，珍妃扈从不及，即于宫中靖难，节烈可嘉，加恩著追赠贵妃位号，以示褒恤。这一纸堂而皇之的太后懿旨，后来载在《实录》、《东华灵》中，当时在邸抄及报刊上都刊载转登，传播面很广。

珍妃身处囹圄，不能抗击联军，也不会自行出监，如何“靖难”？死于非命有何“节烈可嘉”？“位号”可以随手颁布赐予，不费任何成本，一团疑云，懿旨不交代一个字。“节烈可嘉”、“贵妃位号”掩盖了慈禧谋害嫔妃的痕迹。懿旨背后，如此丑恶！

政治舞台上，帝王的表演，要留给观众一个印象：伟大、正确、崇高、完美。

庚子宣战，上谕义正辞严，告庙誓师，大有灭此朝食的气概。人人明白，此时所谓上谕，传达的是慈禧的懿旨。北京失陷以后，列强指索祸首之时，一系列上谕，再三申论的是：上年拳匪内讧，“酿成巨祸，皆由无识之王大臣纵庇邪术，挟制朝廷，其罪无可逭”。慈禧为了保住权位，诿过臣工，用百余名王公大臣及官员的生命鲜血，革职、充军，洗刷自己的脏手，完美自己的形象。这时颁布的懿旨，甚至把光绪二十六年（1900）五月二十四日至七月二十四日以前上谕说成是“首祸诸人乘间矫诏”所为，一律销毁，表示袒拳仇外之意，非出朝廷，即奖匪宣战之旨，皆为伪托。“天子圣明，臣罪当诛”的心态就是在这样反复表演中形成的。

多少巨奸民贼，政客官僚，都如法炮制，凭藉手中威权，指鹿为马，除掉敌手，赐予美妙名号，洗刷自己的黑手。

牛奶之赐

袁世凯任军机大臣、外务部尚书后，慈禧赐袁氏牛奶喝。

袁世凯身居一品，手面阔绰，挥金如土，是不缺牛奶喝的。据袁的幕僚回忆，袁食不厌精，脍不厌细，而且食量惊人，一餐可以吃下十几枚鸡蛋！人参汤、燕窝粥、莲子羹，都是这个美食家日常食谱，哪里缺一点牛奶的补养？

但是，牛奶既出自当朝太后的赏赐，味道、意义就不同寻常。袁氏照例感戴无比，再三叩谢天恩。喝着赏赐牛奶，袁世凯不会流泪以致难以下咽，但从牛奶之赐中大概会感到太后对自己的注视。

袁世凯的演技，得益于家学渊源。还在袁氏入仕之初，他的叔父袁保恒在给他的信中就教诲说，“官场如戏场”，言外之意是，做官如演戏。袁保恒官至侍郎，罄其半生体味，谆谆教诲，袁世凯颖悟过人，得此心法，戏做得出神入化。自从署山东巡抚起，每次接到升迁的谕旨，都要以才轻难以副任，一再恳请朝廷收回成命，另委高明。弄得朝廷屡颁温谕，慰勉有加，才肯勉从朝命。署直隶总督兼北洋大臣命下之后，袁世凯左一个电报，右一个奏折，再三固辞，朝廷也是电旨加廷寄，再三勉励，袁氏才接受了委任。

宣统三年（1911）武昌起义以后，清朝的江山大半亡去，为了笼络掌握实权的袁世凯，隆裕皇太后破例授予袁世凯一等侯爵。无功封侯是清朝268年中史无前例的，朝廷推诚相与，袁则深闭固拒，朝廷赐爵之旨三下，袁氏固辞之折三上。此时，袁氏对内对外，明里暗中都矢誓效忠，却拒不接受孤儿寡妇的一点心意。一个侯爵，此时已经打发不了袁世凯了。武昌起义后几个月之内，袁世凯翻手为云，覆手为雨，用革命党人逼清朝，用清朝压革命党人，最后终于将清廷的权力夺到了手中，拉上清王朝灭亡的帷幕。

假戏真演，真戏假演

清朝皇帝，包括慈禧太后在内，大都喜欢听戏，朝廷设有专门的升平署，宗室亲贵、王公贵近，不少是水平不低的票友，京戏名角如余赶三、谭鑫培、程长庚、杨月楼等不时被宣进宫内供奉。官员中以戏曲为娱乐的也不少，内廷以至部院衙门官员常有粉墨登场，或客串演出的。

相传乾隆时，山东巡抚国泰长得一表人才，酷好演戏，布政使于易简也喜欢登场。两个人同台演《长生殿》，国泰扮杨玉环，于易简扮三郎，演至定情、窥浴，于想自己是下属，不能过分，只略示形式，便敷衍过去。剧终后，国泰责备于说，我过去还认为你是个旷达的人，今天才知道是个迂腐的书生。在官言官，在戏言戏，一个眼神、一个插科，体现了戏的精神，如果不表现出来，就是没把戏做出来，扮演者就没有尽到职责。你也不是头脑糊涂，为什么不放手去做呢？再演出时，于放手尽按规矩去演，国泰非常惬意地说，早就该这样演才对。这一对演员演出成功了，却双双在乾隆四十七年（1782）四月因事被逮捕治罪。

历代王朝礼仪繁琐，规定细密，积累到了清朝，礼仪就更多，规定也更细了。《清史稿》礼志就有20卷。《清朝文献通考》、《清朝续文献通考》的礼考，也都占了很大篇幅。通过礼仪的规定和实行，规范从上到下、从官到民的言行，控制、约束人们的思想。清朝皇帝每年二月的耕耤礼，到地坛犁地。有关衙门官员把牛套好，皇帝扶犁走一两个来回，就是礼成，象征着今年春耕开始了，皇帝重视关怀农业。盛张威仪，煞有介事，很有演戏的情韵。

丧葬礼仪属于"凶礼"的项目，制作同样细密。光绪三十四年（1908）十月，慈禧、光绪死亡，前后相差一天。慈禧灵柩在皇极殿，光绪灵柩在乾清宫，按照"凶礼"规定，群臣哭临三天。但是，大臣中除孙家鼐伏地痛哭外，"皆无戚容"，就是说，没有伤心悲恸的情绪和表现。

胡思敬在《国闻备乘》中说，这次的丧仪有三失：一是应成服（穿孝、戴孝）人员没有穿白衣服，王公百官皆反穿羊皮，内穿绸缎。二是临时三品以上官员应在乾清门外，四品以下应在景运门外，但这一次无论官职大小都齐集乾清门外，仆从混淆其中，人声嘈杂。三是大丧27日内不奏事，是指例行常事。十月二十一日慈禧死，二十八日上谕令大臣制定监国典礼，十一月初二日刘廷琛上疏言典礼事，竟按违例传旨申斥。光绪去世当天，京城里人都已闻知，但仍然剃头婚嫁，通宵鼓乐声不绝于耳。这些失礼的地方，御史不纠，礼部不议，真是掩耳盗铃。

清朝之戏一开始就演，一直到了灭亡才结束。官场如戏场，已成为封建政治文化的表现形态。

三　官场＝战场

清末，皇帝的上谕，太后的懿旨，大臣的章奏，津津乐道的是“我朝圣圣相承”、“乾纲独断”。稍加考究，就会发现这些列祖列宗的“乾纲独断”是在血雨腥风中进行，血腥味扑鼻，并不那么“神圣”，倒是骨肉相残代代“相承”。祖孙父子，世代相传的是争权夺利。

高处不胜寒

入关之前的1643年，皇太极尸骨未寒，他的兄弟子侄们为争夺皇位，个个像乌眼鸡一般。最后，拥立皇太极6岁的第九子福临为帝，由皇太极的弟弟多尔衮和济尔哈朗辅政。多尔衮权势膨胀，入关后，娶了福临之母、自己的嫂嫂皇太后，先后被封为“叔父摄政王”、“皇父摄政王”，排挤掉济尔哈朗。顺治长大亲政后，反噬一口，立即把多尔衮的同母弟英王阿济格置于死地，又追夺已死的多尔衮的封爵，封抄家产。多尔衮荣于生前，辱于死后，所重用的大臣被株连多人。第一代皇帝就这样实现了乾纲独断。

第二代皇帝康熙即位时8岁，不管这个苗苗如何天纵英睿，也无法掌权执政。他以其父为榜样，长大亲政后，首先以辅政的鳌拜祭刀。不过颇有作为的一代英主，晚年却陷入诸子争储的局面。继承皇位的是第四子胤禛，因为父亲在位61年，胤禛人到中年才登上皇位。这位清朝的第三代祖宗，从登基的第二年一直到去世共13年，忙于杀戮，不管是兄弟、姻亲，争储的敌手，翊戴的勋臣，一律铲除。八、九两个弟弟被改名猪、狗，舅舅隆科多也被罢官，永远圈禁，以至于死。这些作为，给他的嗣位留下很多嫌疑，有的说是临终杀父，有的说篡改遗诏，有的甚至说他有背德逆伦秽行。

雍正、乾隆父子制造的文字狱是够得上世界之最的。乾隆的儿子嘉庆即位后，立即除掉了父亲倚信的重臣首席大学士兼首席军机大臣和珅，列出的罪状20条，是加倍的十恶不赦。和珅曾总理乾隆丧仪，在其主尸骨未寒时就锒铛入狱成了阶下之囚，赐令自尽，成了乾隆的殉葬品。和珅的儿子是嘉庆的妹夫，和珅也算嘉庆的姻亲长辈。可见，在走上皇位的道路上，凡是障碍都得扫除。

事情到了清末，就像俗谚所说，“辈辈记，辈辈明，辈辈的后人照样行”，用上谕里的述语就是“敬天法祖”。咸丰皇帝一上台，顾命大臣、首席军机大臣、首席大学士穆彰阿，协办大学士、军机大臣赛尚阿先后被罢官。

咸丰的儿子载淳和老祖宗顺治一样，6岁登基，伴随着小皇帝上台的是一场震动朝野的辛酉政变。咸丰遗命辅政的八大臣载垣、端华、肃顺等，被杀、流、革、降。在同治继位当年的宫廷政变中，慈禧以垂帘听政的形式掌握了实权，就把辅政大臣一一铲除了。

平静的只有同光易代了，因为慈禧、慈安垂帘，用4岁的侄子载湉当皇帝，无风也没起浪。立幼不立长，实在有利于控制政权。人们议论这件事时，总以为如果立同治的晚辈为帝，慈禧就不能以皇太后垂帘了，其实，历史上并不乏太皇太后垂帘的例证，北魏孝文帝时就是刘、向两位太皇太后临朝听政的。清朝开国的时候，皇太极的皇后扶植了儿子顺治，为了儿子的江山，不惜委身小叔子，笼络多尔衮，又扶植了孙子康熙。大事多决于这位孝庄太皇太后，考证比评的文字所在多有，这是个没有垂帘之名的垂帘。酌古准今，不是也可以成为慈禧垂帘的根据吗？

殿陛的震荡

专制皇权在腥风血雨刀光剑影中展开自己的生活史，新朝的建立都沐浴着血与火的拼杀。清朝在易代之际残杀，也不能说是满洲贵族独有的家传，它是一切专制独裁绝对极权的派生物。

人们认可的“唐宗宋祖”，在握取权力时，就并不温良恭俭让。唐太宗李世民残杀兄弟子侄儿家的“玄武门之变”就不是一次，而是四五次。赵匡胤之死也有烛影斧声，《贺后骂殿》的戏曲就是反映这一情节的。明朝一开国，争斗就高水平地展开了。乞丐僧人朱元璋，该有点慈悲为怀吧？不然，诛戮功臣显出了流氓皇帝的大手笔，从龙的将领、开国的元勋几乎一网打尽，两个大案就株连几万人之众，一心要给子孙打下一座没有对手的江山。不学无术的朱元璋，千虑有失，有其父必有其子，觊觎朱家天下的敌人，不是异姓的元老旧部，却在萧墙之内，不是别人，正是自己的血脉——第四子朱棣。朱棣不甘于以燕王做侄儿建文帝的下属，起兵夺了侄儿的皇位，把他父亲遗命辅佐侄儿却不愿归附自己的大臣一律处死，将他们的妻女每个人安排一二十名壮汉日夜轮奸。侄儿下落不明，朱棣无法安枕，郑和下西洋就负有搜捕的使命，必欲斩草除根而后安。清朝的皇帝对朱元璋、朱棣父子是颇为崇敬的。孤家寡人，一丘之貉，心法相传，很多事是寻常人难以意料的，否则，“旧时王谢堂前燕，飞入寻常百姓家”的诗句怎么会脍炙人口？神圣的殿堂之上，肃穆的宫廷之内，不时地有地动山摇的大地震爆发。

官场，连接着皇帝的殿陛，实际是殿陛的延长和伸展，没有浩瀚的官场，皇帝陛下的宫殿就实在太渺小了。辛亥革命后，逊清小王朝蛰居在紫禁城里，殿陛照旧，只是没有了960万平方公里的官场，朝命不出国门一步，也算不得什么朝廷了。如今遗存的故宫，明清两朝经营了几百年，房屋有9 999间之多。他们图吉利，不让再多增加一间。因为再多一间，就是10 000间。传说天帝所居紫薇宫为10 000间。对应天上，地上房屋必须少一间。天子对天敬畏，正好表示了君权神授的“天子”身份的高贵。座座宫殿都宽敞得惊人，皇帝也是凡胎，没有那样的宽度和长度，一部分也取了象征的意味，一部分也要容得下众多的官员。总之，殿陛与官场相连，殿陛是官场的中心、灵魂，官场的震荡，乃至社会的震荡，震中就在殿堂之上。

叔嫂斗法

同治四年（1865），紫禁城里演出了慈禧、奕䜣叔嫂斗法的一幕武打戏。三月初五日，翰林院编修蔡寿祺疏劾恭亲王奕䜣揽权纳贿，徇私骄淫，慈禧命大学士倭仁查办，掀起轩然大波。过了两天，懿旨责奕䜣妄自尊大，目无君上，诸多挟制，暗使离间，取巧妄陈，革去一切差使，不准干预公事。奕䜣的五哥、七弟请准此事交王公大臣、大学士、六部九卿集议两次，奏请量加录用，予以自新。三月十六日，懿旨命奕䜣仍在内廷行走，仍管理总署，恢复官职但摘掉了议政王的帽子。

遥想当年，辛酉政变成功，奕䜣九印彪列，手握朝廷大权，势位崇隆，无以复加。曾国藩的亲信幕僚赵烈文就说："在上海见恭邸小像，盖一轻俊少年，非尊彝重器，不足以镇压百僚。聪明信有之，亦小智耳……见时局之不得不仰仗于外，即曲为弥缝……己为何人，所居何地，应如何立志，似乎全未理会。身当姬旦之地，无卓然自立之心，位尊势极，而虑不出庭户，恐不能无复覆悚之虞。"[1]

奕䜣在当头棒喝之后，才理会到自己不能轻视寡嫂女流之辈，尤其是慈禧。奕䜣作为慈禧政变的同盟者，现在变成她独裁的绊脚石，这一次她要搬石头，初试锋芒，就轻而易举地摘掉了议政王的头衔。奕䜣痛哭流涕于两宫太后之前，悔过谢恩。这一切通过懿旨公之于众，慈禧先夺后予，达到了立威揽权的目的。

同治八年（1869），太监安德海奉慈禧之命南下采购，恭亲王奕䜣立即驰函山东巡抚丁宝桢，随时报告安德海一路情况。同时，报告另一位寡妇慈安，以太监出京，违背祖制务必严惩，取得慈安支持。丁宝桢逮捕了招摇弄权的安德海，安氏还有恃无恐，威胁

[1] 赵烈文：《能静居日记》同治六年七月初九日，台北文海出版社影印本。

说："你们想找死吗？"丁宝桢上有恭亲王奕䜣支持，以私自出京，沿途大臣未闻所命，肯定冒充无疑。丁氏奏报，慈禧正在病中，眼看着宠信的太监安德海伏诛，无可奈何，小叔子胜了一局。

同治十一年（1872），为谏阻重修圆明园，同治帝一怒之下，撤去奕䜣一切职务，次日慈禧立即予以恢复。母子二人，一夺一予之间，玩弄奕䜣于股掌之上。当这场风波平息，天下臣民，无不感到女主临朝，不可等闲视之。恭亲王奕䜣经过这一番折辱，已非辛酉当年的意态了。

兄弟阋墙

同治十三年（1874）十二月初五日，20岁的同治皇帝病死，慈禧当机立断，择立醇亲王奕譞的长子、4岁的载湉为帝。在场的奕譞痛哭失声，昏厥在地。这是奕譞在儿子当皇帝时的最初反应。此后，奕譞于七日奏请开去各种差使，慈禧一一允准，并赐他亲王世袭罔替的特权，对此他也一再辞谢。奕譞似乎无意权位，给人们留下了深刻的印象。

但三年前的情态却大不一样。同治十年（1871）正月，奕譞曾向慈禧上了一份密折，以夷务为题目，大做文章，集中攻击他的六哥恭亲王奕䜣。第一，揽权。奕䜣身兼首席军机大臣，管理总理衙门，奕譞说"办事之臣，即秉政之臣"，将来皇帝亲政，"忠谏不闻，闻而不行，甚可畏也"。又说奕䜣办夷务先与夷人商妥，然后请旨，迫使朝廷表态，挟夷自重。第二，媚夷。不请示朝廷收受、赠送夷人礼物，在天津教案中抑民谢夷。密折还说自己与两太后是君臣关系，与奕䜣是兄弟关系，因此“欲尽君臣之义，每伤兄弟私情，欲徇兄弟私情，又昧君臣大义”。以两难处境立论，以舍兄弟私情伸张君臣大义落脚，表明与奕䜣的政见分歧。

光绪即位后，奕譞虽然辞去差缺，但以皇帝生父的身份，勘估陵工、照看小皇帝读书，颇为忙碌。他与皇帝的师傅翁同龢交好日密，时有馈赠，诗赋唱和。要使儿子真正龙飞，先竭力拉拢老师。

光绪十年（1884）三月十三日，慈禧借盛昱弹劾军机大臣的奏折，把奕䜣为首的军机大臣全部撤去，换上了礼亲王世铎及张之万、额勒和布、阎敬铭、孙毓汶、许庚身，这是军机处180多年历史上惟一大换班，史称“甲申易枢”。慈禧指令军机处，遇有紧要事件会同醇亲王奕譞商办，没有军机头衔的奕譞成了太上军机。

此事的成因，当然是慈禧与奕䜣的长期矛盾，但起推波助澜作用的是奕譞。这一年正月十三日，奕譞赠翁同龢熊掌，并写信询问时事。十九日，致信翁氏，并附有陈熙文给他的信，陈禀告法国人潜伏京城宜防范，建议引黄入运河。翁氏时为军机大臣，奕譞所为显然是插手政务了。二月初三日，按慈禧旨意，请奕譞到军机处商议京城防务事宜。三月初九日，慈禧祭奠奕譞同母妹寿庄公主，在寿庄公主府传膳，是奕譞所进。初十、十二日，接连召见奕譞。十三日，军机尽撤之懿旨颁布。

从三月十四日到年底，据《宫中杂件档》记载，十个半月中，奕譞入宫召对96次，且都是与军机大臣分开的单独召见。孙毓汶、许庚身等人“过府”请示，几百封给军机大臣们的信札，阅读大量奏章、档册成案，辞去一切差缺闲散九年的醇亲王已经公务繁忙了。奕譞攻击奕䜣擅权媚夷，现在，他没有头衔却大权在握，处理外交也并不比奕䜣强。

光绪嗣位到甲申易枢十年间，列强环伺，殿陛的震荡迄未停止，奕䜣与奕譞兄弟阋于萧墙之内，削弱了共同对外的力量，给晚清官场的争斗，添上另一种色调。

妇姑勃谿，母子失和

慈禧只生了一个儿子，这就是同治皇帝载淳。同治十一年（1872），17岁的载淳到了帝王结婚的年龄。大概慈禧威严过甚，载淳虽是慈禧所生，对她却敬而远之，反觉慈祥宽厚的慈安可亲。载淳选后妃，与慈安意见一致，却与亲生母亲慈禧相左。慈禧不快，也没有坚持反对。

载淳与皇后阿特鲁氏感情颇好。皇后是状元崇绮的女儿，前大学士赛尚阿的孙女，出身显宦世家，雍容端雅，美而有德，幼习诗赋，气质非小家碧玉可比。结婚后，夫妇谈论唐诗，皇后能背诵如流，载淳喜爱中加上了几分敬重。

小辈婚姻美满，太后理应高兴。可是，慈禧的心态却与常人不同，她要求同治皇帝疏远皇后，去亲近自己中意的凤秀女儿慧妃。人世间，感情这根弦拨动起来麻烦太多，最忌讳的就是强加于人。载淳与皇后新婚燕尔，慈禧要儿子按自己的意愿移情慧妃，载淳无法从命，也不便与皇后亲近，免得她受慈禧的无端责难，独宿乾清宫。被扭曲的感情，在小太监的引导下，微服出宫，寻欢作乐，久而久之，感染了性病，以致不起。慈禧扼杀了儿子的婚姻，也送掉了儿子的性命。同治帝不到20岁故去，慈禧明知皇后已经怀孕却不待生产就择立新皇。皇后感情上受到双重打击，又不堪慈禧摧残折磨，决意绝食殉情，同治帝死去时间不长，皇后气绝身亡。

到了光绪朝，慈禧在光绪皇帝的婚姻上，已经没有慈安皇太后、恭亲王一类人物掣肘，独断专行，把自己的侄女强加给侄儿，把光绪宠爱的珍妃摧残迫害以至推入井中淹死。慈禧以侄女牵制光绪帝，制造了又一个婚姻悲剧。光绪帝4岁进宫，在慈禧身边，形成了懦弱的性格和羸弱的身体。戊戌变法，想要振作一下，却成了阶下之囚，其英年早逝，与这一切或许关联极大。

司马迁在《史记·韩长孺列传》中，引用孔子的话“虽有亲父，安知其不为虎？虽有亲兄，安知其不为狼？”说明政治舍却骨肉亲情。《邓折子·无厚》篇说：“父于子无厚，兄于弟无厚。”皇权专制制度下，以利害判断恩仇，晚清皇族争斗，只不过把这种古已有之的情节淋漓尽致地表现出来。在民族危亡绝续的年月，清王朝演出的是一幕又一幕的窝里斗，消耗着民族、国家的活力。

皇帝的心事

“同治中兴”是清室君臣叫破了天的词语，皇帝的上谕，大臣的章奏，连篇累牍，不厌其烦；说两宫太后垂拱于上，恭亲王奕䜣等亲贤夹辅，将帅用命于外，削平大难云云。不少笔记、小说，还记载着官文、胡林翼交欢，崇实、骆秉章相得的佳话。固然，大敌当前，清朝危在旦夕，上下左右，比较顾全大局，能够和衷共济。但即便在这一段时间里，上下左右的官场争斗也没有停止过，君主专制的官场病灶也时时发作。

湘军之前，清政府对付太平军是依赖它的八旗、绿营，无奈这些所谓“经制兵”不顶用、不争气，面对太平军望风披靡，两年多时间，丢掉了东南半壁江山。曾国藩等人创建的湘军比较有战斗力，出省作战时间不长，就成为清朝不得不使用的主力。

但是，正规部队不能打仗，太丢脸了，太危险了。这是清王朝不愿承认的事实。当时有个大学士向咸丰帝说：“曾某以书生带兵打仗，恐非朝廷之福。”咸丰帝就听信了。于是江南大营屯扎在南京城外的孝陵卫，不过一二里远，每天看着太平军进进出出，围而不打。江北大营扎在扬州，扼守运河，也是隔岸观火。大批军队看着湘军从上游的武昌沿江向下推进。等打到南京城下他们才会动作，最后摘取胜利的果实。

这种湘军出力、旗营收功的花招，无非是坐观龙虎相斗。他们认为这种战略部署，才能保住王朝的威严，保住满族不可战胜的神话。

大厦将倾，国将不国，皇帝还不忘要阴使诡。曾国藩率湘军出省作战，只得了个兵部侍郎的头衔，粮饷还要自己筹措，各省督抚很少配合。这样的情况下，胡林翼听取了阎敬铭的意见，有意结好官文，满足其贪欲，甚而官文的小老婆认胡母做干娘，自己自贬身价成了干哥哥，由此才把清政府派来坐镇武昌监视湘军的官文笼络住。官文没有掣肘，胡遂全力支持前线作战的曾国藩。此即所谓官胡交欢。

到咸丰十年（1860），不争气的江南、江北大营第二次被打破，再也组织不起来了，清政府才不得不把对付太平军的军事委之湘军。曾国藩在这一年才被委任代理两江总督，作战地区四省的巡抚提镇，均归其统一指挥。

咸丰九年（1859）发生了樊燮控告湖南巡抚幕僚左宗棠的案件。咸丰十年（1860），英法联军进攻天津、北京，胜保借勤王之名，想吃掉湘军鲍超部，曾胡联衔上书以二人中择一人率军北上才击破了胜保的野心。

湘系集团与何桂清为首一派的斗争，也是这一年发生的，直到同治二年（1863）何桂清伏法才结束。何桂清弃城逃跑，打死打伤跪请坚守常州的绅民数十人，仅此一端，就死有余辜。但在地方、中央，大批官员出面为之洗刷，以致朝廷谕令捕治，一年多才捉拿到案，久拖难决，足见各方斗争的激烈。在“内外和衷”的文字背后，掩盖着的是官场从无停止的角逐。何桂清逮捕入京后，大学士彭蕴章等17人联名上书为何辩护，最后朝廷命曾氏查核议复，以曾氏“疆吏以城守为大节，不宜以僚属之一言为进止；大臣以心迹定罪状，不必以公禀之有无为权衡”定案。此时的曾氏，已今非昔比了，朝廷大政，常待曾氏一言而决。

好景不长，南京城里的硝烟还未熄灭，太平军的余部还活跃在各地，北方的捻军，西南、西北的少数民族反清武装方兴未艾，“中兴”的君臣们就在窝里斗将起来。同治五年（1866），新任湖北巡抚曾国荃参劾官文贪庸骄蹇，虽然查办的大臣百般设法解脱，但无法否认官动用捐款，于是官被革职，罚俸十年，仍保留大学士、伯爵，入京管理刑部事务。积怨终究爆发，暂时的协同、合作被连续的攻击排挤所替代。

实际上，早在官胡交欢、曾国藩极力拉拢官文之时，他们之间就时有摩擦。咸丰十年（1860），被曾国藩劾罢的李元度，倒向官文，官文对他优礼有加，甚至不惜虚报战功，使李元度复职。官文这样利用矛盾是曾国藩所难容忍的，当官文与江西巡抚毓科把湘军李全旸挖去时，曾国藩、左宗棠立即借他故将李捕杀，官文没能得逞。同治三年（1864），官文将湖北巡抚严树森劾罢。现在，曾老九明劾官文，终于使暗斗演成了明争。

钢丝绳上的脚步

中国历代党争，史不绝书，汉的党锢之祸，唐的牛李党争，明的东林党，都是集团军群交战的大场面，大规模的战争、战役。从另一角度观察，坐在权力宝塔尖上的皇帝常常充当最高仲裁人的角色，他操纵着双方，平衡着胜利者胜利的程度和失败者失败的水平。

清朝初期，开国的几任皇帝，都标榜满汉一体，一视同仁。八旗驻防、双轨设官、堂子议政、满名封爵、强令剃发易服、禁止满汉通婚、不准旗人弃武、严防汉人怀旧，看看这些种族隔离的措施，就知道皇帝口中一视同仁是什么东西了。

清朝前期，全国总督、巡抚百分之七八十都是满蒙两族。太平天国失败之后这个比例颠倒过来了。同治初年（1862）到光绪十三年（1887），满人任总督巡抚者仅一二人而已。光绪元年（1875）至光绪十一年（1885），直省八总督中竟没有一个满人。道员、知府中，满人还有一定人数。县一级官员，清朝中期以前，从地方志中还能看到个别满族知县，清末1 569个知县中，就很难看到满人出任这种最基层的亲民之官了。县官都是汉人，极大地实现了下层的以汉治汉。

从道光到宣统五代皇帝的实录、东华录中，总督、巡抚惩处知县的名单越来越长，到皇帝那里，一奏即准，无奏不准。为什么？汉人整汉人，活该！最后十年，岑春煊任总督，在两广，在四川，上任伊始，一纸整顿吏治的弹章，罢撤知县达四五十人之多，岑氏因此而有“官屠”的绰号。再大的官员，岑氏就不能任情使性了。

清朝中期以前的皇帝也使用平衡的把戏，但在从上到下紧握政权的结构中，使用范围很小。慈禧时代，就大有用武之地了，在湘与淮、满与汉、文与武之间操纵、平衡，她玩得十分圆滑。曾国藩、曾国荃兄弟二人，开府封爵，位居督抚，曾国藩则官拜大学士。正如曾国藩给弟弟的信中所说的，吾兄弟位高功高，名望亦高，中外指目为第一家。

曾国藩死后，清室扶植左宗棠与李鸿章对抗。当然左氏实绩不错，但没中过进士，要当大学士就缺乏资格。同治十二年（1873），破例进为协办大学士，时间不长，又升任体仁阁大学士，李鸿章戏谑为“破天荒相公”。从此两人权位相当，势均力敌。左氏死去，湘系集团第一代领袖人物的时代翻过了一页。慈禧又看准了办洋务清流派中人张之洞，竭力支持。

李鸿章的遗憾

李鸿章任文华殿大学士，位居首辅，出将入相，但终其一生，以未掌文衡为憾。据陈夔龙在《梦蕉亭杂记》中记载，李鸿章最喜欢操文衡之权柄，任总理衙门大臣时，同文馆学生年终考试，中文课的试卷太多，请其帮助校阅，李鸿章闭门三天，亲自检阅，点定甲乙等次，渴望、认真的程度不难想象。光绪二十三年（1897），举行顺天乡试，李鸿章渴望一任主考，以遂平生心愿。

七月下旬，李亲自登门拜访署刑部侍郎内阁学士瞿鸿禨，对瞿说，听说内定顺天乡试主考有你我在内，我数十年戎马倥偬，文墨荒疏，不知能不能胜任。你年轻学富，久掌文衡，是科场熟手，到时候要偏劳，主持一切。瞿对这位阁师的话不胜诧异，又不便说什么，只得点头答应。岂知八月初，朝廷公布各省学政，瞿外放江苏学政，证明李鸿章的说法不尽确实。八月初六公布的四名顺天乡试主考官，李也是榜上无名。原来李鸿章把传言当真，足见渴想过度了。

听了瞿氏口述的这段故事，大家叹息，衡文与否，全在天命。

什么天命？是皇命。李鸿章虽然进士出身，官居首辅，慈禧没忘记他是数万淮军的领袖，再让他出掌文衡大权，身旁再罗列成百上千的桃李，文武集于麾下，清朝的江山还要不要了？而翁同龢这类人物，屡掌文衡，却不让参与军事，这就是在一个人身上的平衡，有“文”而无“武”，有“武”而无“文”。文武分治，达到综合平衡。

奕譞信札

统治的权术，运用之妙，在乎一心，它的诀窍也全在心领神会，传授承继，也是只可意会，不可言传。

甲申易枢后，醇亲王奕譞做了太上军机。光绪十一年（1885）七月二十八日，他在给军机处诸人的短笺中，权令智昏，竟泄露了心法：

> 朝廷驾驭人才宜留双峰插云之势，以收二难竞爽之功，否则偏重之迹一着，居奇之弊丛生。

这一短笺，为我们解开帝王统治术提供了钥匙。专制君权政治下，主要是实现全面、彻底控制。以“双峰插云之势”，收“二难竞爽之功”，突出皇权的地位和作用。但是，整个政权的力量，整个国家的力量，在官场的争斗中削弱了。我们把审视的目光回望得远一些，不难发现，从宋朝以后的近千年间，中国再没有出现过像唐朝那样的藩镇割据，没出现过像五代时的十国分立。高度控制，高度行政统一，国家力量削弱得不可想象，几个朝代，灭亡于比自己落后得多的边疆少数民族政权，宋半亡于金，金亡于元，明亡于清。

清朝，这最后一个王朝，君主专制完善得十分细密、周到。这种从人身到人心的高度严密控制，是靠内部控制达到完善的。它的加强和完善，是靠牺牲皇权的延伸部分，各级官府和官员的行政权力、行政力量、应变能力为前提的。它导致政权力量的萎缩和削弱。君主制皇权在极端地自我强化中，极端地自我弱化了，互为因果，相辅相成。

狗部

官场战火连绵，烽烟遍地。皇帝裁判们不光掏黄牌、红牌，也叫暂停，双方队员一时激动，也做和事佬。

慈禧时常扮演这种角色。当时曾国藩与沈葆桢二人争饷，慈禧调解，训诫他们和衷共事。辛丑议和，李鸿章与张之洞意见分歧，李说："香涛做官数十年，犹是书生之见耳。"张之洞反唇相讥："少荃议和二三次，遂以前辈自居乎？"当时文人认为这是一副绝对，妙趣天成。李张两人，此时被惶惶不可终日的慈禧倚为长城，于是她又训谕两人同舟共济。和事佬的劝解是一种约束。但是，在皇权专制政体来说，皇权至高无上，很少约束，谁去控制皇帝？谁去控制慈禧？

庚子之役失败，签订了辛丑条约，国家已完全沦为列强的半殖民地了。清王朝进入自己最后的十年了，应该卧薪尝胆，发愤自强；应该团结一致，共赴国难，重整河山了。官场的争斗非但不停，反而比以前更加复杂，更加激烈。

光绪二十六年（1900）十二月，逃亡中的清政府就宣布要实行"新政"。过了五年，又宣布要实行立宪，并以九年为期，作为预备。光绪二十六年（1900）十二月，光绪在罪己诏——皇帝的自我批评——中说，近20年来，每有一次衅端，必申一次告诫，卧薪尝胆，徒托空言，理财自强，几成习套。事过之后，徇情面如故，用私人如故，敷衍公事如故，欺饰朝廷如故。现在，要激发忠忱，大力整顿。但是，新政，立宪，成了争权夺利的借口和机会。

光绪三十三年（1907）春夏之交爆发了丁未政潮，王公大臣、军机处、部院衙门数省督抚都卷进去了。都察院的御史江春霖、赵炳麟、赵启霖，被称"三菱公司"，首先弹劾庆亲王奕劻及其儿子农工商部尚书、贝子载振，袁世凯、奕劻反击则撤掉了军机大臣、外务部尚书瞿鸿机。两广总督岑春煊入京弹劾奕劻父子，任邮传部尚书。最后军机大臣林绍年被排挤出军机处，外任河南巡抚。

两广总督周馥，虽然是袁世凯的儿女亲家，但因排挤岑春煊，而被免去总督。最高仲裁慈禧，两次派人查办此案。第一次，派大学士孙家鼐、醇亲王载沣查办段芝贵献妓纳贿，不待查办就罢掉了段芝贵的黑龙江巡抚，接受了载振的辞职。查办结束，并无其事，也不为段平反，又不让载振复职。第二次，不待查办就罢掉了瞿鸿机，一笔糊涂账就这样结账了。

这个时候，中国大众的传播媒介已经大大进步了。报纸、电话、电报成为官场战争的有力工具。瞿鸿机罪状之一就是暗通报馆。汪康年的《京报》，与袁世凯资助的《北京日报》唇枪舌剑，互相攻击，官场斗争内幕演成了舆论战。其他如天津《大公报》、上海《申报》躲在租界里推波助澜，使得官场的每一争斗迅速传播开来。丁未政潮期间，各报访事都以最快速度，连续跟踪报道，加速激化了官场斗争。大量内幕的披露，实在不啻动员老百姓反清的宣传材料。

光绪三十二年（1906）中央官制改革前后，中央和地方、汉与满、满与满、汉与汉，中央内部的争夺纷纭万状。邮、电、轮、路四政从农工商部划出，单列邮传部，清朝中央终于统一了全国邮政、电话、轮船航运和铁路四政，也是一件实绩。这个部门，是人人艳羡的肥缺，争斗之激烈前所未闻。刚刚成立，张百熙任尚书。在任不到半年，因病去世，由候补侍郎林绍年署理。右侍郎胡燏棻时已病重，未两月也死去。由袁派人物江西巡抚吴重熹调补，吴过鄱阳湖，船被大风刮翻，差一点淹死。京城中听到死讯，有人为吴设祭招魂。左侍郎唐绍仪是袁世凯夹袋中人物，任会办铁路大臣，与张百熙争权，把持部务，部中属官分成两派，争吵不休，被侍读学士马吉樟参劾，唐的同乡右丞陈昭常、侄女婿右参议施肇基牵连罢官，两人任职都不到两个月。两月之内，朝旨屡下，申斥尚书、侍郎争论不休，任用私人。唐于次年3月改任新设奉天巡抚，外务部右丞朱宝奎升任左侍郎。邮传部听说该部有排满倾向，赶快任用满员。林绍年署任刚一月，岑春煊于光绪三十三年（1907）三月二十日以川督改授为尚书。岑未上任，就劾罢上任不到半月的朱宝奎。广东提学使于式枚为右侍郎。岑春煊席不暇暖，刚刚25天，政潮一浪冲向南国，重任两广总督。接任的尚书是奕劻、袁世凯一派的陈璧。这个部成立十个多月后，部内官制才报请朝廷批准。办公衙门前后搬迁三次。

陈璧虽位居尚书，但不是统筹之才，“四政”统一管理，大事很多，陈璧却不加过问，整日斤斤于封套之大小，纸张之厚薄，行款之疏密。兼之性情急躁，以自己的喜怒定是非，苛求部下，司员都重足而立，侧目而视。庶务司主稿孙宝瑄受到几次凌辱。孙氏是前户部左侍郎孙诒经的次子，因而当朝大佬像王文韶、张百熙、陆润庠等是其父执辈，其兄孙宝琦为清朝驻德大使，与奕、袁关系密切，结为姻戚，孙宝瑄有维新思想，与维新派、立宪派中人多有往还。这个有来头的小人物，不甘陈璧无理驱策摆弄，先请假，后辞职，陈璧无法，向朝廷奏准留部，但孙并不善罢甘休，要陈答应三项条件才肯回任，并通过关系兼任了大理院的职务，三个月之后才回到邮传部。孙宝瑄在他的《忘山庐日记》中，直斥邮传部是狗部:“今日国家有新设之某部，乃狗部也，其长官以善狗而得此也。既得之也，扬扬自恣，视丞参以下亦如狗然，于是阖部之中，狗居多数，谓之狗部，谁曰不宜?”

邮传部的争夺，有内有外，一直争夺到清朝败亡。

宣统即位后，载沣兄弟掌权，厉行集权皇族政策，京中传布有一句话，“皇族排宗室，宗室排满，满排汉”，这个流传中的顺口溜，只大体概括了从皇族、宗室、满到汉的一条线索。换个角度看，皇族、宗室、满、汉内部亦各争斗不休。中央与地方的矛盾也十分尖锐。官场战争消耗了王朝体力，极度衰竭的王朝，在最后十年的内争中，终于寿终正寝了。

第四章 用人之道

汉、唐以来就有“使功不如使过”、“使智使勇，使愚使贪”的说道，清朝则智、勇、贪、愚、过都使，甚至使短。“不患贪而患不忠”，那就变成“不患短而患不忠”了。在忠顺的原则下，人才道消，奴才道长。

一　用人尺度

皇帝到底要求官员怎么样，其择官的标准是什么？简单的一个“忠”字就可以概括。只要死心塌地为朝廷效命，其他是可以容忍、原谅的。清王朝是一个少数民族建立起来的王朝，更加注重汉官的忠诚了，因此清王朝用人，有一个奇怪的尺度：可以使贪、使愚、使智、使勇，就是不能容忍不忠的行为。贪墨成性的慈禧，甚至以官员进贡礼品的数量与质量，作为官员忠奸的标准。

科举愚民

科举制度创立以来，它与教育、科学的距离越来越远。李时珍、郭守敬等科学家，他们的成就、成功，不是科举制度培养的。清末的华蘅芳及徐寿、徐建寅父子在各自领域内所达到的造诣，证明了中华民族并非弱智、低能的种族，但他们的成长不是科举制度的产物，而是科举之外成才的。这些出类拔萃的人才只是个别的出现，成长，自生自灭，既没有在普遍的科学教育基础上产生，也没有因为他们而影响到普遍的科学教育基础的更新。

有清一代26 000多名进士，比照后世的学位，没法套上硕士、博士的头衔，他们中没出现一个像华蘅芳等一样的科学家。数以百计的状元，也很少有科学范畴的人才。事实说明，科举制度是一种愚民政策。

中国古代皇权推行愚民政策，源头可以追溯得很远。孔子在《论语》中就告诉当权者："民可使由之，不可使知之。"《左传》中原伯鲁也说，大人害怕民有学则失正道而生惑乱。《庄子》里面也说"绝圣弃智，大盗乃止"。秦始皇焚书坑儒，是愚民的大举措。可惜，"坑灰未冷山东乱，刘项原来不读书"。后代的君主愚民之术大有发展，比秦始皇高明得多。

科举制度这一愚民政策，早在唐朝就有人抨击它，指责科举入仕"所习非所用，所用非所习"。宋朝王安石在《上仁宗皇帝言事书》中也说，科举所选的人才，大则不足以用天下国家，小则不足以为天下国家之用，"故虽白首于庠序，穷日之力以帅上之教，乃使之从政，则茫然不知其方者，皆是也"。晁说在其《嵩山文集》卷十三《儒言》中一针见血地指出："秦焚《诗》、《书》，坑学士，欲愚其民，自谓其术善矣。盖后世又有善焉者。其于《诗》、《书》则自为一说，以授学者，观其向背而宠辱之，因以尊其所能而增其气焰，因其党与而世其名位，使才者颛而拙，智者固而愚矣。"对于《诗》、《书》一类经典，重其一种解说，传播给学习的人，看是否奉行这种理论来决定他们的荣辱，进一步尊重他的所能使他气焰更盛，因为结成门户派别而给予名誉地位，这样一来，有才能的人也会变得蒙昧而笨拙，聪明的人也会变得见识固陋而愚蠢。这种政策就是科举制度。

清代从始至终以科举取士，导致了人才匮乏的局面。正像龚自珍说的，在朝廷见不到能干的宰相、能干的秘书，在城外见不到能干的将军，学校里没有有才能的读书人，农村里没有有才能的老百姓，店铺里没有有才干的工匠，街道上没有能干的商人，甚至没有有才干的小偷、市侩、强盗。偶然出现有才干的人，也会有千百个庸夫俗子起来监视、束缚，然后慢慢地扼杀。清末，已经走入衰世，栋梁乏才，百业乏才了。

清末冯桂芬说科举制度，“其事为孔孟明理载道之事，其术为唐宗英雄入彀之术，其心为始皇焚书坑儒之心……在败坏天下之人才，非欲造就天下之人才”。[1]此后的改良派提出了兴学育才的主张。新式近代教育是近代经济的产物，中国出现了近代机器工业后，新式学校才在中国落了户，两相对照，更加显示出科举的落伍。两者并存了几十年的光阴，科举拖着长长的尾巴，才慢慢退出历史舞台。

皇帝的标准和要求

中国古代二十几个朝代，几百个皇帝，很少有哪一朝代哪一个皇帝号召官员贪污贿赂、贪赃枉法的。清朝的皇帝也一样提倡清廉，但是清朝开国很负盛名的康熙皇帝的一些谕旨却大大值得玩味。康熙五十三年（1714）十二月，康熙帝对大学士等人的上谕说：

[1] 冯桂芬:《校邠庐抗议·改科举议》，光绪十年冬豫章刻本。

> 清官多刻，刻则下属难堪，清而宽方为尽善。朱子云“居官人，清而不自以为清，乃为真清”。又如《易》云“不家食”。为官之人，凡所用之物，若皆取诸其家，其何以济？故朕于大臣官员，每多包容之处，不察于细故也。人当做秀才时，负笈徒步，及登仕版，从者数十人，乘马肩舆而行，岂得一一问其所以来耶？[1]

这段话，没有公开号召贪污，但他对清官的评价却话外有音，对下属宽，岂不是容忍贪赃？他对大臣官员“不察细故”，官员所得，不一一问其来路，就是可以容忍贪污，只要不太过分就是了。

差之毫厘，谬以千里。皇帝对清廉既是这样看法，就给官员们留下了伸手的余地。何况清朝的制度上可钻的空子太多：

第一，按王朝《会典》所规定的组织法，省级机构，一般只有总督、巡抚、布政使、按察使、学政等几个衙门，下属的官员很少。他们掌管一省军民政务，百余个州县，管不过来，就得自请幕僚，加上夫役、随从，往往超出编制几倍、十几倍。这些自请的编外人员的薪俸，都要从官员的俸禄和养廉银中开支。总督一级的年收入不到二万两，远远不够开支，就只能走贪污受贿的路了。雇用的胥吏连俸禄也没有，只有靠他们创收自负盈亏了。

第二，各级机构，很少有办公费，只能在加征的赋税中开支，所谓耗羡就是这样出现的。耗羡并没有一定比例，这就给贪污勒索制造了合法的借口。后来，经过官员要求，规定了办公费，但清王

[1] 《清实录》圣祖仁皇帝，卷261，中华书局1985年版。

朝已经到了寿终正寝的时候了。从加征的耗羡中贪污，成了习惯，难免于有了办公费后依旧法外伸手。

第三，清朝从康熙时起，就规定了官员的寄食人口数目。所谓寄食人口，就是官员的亲友，依附官员，就食于官员。按照《会典》规定，总督可以带50口，以下递减，知县20口，不包括女性人口。满族将军、都统可以带500口。这些人口的衣食，仅官员的俸禄养廉银是开销不起的，除贪污受贿之外，没有别的办法可想。

皇帝留下的活话、制度的缺陷和带有缺陷的规定，使贪污受贿成为普遍现象。朝廷清廉的要求也只能喊喊，安慰自己，骗骗百姓了。

思想准则

还在康熙朝，宋朝的朱熹就被升到孔门十哲的享祭行列，尊崇为天下士人的典范。朱氏提倡的理学，就成为朝廷提出的思想准绳。可是，到了乾隆朝设立四库馆，纪昀编纂的《四库全书总目提要》中，却放肆地诋毁朱熹。纪昀在文网苛密、文字狱迭兴的时候，为什么对于奉为十哲的朱熹，敢于采用歪曲事实的手法加以攻击？鲁迅在《买〈小学大全〉记》一文里揭穿了这个秘密：

> 清朝虽然尊崇朱子，但止于"尊崇"，却不许"学样"。因为一学样，就要讲学，于是而有学说，于是而有门徒，于是而有门户之争，这就足为"太平盛世"之累。况且以这样的"名

儒”而做官，便不免以“名臣”自居，“妄自尊大”，乾隆是不承认清朝会有“名臣”的……特别攻击道学先生，所以是那时的一种潮流，也就是“圣意”。我们所常见的是纪昀总纂的《四库全书总目提要》和自著的《阅微草堂笔记》的时时排击。这就是迎合着这种潮流的，倘以为他秉性平易近人，所以憎恨了道学先生的谿刻，那是一种误解。

这个看法，指出了纪昀这个天子近臣，在揣摩、窥测准了乾隆皇帝的“圣意”后，才敢于放手排击。乾隆皇帝并没有撤去朱熹享祭十哲的名位，明示尊崇，暗加贬抑，是要对朱子学说做些修改、调整和补充：提倡理学君臣名分的纲常伦理，又要去掉其中民族意识；把反对明朝空疏学风，配合经世致用的文字考据变成一种消磨志气为统治服务的考据学。这样导向的结果，一是煽起了考据风，形成了乾嘉考据学派；二是消泯了民族意识；三是在反假道学的旗号下，官风士习日益败坏。

道光朝的魏源在《古微堂集·书宋明臣言行录后》指出了纪昀对朱熹的歪曲。鸦片战争中在台湾组织过抗英斗争的姚莹在其《东溟外集·复黄又园书》中说得很深刻：

窃叹海内学术之弊久矣，自四库馆启之。后当朝大老皆以考博为事，无复有潜心学理者，至有称颂宋元明以来儒者，则相与诽笑，是以风俗人心日坏，不知礼义廉耻为何事。至于外夷入侵，辄望风披靡。无耻之徒，争以悦媚夷人为事，而不顾国家之大辱，岂非毁讪宋诸公之过哉？

清末，战则丧师，和则失地，妥协投降者倡自上层。灭亡前几年，甚至有了“宁赠友邦，勿与家奴”的论调，朝廷心里装满了汉、满的畛域，虽然从入关就强调“夷狄为诸夏则诸夏之，诸夏为夷狄则夷狄之”。但骨子里是“夷狄”的心理。半殖民奴性的形成，反理学以泯灭民族意识是很重要的因素。

理学提倡“存天理，灭人欲”，本是节欲主义，主要还是对统治者提出规范。在反假道学的幌子下，寡廉鲜耻，及时行乐，置国家民族于不顾。正如严复指出的:“夫怒宋儒者，必反宋儒。于是待国也如传舍，以忠愤为痰魔；其待人也如市易，以敷衍为得计；其执节也，以因人而施为妙道；其嗜欲也，以及时行乐为本怀。人皆若此，大事便去，黄种便灭，更待何言！”

作为启蒙思想家指出反理学所造成“待国家如传舍、待人如市易，以及时行乐为本怀”的结局，实在是乾隆皇帝思想导向的结果。

愚弄者被愚弄

乾隆皇帝在位60年，当太上皇掌权近4年。此人有作为，更有心计。他的汉文化程度已经达到一定水平，但是，他对汉文化了解得越多，就越惧怕统治民族——满族被汉人同化。因此，一再颁布严厉的命令，禁止满族学习汉文汉语，不准学习骑射以外的知识，就是要隔断满族同占全国人口绝大多数的汉族的文化交往。

他的儿子嘉庆皇帝也一再申谕其父的禁令。他们的用心，无非要保持统治民族的地位，起码也要保持入关时能征惯战的马上民族在军事上的优势。乾隆在位60年50次去承德避暑山庄，名为消夏，实际上组织骑射的训练、检阅。否则，他不会不惮劳苦长途跋涉到承德去了。

可是，落后的征服者被先进的被征服者所征服的铁律，文化的巨大消融力量，皇帝的几纸上谕是抵挡不了的。请看：赳赳武夫和名门纨绔出身的满族大吏，尽管都凌驾于同列的汉官之上，名义上掌握实权，却都成了科举出身的文人和经验丰富的胥吏们的傀儡，只能在胡作非为、尸位素餐上表现才智。满蒙铁骑从装备到作战技术都日趋落后，已经涣散到失去作战能力，镇压造反的农民也不得不临时征召乡勇作战。

大概有鉴于此，清末，满蒙旗人及官员子弟，走科举这条路进入官场已经成了一种趋向。笔者统计了从道光到宣统126名满蒙族总督、巡抚、都统、将军、尚书、大学士等高级官吏的文化出身。进士34名，占26.9%，举人7名，官学生、文生11名，占8.7%，科名52人，占41%。过去占很大比例的笔帖式则只有9名，比例仅为7.1%，其他荫生14名，占11%，护军、前锋等行伍出身者25名，占19%。可以看出，乾隆、嘉庆所厉行的文化隔绝政策从各方面都收效甚微。

需要说明的是，科举制度到清末，本身已经变成糟粕了。它既然是做官的敲门砖，很少有人去潜心学问，而是只要秀才、举人、进士的牌子。《儒林外史》中说八股文的选本，在清末已泛滥起来。清初人王应奎在《柳南续笔》卷二中说："本朝时文选家，惟天盖楼本子风行海内，远而且久。尝以发卖坊间，其价一兑至四千两，可云不胫而走矣。"这种类似后世考试复习指南一类读物，成了应试者的速成课本。科名到手就不管学问了。当满蒙旗人投向科场时，吃下去的是科举的糟粕，官吏文化素养的降低成了全社会的普遍现象。

事情走向了乾隆皇帝心愿的反面，他既没有阻止征服者在文化上被征服的趋势，也没有能阻止满洲官员旗民在特权保护下的蜕化趋势，两种倾向的合流，是整个统治民族的衰落。道光皇帝与英国签订了条约，还问臣子有无这么个国家，这就是乾隆皇帝的孙子的水准！咸丰皇帝在英法联军的兵威面前，欲战不胜，欲罢难休，计无所出，走避热河。待《北京条约》订立了，仍以一见夷人为羞，生不回銮，死而还都。咸丰之死，一般都说死于病，来自从宗室的口碑材料说是自杀。如果能够成立，他实在是死于传统驭夷政策的破产，死于这个落后的古老的观念难于转换。这就是乾隆的重孙。也许这位自诩“十全武功”的“十全老人”在天之灵会叹息：撒下的是龙种，收获的是跳蚤。

二　运用之妙

郭嵩焘咸丰八年（1858）九月二十七日日记载：这天晚上在周谷田家晚饭，同席的大学士周祖培说，一个人仕途发达或者穷蹇全在命运，就是朝廷也无可奈何。举出的例证是，道光二十六年（1846）他与大学士赛尚阿奉命查阅三江事务，当时担任两江总督的是璧昌。回京复命时，道光皇帝问璧昌这个人如何。赛尚阿说，璧昌实在糊涂。道光听罢大笑着说，果然！我心目中岂能无人，为什么要把两江总督交给璧昌？停了一会儿又说，璧昌岂能办理这种事情？我早就知道。有了道光皇帝的这个评论，当时官场都认为璧昌的总督当不长了。但是，璧昌到道光二十七年（1847）内调内大臣止，没有受过任何处分。

用蠢才

郭嵩焘这位思想家，在仕途几经坎坷之后，认为这种现象正是周祖培所论，在命不由人。其实，使愚这是历代王朝惯常的用人之道。愚蠢者听话，容易控制。两江总督管辖江苏、江西、安徽，让糊涂的璧昌担此重任，听了璧昌实在糊涂的报告，道光发出了中世纪帝王的大笑。在鸦片战争失败之后几年，还玩弄这种陈旧的伎俩，一国命脉所系的皇帝，糊涂得也可以了。

咸丰皇帝终其一生，都忙于镇压太平天国和各地反清活动，不敢都用璧昌式的糊涂虫。慈禧又使用这种驯顺听话的蠢才了。礼亲王世铎，是开国之初八个铁帽子王中礼烈亲王代善的后裔，除了这种高贵的宗室勋旧身份外，几乎一无所长，贪污受贿倒颇为在行。正因为如此，光绪十年（1884）易枢之际，当了首席军机大臣。慈禧的意志也得以顺畅地贯彻执行。

光绪朝后期，著名的愚昧颟顸的蠢才——刚毅受到重用就顺乎情理了。此人出身笔帖式，不学无术，错别字脱口而出，低能遐迩闻名，竟然推荐人才时说和黄天霸的水平相当，民不聊生念成民不“耶”生，把虞称作王，皋陶的皋读本字。当时流行七律一首，讥刺其低能。诗曰：

帝降为王虞舜惊，皋陶掩耳怕闻名。
荐贤曾举黄天霸，远佞思除翁叔平。
一字谁能争瘦死，万民可惜不耶生。
功名鼎盛黄金起，师弟师兄保大清。

笑骂任其笑骂，好官我自为之。刚毅从光绪二十年（1894）慈禧60大寿于粤海关采办赤金一万两解送京城外，另有专款报效老佛爷。从此，官运亨通，扶摇直上，竟然任方略馆总裁、内阁协办大学士、军机大臣，破坏戊戌变法，鼓吹盲目排外，操纵利用义和团而成为千古罪人。

使短

咸丰十年（1860），包围天京的江南大营被太平军击溃，有个叫王浚的翼长阵亡，朝廷赏赐了恤典。帮办军务的四品京堂许乃钊以王浚生前素有劣迹，阵亡赐恤未免过于优崇，奏请撤销。咸丰皇帝览奏大怒，笔挟风雷，怒斥许乃钊，事前不奏，待军溃地失，人已阵亡而追论于后，是“身家之念重耳”。并说王浚以一武弁，从征十载，虽有劣迹“尚能临危授命”，“视仆仆奔走为何如？视自命书生，偷生海隅又为何如耶？”盛怒的咸丰严词责斥之余，命令把许乃钊的奏折及朱批交当天值日奏事各堂官传阅，并由内阁发钞，“俾共知悉”。

许氏是浙江钱塘科名世家，兄弟七人四个举人三个进士，世称七子登科，许乃钊本人就是道光丁未科进士。书香门第，诗书传世的科举中人，哪里是领兵作战、冲锋陷阵的材料？咸丰皇帝用其所短，每当遇事之后，以天子威势，百端凌辱，臣子们也只有俯首听命，敬谢皇恩如仪。当时，受咸丰折辱的文职官僚，并非许乃钊一人，上谕中所说“自命书生，偷生海隅”的何桂清就是最明显的例子。

何桂清，翰林出身，道光二十八年（1848）任兵部侍郎。咸丰二年（1852）任江苏学政，疏陈兵事，侃侃而谈。咸丰奇而用之，任以浙江巡抚，后擢两江总督，兵败先逃，而且诿过和春，咸丰的朱批是：“尚不自知认罪，犹以书生自负，可叹可恨！殊负书生两字！”还是咬住“书生”，予以批驳凌辱。终咸丰之世，军事始终是朝廷第一要政，用人也以此为标准。许乃钊之流的书生是难得胜任的。

在此前几年，几名部院中颇有棱角的官员受到大员排挤，给事中袁甲三、侍郎吕贤基被派帮办军务。吕贤基自知书生出身，素不知兵，此去凶多吉少，陛辞时痛哭失声。他到安徽时间不长，即被太平军击毙于桐城。袁甲三因应对得法，后来任钦差大臣，担任漕运总督。刑部员外郎邵懿辰以经学文章名世，从未有带兵的经历，被派担任黄河河防。当时人说，黄河绵延数千里，纵有精兵数万也不易防守，何况赤手空拳一文弱书生，这不啻置邵氏于死地。太平军北伐，突破黄河防线，邵懿辰即被革职。

尺有所短，寸有所长。历来用人，都是用其所长，避其所短，清末诸帝反其道而行之，以书生办军事，然后治罪。咸丰如此，慈禧也如此。在中法战争中，慈禧派张佩纶、陈宝琛帮办军务，张兵败黜革发往军台效力赎罪，陈宝琛则借丁母忧回籍守制20余年不出。用其所短，陷人以罪，成为排除臣下的一种方式。

食君之禄，忠君之事。皇帝特简，或权臣推荐，经谕旨批准，作为臣子没有拒绝的理由，偾事治罪，只能是咎由自取，自认倒霉。在朝廷这种用人政策下，所短变所长，闯过难关的成功者中，大概要数曾国藩、李鸿章等人了。然而这样的幸运者，毕竟人数太少了。

奴才

满族官员，不论大小，在奏章中都自称奴才，在皇帝召见时，也自称奴才。汉族官员，章奏文字和召见对答中，则都称臣。臣者，臣仆也。其实臣与奴才同义，但是，朝廷对奴才们与臣仆们的态度、信任，是有区别的，奴才们的自我感觉也比臣仆们要亲近得多。

朝廷用人，不乏颟顸的蠢才，但是，全用忠诚可靠的蠢才，是办不成事的。用人还得用奴才，因为蠢才们“奴”而不“才”，不能办事，尤其不能负责方面大任，不能任要政、办难办之事。只有“奴”而又“才”，又“奴”又“才”，才是理想的类型。“奴”而不“才”不理想，“才”而不“奴”也不行，因为“才”长足以济恶，对皇权是十分危险的。在“奴才”缺乏的情况下，宁用“奴”而不“才”的蠢才，也不会去用“才”而不“奴”的人才。

袁世凯在清末的表演，是奴才的典型之一。按学识，袁氏连秀才都没有考中，用钱买了个内阁中书的头衔，这样的出身起家，资本实在微薄。袁世凯从光绪六年（1880）进入庆军吴长庆幕府，一步步显露身手，到甲午战争时已经是四品的道员，是一个中级官僚了。小站练兵，新建陆军采用西方章制，异军突起，使中外刮目相看。戊戌变法中，列名强学会，得到维新派青睐，以侍郎候补，踏上高级官员的台阶。告密叛卖，表现了对慈禧的忠诚，随机应变，官场不敢小视。

八国联军之役中，矛盾错综复杂，袁氏对朝廷、列强、义和团都应对得当。慈禧逃亡途中，首先得到袁世凯的接济，急朝廷所急，济朝廷之困。难能可贵的忠诚表现，才堪应变的实绩，把41岁异途出身的杂牌人物送上了直隶总督兼北洋大臣的交椅。此后练新军、办学堂、搞实业，在诸多督抚中，是实绩最突出的一个。

另一方面，袁世凯没有忘记不断奉献对大清王朝的忠诚。譬如，根据袁世凯条陈，设立练兵处，统一了全国编练新军事宜，大权操之中央；革命党人在国内海外活跃时，袁氏密奏严治国事犯、派人游说华侨、限制学生出洋、申明国家主义等措施，一次又一次表演了“奴”性。光绪三十年（1904）前后，袁世凯身兼八职，权倾一时。

谏官弹劾袁世凯，比附司马昭、曹操、王莽等篡位揽权的大奸巨憝，引用前朝皇帝禁止朋党的上谕，朝廷不得不批准张贴于中央各机构。终慈禧之世，没有杀、罢袁世凯，自是老佛爷用人的老辣处。载沣上台，如果不罢袁世凯，武昌起义后的形势变化，恐怕要重新估量其发展了。

晚清，君子道消，奴才道长，靠着一批又一批奴才，清朝得以苟延残喘。如果全部或者大部分用蠢才，寿终正寝的年月无疑要提前很多的。在殖民地化程度日渐加深的过程中，奴才们只是改换主子或者在新主子面前顶礼膜拜，改换门庭。一部分士人中，气节已经化为个人的权势地位的垫脚石了。

妾妇之道

孟子在《滕文公》中说：“以顺为正，妾妇之道也。”各个封建王朝把这种原则引入社会政治生活，成为专制皇权维系等级制的规则，维持整个统治地位和国家机器的运转。清朝法律中关于抗旨、逆旨、大逆、大不敬等条款，使一切下级望而生畏。对皇权的敬畏、驯顺、服从成为臣子的最高道德信条和言行准则，臣僚们的思维方式无不受其影响。

曾国藩打下南京以后，劝其称帝者不少。一天晚上，曾国藩审完李秀成，入卧室休息，30员将领集于前厅，要求曾氏接见。曾国藩问九帅（即其弟曾国荃）来了没有，知道没来后，命左右即请九帅速来。一会儿，抱病的曾国荃来到，曾国藩才从卧室出来，背手而立，良久不语。后命左右取来大红笺纸，挥笔写下“倚天照海花无数，流水高山心自知”的对联，掷笔而去。曾国荃与将领们看着对联，有的咋舌，有的叹息，有的点头，有的木然呆立。曾国荃始则愤然，继则凛然。对众人说，谁敢有什么话说，此事我一人承担。众人听后才散去。

曾国藩此时若有异志，南京即可成为陈桥，可以黄袍加身了。据说，左宗棠曾有题神鼎山一联："神所凭依，将在德矣，鼎之轻重，似可问焉。"左将此联派专人送胡林翼转曾氏，请共同删改，试探胡曾二人意向。胡拆看后，一字不动，加封转曾，曾将“似”改为“未”，原封退胡。胡拆阅，在笺尾加了两句："一似一未，我何词费。"曾氏以一字之改表明未有问鼎之意。

王闿运以书生好言霸王之学，据说曾多次劝曾氏自立称帝。有一次，王氏侃侃而谈，曾氏低头不语，只见桌上写了许多“妄”字。

几则相传故事，都表明曾氏无意夺取帝位。曾的行动也向朝廷、向世人表明这种胸怀。打下南京自请将湘军裁撤；代奏其弟曾国荃回籍养病。同治元年（1862），朝廷诏询何人可任江苏、安徽、闽浙督抚，曾的回答更耐人寻味：泛论人才则可，专指某缺则不可。疆臣既有征伐之权，不当分黜陟之柄。否则，就会形成植党营私、外重内轻的局面，提请朝廷趁早预防、杜塞，以免流弊。此后，这类言论见之曾氏奏章者更多。

关于曾国藩的这些举动言论，大多评论其害怕功高震主，才大难封，避免韩信一类人物的悲惨结局。对朝廷，尽管是孤儿寡妇掌权，始终敬谨寅畏，惟命是从。但是，曾国藩的思维并没有越出封建君权理论的常轨，而是做了恪守封建臣范的带头羊，并因此得到清政府的表彰。与曾国藩并称但比曾氏稍后的李鸿章服官40年，也先后三次拒绝称帝的机会和诱惑。

曾国藩在向君权表示敬畏时，公开挑明纠正内轻外重、尾大不掉的苗头。无论是清政府，还是曾国藩，双方都忽视了这样一个事实：曾国藩正是创办了湘军，镇压了太平天国，才使爱新觉罗王朝绝处逢生，喊出了“同治中兴”的调子。书生将兵，是朝廷授权；大功告成，封侯拜相，拔擢江督，也是朝廷所赐。正是放权，才使督抚有了活力，王朝才显出几分生气。渡过难关，朝廷以收权为务，督抚以交权表忠，又返回原来的状态。可是，武昌起义一声炮响，王朝已失去了灵活有力的反应能力，督抚们则向革命势力表现了服从。多少朝代重复这种过程，窒息了自己的生机，却没能明白过来。

不会签名衔的贝子、尚书

光绪二十九年（1903），清政府派团参加日本第五次劝业博览会。代表团一行24人，为首的便是当年新设立的商部的尚书——庆亲王奕劻的儿子、贝子载振，和户部右侍郎那桐（因为出国，清朝授那桐尚书衔）。出国参观学习，正是了解东邻工商业情况的良机。

代表团足迹，遍及东京、神户、奈良、名古屋、大阪等城市，所到之处，旅居各城的华侨商人在自己的商店门上悬挂大清龙旗，盛宴欢迎来自祖国的商部高级官员。可是，载振一行行色匆匆，无暇考究商务，沉湎于歌寮妓馆，大开洋荤。四名日本歌舞伎把贝子一行从奈良伴送到神户，到了神户，贝子又大集声伎，踏入温柔乡中。日本报纸追踪报道了一切，还特别指出，载振、那桐等在名古屋、奈良两地广购美术品，却不甚买书。

参观东京造币局时，载振、那桐等在来宾录上题名，前两页留下五行字：第一行是某月、日；第二行大清国某某事来；第三行贝子戴振；第四行尚书衔户部侍郎那桐，脱写的书字添注在旁边；第五行随行22人。在大阪参观水源局的来宾录上仍然是五行，前两行与东京题写的相同，第三行仍然是贝子戴振，第四行脱书字则未补。“载”字是辈分排行，由乾隆皇帝御笔亲定，写成“戴”，形、音都相去太远。贝子尚书，天璜贵胄，连续写错自己的名字，侍郎两次写不全自己的官衔，而且是在国外！猗欤休哉！

用特权喂养起来的低能儿，身居要职的，在清末，岂止载振一人？庚子以后，满洲贵族以公务出国变成国际旅游，在国外挥霍百姓膏脂，花天酒地，声色犬马，又岂止载振、那桐一行！谁敢否认，日本就是看清了载振、那桐之流在日本的表现，才敢于在清朝的祖宗陵寝所在的龙飞圣地大打出手，争夺东北，而知道清廷不会干预呢？

末科状元之任用

民国二十年（1931）前后，清癸卯科状元王寿彭死于天津。癸卯（1903）是中国科举考试的倒数第二科。王寿彭是在清一代山东省六个状元之一，潍县人。王的书法在未中状元以前即很有名气，能夺金榜第一名端赖这一笔好字。中进士后，朝考留庶常馆，散馆仍考了第一名，又得益于状元，委任湖北提学使，武昌起义，仓皇逃离。袁世凯任民国大总统，因王是状元，委充总统府秘书，专司书写匾额、对联，不给预闻机要，有人嘲讽王任秘书是“书”而不是“秘”。后来，总统屡易，王的秘书一职迄未变动。

张宗昌任山东督军，自认武功已著名了，遂要讲究文治，于是精印十三经等书赠人，标榜其文治。张认为王寿彭是山东的“文曲星”，也加以罗致。问其幕僚知王曾在清末任湖北提学使，相当于教育厅长，即任命王寿彭为教育厅长。山东大学为山东最高学府，张说，校长必须由学问好者担任，学问最好者莫过于状元，于是命王寿彭兼任山东大学校长。对王说，山东是圣人之邦，学校要以尊孔读经为宗旨。你是状元，饱读圣贤诗书，才让你做校长。要教育后生，不让他们离经叛道。王寿彭不懂新学，就按张宗昌这位“三不知”（不知兵有多少、不知钱有多少、不知小老婆有多少）的狗肉将军的训示主持校务，动辄与潮流相背，弄得怨声载道。革命军入山东，张宗昌狼狈逃窜，流亡日本。状元王寿彭以张之余孽列入从逆名单，成为被通缉的人物，遂遁迹租界，郁郁以终。

王寿彭以书法得状元，熟读传统经典，清朝任用也不算低了。却顽固守旧，充当袁氏摆设，又被张宗昌罗致，以对抗潮流为时代所抛弃。晚清几十年间，废科举或改革科举的呼声盈盈溢耳，道、咸、同诸帝不欲采纳，到光绪末期才停废，误国误民，莫此为甚！

三　人才之叹

人才之盛衰，关系朝廷之存亡。皇帝以科举选才，也以官场表现选拔。按编制各部门各省都超编，但都是觉得人不够用。庞大的官僚后备军等得焦急万分，正常的死亡、退休、处分空的缺位难再安插，只有增设机构之途径。进入官场这个“场”，人才“变形”，又会长出歪才，也使有真才实学者压抑中消磨了志气，怀才不遇似乎成了官员文字中普遍的感受。社会分工的简单，价值取向又以官为尚，人员无法分流到其他行业和领域去驰骋，形成有用的进不来，无用者出不去。

官场明星李星沅

湖南湘阴人李星沅是晚清官场上升起的一颗明星。

李星沅，道光五年（1825）举人，道光十二年（1832）壬辰科进士，选庶吉士。道光十五年（1835）散馆授翰林院编修，即出任广东选政。三年后任陕西汉中知府。道光二十年（1840）任河南粮道，同年升任陕西臬司。升迁之快，李星沅自己也深感意外：“通籍八载，陟升陕臬，诚近来未有之恩遇。”意思是说，从中进士到任正三品的臬司仅8年时间。

此后腾飞更为惊人。任陕西臬司8个月，李即调任四川臬司，3个月后，又调任江苏臬司，上任1个多月，即升任江苏藩司，9个月后即升任陕西巡抚，成为正二品的方面大员，距中进士仅仅10年光阴！

李星沅任陕西巡抚两年多，即调任江苏巡抚。19个月后的道光二十六年（1846）就飞升上了云贵总督的交椅。在任4个月，李星沅调任重要的两江总督。从中进士到从一品的总督，李星沅只用了14个年头。

李氏任总督时，直省8总督中，讷尔经额、璧昌、布彦布、宝兴、裕泰、耆英6人均系宗室、觉罗、满蒙重臣。两名汉员，除刘韵珂外，另一个就是李星沅本人了。可以看出，总督一职并不轻畀汉员，朝廷对李氏宠命优渥非同凡响。

与此前此后的著名疆吏比较，李氏飞黄腾达同样惊人。陶澍在晚清官场中，是从“中兴名臣”曾国藩到清流名角张佩纶都敬服得五体投地的循吏。陶氏是嘉庆七年（1802）进士，道光十年（1830）任总督，历经28个寒暑。林则徐是嘉庆十六年（1811）进士，跋涉了26年升为总督。陶氏在漕、盐、河以及吏治等方面建树突出，林氏居官任事政绩赫赫。两人才德资望政绩均在李星沅之上，却不如李升迁迅速。再如，曾国藩是道光十八年（1838）进士，22度春秋才走上两江总督的台阶。虽然，时间不能衡量一切，官场、个人各种情况不一，但不容置疑的是，李氏的腾踔实属官场罕见。

多种因素促成李星沅的飞升。李氏忠于朝廷，确有才干，脚踏实地，比较清廉，所历陕西、四川、江苏、云南等省官声较好。只要翻阅一下10年间70万字的《李星沅日记》，就会发现这是一位有心人。凡在任办公，往返路途，政事所历，询访闻问，均详细记载，尤其对官员的廉贪勤惰政情民事不分范围均有记注。非究心时世者难能有这种习惯和作为。当然，李氏日记内容广泛，为研究李氏本人及当时社会留下了很大空间。

道光对李星沅的赏识眷顾非比寻常。10余年间，李氏月迁岁擢，除由云贵总督调任两江总督外，每一更调都要入京请训。道光除当面训诫外，还时时把信息送到李氏耳中。李由陕西臬司调任四川臬司，四川刑名案件10倍于陕西，公事繁剧亦10倍于陕西。由简而繁，“由内而边”，分明是道光加意栽培。李接任不久，就传来道光的意思：李星沅年纪小，叫他到四川多费点心。李星沅的感受是：皇帝“不以年少无能置之闲散，转试可于繁剧，惶悚奋勉，何以为涓埃之报！”响鼓重锤，李氏十分卖力，多年积案，数月结清。调任江苏臬司入京请训期间，协办大学士、军机大臣卓秉恬对李说，入对四川政事时，曾向道光推荐其能独当一面。传道光的话：“李星沅是我特用的，并无人保他。”细玩口气，似有所指而发，天子一言，登入龙门了。对李氏陕西巡抚到任奏折，道光的朱批是：“诸凡勉力认真，万勿有负委任之意。又曾记朕旧作有云：‘勿为诱化固初心！’汝期致念焉。”李氏感激涕零：“仰绎慈训肫切周详，且以御制垂训，尤群臣所稀有，实深感泣，身轻恩重，不知何以报答于万一。”道光二十五年（1845）初，李调江苏巡抚，本是其意料中事。因为上年升调陕西巡抚陛见时，道光就说：“我不是陕西巡抚无人，才用你做巡抚，你要晓得！”言外之意，还要重用。此后接见李氏儿子时又说：你须看你父，我尚有用你父亲之处，那不消说的。在李氏的江苏巡抚到任折上道光批示：“朕看汝年富才明，年优品正，甚有厚望于汝，谅汝亦必能体朕用人之苦衷，勉益加勉，毋怠毋忽。”殷殷期望这个明星争气。不久，浙江乡试正考官周祖培路过苏州传来新的信息：“上甚专注，略嫌资生，且恐未谙武备。李星沅明白，年力是不消说的，所以我用他做江苏巡抚。”“我但有人能做江督，何致用璧某（昌）！”弦外之音，是要李星沅做璧某替人担江督重任了。李氏任滇督四个月，拿获起事首要各犯，晋太子太保，赏戴花翎。接到调任两江总督的部文，李氏在日记中写下了这样的话：“此缺久在简畀之中。即杭儿前岁例见亦蒙谕及，还有用尔父处，官衔花翎之赐即为此而发。”

在清朝诸帝中，道光资质及统帅、应变才能属于末流，继位时王朝已入末世。满蒙权贵八旗子弟贪愚颟顸，道光任用的首辅曹振镛、穆彰阿如《清史稿》所论属“庸佞之辈”。李星沅多次批评枢府措置乖张，慨叹宗室乏才。道光的气度没有也不可能起衰振疲，只维持现状。这种对比下彰显了汉员的才华文采，道光没有也不可能如其子咸丰那样重用汉人。在原有轨道上赏拔李星沅，全国三品以上大员数以百计，决不是皇帝一人之力所能兼顾的。李星沅很卖力，江督任上两年即告病回乡。咸丰起用领兵不久即病死军营。明星陨落于鸦片战争后需要朝廷改弦更张之时。道光、李星沅君臣昧于世界大势，看看李氏10年日记即可了然，其思虑很少迈出中世纪藩篱。

凤毛麟角陈宗妫

贪贿成风，清廉者少之又少，陈宗妫却为浊中之清。陈氏山东东阿县人，光绪庚辰（1880）科进士，一直在户部，由主事、员外郎、郎中，最后升为左丞。陈氏为人端谨严正，不苟言笑，在户部30年，出污泥而不染，清廉自持，始终如一。

送礼成为惯例，很少拒纳者，陈氏即是“少”中之一人。外官的炭敬、冰敬、别敬之类，陈一概不收。有一年，陈氏管印结费，按常例，陈氏分得印结费六七千金。这笔钱存在山东同乡任某所开办之仙源局银号，不要利息。后来，仙源局将要倒闭，任某找陈氏说，君之存款，明日送还。陈氏不知银号危机情形，请任某暂存。任说，你既不用，有一处房子用这钱买下，不比你租屋好吗？陈氏答应了，六七千金买到大宅院。不几天，仙源局倒闭，亏欠他人数十万金，陈氏不取利息，用本钱得到了房子。时人说可见利之为害有多大。清末，朝廷明诏停止卖官之制，未完手续，限期清结。人们都想搭乘末班车，于是各种交款蜂拥而来，度支部骤获大宗收入。按惯例，抽取的饭银亦积累极多。部中人人兴奋，因为这笔巨款，堂官每人可分数万金，丞参人均一二万金，司员按等分配，最少者也能分数百两。右丞傅兰泰感到数字太大，骇人听闻，提议先分一半，另一半明年再分，免得风声太大。一天，与堂官议及此事，尚书载泽问陈氏意见如何，陈说，这本是陋规，以前因京官清苦，分了还有可说，现在都有了津贴，还要以旧例行事，怎么对付舆论？傅氏说，正是考虑到舆论，我主张先分一半。陈氏说，既然考虑舆论，这一半也不应分，何待来年？现在清理财政，本部处处要求各省各部门清除积弊，如果仍分这笔钱，必然贻人口实。本部应自占地步，保住威信，此款不宜动一分。尚书、侍郎都沉默不语，遂不议此事而改议其他。退下来后，陈氏命金科书吏办堂谕将此项银两收入本部大库，稿子办好后，陈氏过目后修改了一下。次日，丞参与堂官议事毕，陈出堂谕稿请堂官批示。载泽虽然很不高兴，但陈氏持之理由甚正，无法驳难，只得画同意。正堂已画，左右堂也只得照画。于是，此项巨额陋规遂化私为公，堂司均不能沾润分毫，到口之食化为乌有，部中人都埋怨陈宗妫，但陈氏品行端正，律己很严，也无可奈何。陈任户部银行总办例分花红及大清银行监督所应分车马费16 000金，全部捐给财政学堂，众论叹服其清正。

陈宗妫表里如一,一尘不染，部中司员戏称为“圣人”。载泽以为陈与自己对立，藉分派各省财政监理官，将陈挤出度支部。奕劻、那桐两人以贪墨著名，但都看中陈氏清廉，载泽排挤之谋没能得逞。陈宗妫对载泽的评论是“不知事理之轻重，不论人情之善恶”。

据说那桐与陈宗妫曾同官户部，熟知陈之品行。一次两人监修工程，陈氏对陋规丝毫不受，那桐则分毫不少，还打趣说，你是个大姑娘，贞节要紧；我则早非完璧，不在乎这了。

武昌起义后，袁世凯入京组阁，陈宗妫以病请辞，朝旨慰留，再疏固辞，遂准辞职。入民国后，袁世凯任总统，四聘陈氏，坚不出任，居家种田，怡然自得。

清末，天下熙熙攘攘，为利往来，如陈宗妫清廉自持者实属凤毛麟角。但陈氏官户部30余年，最后也只是为三品的左丞。朝廷屡屡倡廉反贪，也不见对陈宗妫表彰奖励。陈宗妫这等清廉的官员，能存立30多年到自请辞职，而没有被排挤倾轧掉，像他的清廉一样，也实属凤毛麟角。

第五章

官文化

皇帝专制制度下，国事是皇帝的家事，官员是皇族的管家。官员表达皇帝的意志，各级官府成为皇帝殿陛的扩大和延伸。

于是，千年万载，各行各业，三教九流，各色人等的意识信仰、伦理道德、价值观念渗透着官本位主义。

一 “官”网恢恢

官字号之多，不胜枚举。

人们说“官话”，走“官路”，入“官学”，做“官学生”，读“官版书”，答“官卷”，押“官韵”，作“官样文章”，应试做“官”，打“官腔”，摆“官架子”，种“官田”，当“官工”，做“官商”，缴“官课”，披甲为“官军”，进“官府”，打“官司”，嫖“官妓”，找“官媒”，听“官戏”，请“官医”，吃“官盐”，看“官历”，使“官奴”，守“官法”，坐“官监”，盖“官印”，执“官帖”。“官”无所不在，无时不在，天下之大，谁个能走出官的华盖？官本位是全能的，控制了社会的一切领域，从政治到经济，从军事到教育，从社会公共事业到婚姻家庭、人际关系、至爱亲朋，像X射线一样渗透一切。

官田

清朝入关前以游牧为主，入关后跑马圈地，直隶一地圈占的土地达16.7万余顷。圈地后，租地佃户一并分给诸王、勋臣、兵丁人等，称之为官庄田。官庄中分为皇室庄田、宗室庄田、八旗庄田和驻防庄田等，合计占地22.9万顷，占顺治十八年（1661）全国民田总数449.3万顷的5.6%。皇帝直接占有的土地，乾隆十八年（1753）达43万顷，约占全国耕地的6%。到嘉庆十八年（1813），60年间，全国耕地增加了53万顷，皇帝手中的土地则增加了40万顷之多。

溥天之下，莫非王土，但皇帝还要直接占有，贪欲无法满足。皇帝如此，官僚们也就凭借手中权力大量置办田产。康熙时徐乾学在无锡膏腴之区占有土地10 000顷；嘉庆时和珅占地8 000余顷；李鸿章兄弟几人随着权力的膨胀，在合肥的土地数以十万顷计；曾国荃每打完一仗，就回家买一次土地。土地作为财产成为官僚攫取的对象，大官僚常常是大土地所有者。

官工

官笼罩的行业也涉及工业。在手工织造业中，有京内织染局；陶瓷业在景德镇有御窑厂；铸造钱币业有宝源局和宝泉局；军火制造业更是政府垄断的部门；造船业有福建造船厂；内务府经营的宫内御用手工作坊和手工工场，规模宏大。造办处作坊有42处，工匠种类达61种，俗称“造办处六十一行”，几乎包罗了手工业所有门类。属于广储司的手工作坊还有9种。另外，工部制造库还经营了规模不小的手工业作坊和手工工场。

政府对社会上的手工业原料和制造采用统制、征收实物、压价采购、加捐收税等方法，进行压榨剥削。

鸦片战争后几十年间，新式机器工业引进后，19个军工企业如江南制造总局、金陵机器局等完全是官办的。较大的民用企业如电报局、轮船招商局等也采用官办、官督商办、官商合办的形式。这些企业的管理机构中，督办、总办、会办、帮办之类官员布列，各部门有许多支干薪的挂名职员，俨然是官府衙门。铺张浪费、贪污中饱的官场病菌也传染了这些企业，使之赔累亏蚀，困难重重。官的阴影遮盖之处，中国近代化的步履蹒跚，中华腾飞的翅膀沉重不堪。

举步维艰的近代工业

同治十一年（1872），南洋华侨陈启源回到家乡广东南海县西樵乡简村，筹划设立机器缫丝厂。第二年，陈启源靠自己在国外积累的技术知识，办起了中国历史上第一个继昌隆缫丝厂。陈氏买了一个旧轮船上拆卸的引擎作为动力，以锅炉做足踏式缫丝釜，用蒸汽煮茧，代替了世代祖传的炭火煮茧。新设备、新工艺使传统缫丝业踏入了近代化生产的门槛。机械代替人力，劳动生产率大大提高，一个女工抵过手工操作十余人。所出的丝粗细均匀，光洁干净，弹性好，售价比土丝高出三分之一。继昌隆的产品远销英、法、美等国，饮誉国际市场。

南海与广州近在咫尺，广州作为通商口岸也30年了，风气也比较开化。陈氏的缫丝厂没有设在广州，而设在家乡，是因为家乡人缘好，劳力招募也比较容易，又可远离官府，防止其干涉敲诈，陈氏以其住宅作为厂址，用工都是左邻右舍的农村妇女。但是，当地手工丝业行会和封建守旧势力却与陈氏步步为难，说机器有碍风水，男女混杂有伤风化，妨碍手工缫丝工人饭碗，蜚短流长，把缫丝厂咒为“鬼缅”、“鬼濩”。陈启源施舍粥饭，送医药，缓和矛盾，甚至制造了小型缫丝机，便于个人经营，一时才得以相安无事。

过了10年，当地的手工丝业行会——经纶堂纠集村民千余人，捣毁了光绪四年（1878）开办的学海乡裕昌厚丝厂，打死3名工人，损失万余元。他们放风还要捣毁继昌隆丝厂，陈启源请求地方当局派兵保护，南海知县不但不答应，反而勒令继昌隆关机停产。走投无路的陈启源，只得忍气吞声，把丝厂迁往澳门，改名和昌丝厂，托庇于葡萄牙人。三年后，广州、南海、顺德仿照陈氏的机器，建立了几家缫丝厂，陈启源才把厂子迁回简村，改名世昌纶缫丝厂。

拨转中国近代新式机器缫丝生产机捩的陈启源和他的继昌隆缫丝厂，迈出的第一步竟然得不到当地官府的保护、支持。但是，比陈氏开办早的近代机器生产的工厂，如李鸿章创办的江南制造总局、金陵机器局，左宗棠创办的福州船政局，崇厚创办的天津机器局，地方当局却没有哪个敢去为难。他们都是经过朝廷批准的官办企业，李、左、崇诸人权重势大，像南海知县那样的七品芝麻官纵然看不惯，也只能腹诽，岂敢造次？

官工，如陶瓷、冶铁、炼铜等种类很多，靠官字号立足。近代官办、官督商办、官商合办企业在打开局面、开通风气上的作用，看来是不容忽视的。中国文化环境，没有形成欧洲那样的市民阶层，跨出中世纪的带头人不能不是一些皇权卵翼下的官场头面人物。

官商

重农抑商，是各个王朝奉行的国策。抑商却不等于消灭商业，尽管官府鄙视商业、商人，对商人手中的钱却一点不鄙视。不少工商业者在官府的盘剥之下倒闭、破产，但是，官府的商业、官僚支持的商业却很兴旺。官网恢恢，自有向官靠拢、以官为奥援的商人。胡雪岩就是典型。

胡雪岩自幼家境贫寒，在钱铺做杂役，办事勤快，善于机变。太平军进攻杭州时，候补道王某曾托胡氏为其存白银10万两，胡用这些银子买谷20万石，储于衢州府。同治元年（1862），太平军逼近衢州，左宗棠部湘军来援，到衢州而军粮不继。胡雪岩把所买谷全部奉献，得到左宗棠赏识，做了左军粮台。清军攻陷杭州后，将领们抢掠的数百万两银子都存在胡处，胡氏以此做本钱，在各市镇设立商号，大获厚利，不数年，家资逾千万，富甲天下。左宗棠西调陕甘总督，推荐胡为福建船政局提调，后来保荐为候补道，加布政使衔。一个红顶商人就此诞生了。

左宗棠镇压陕甘回民反清活动、收复新疆的军事中，胡担任后路粮台，借外债1 500万两，购买军火，解决了左氏的竭蹶之困。胡氏却在外债上做了手脚，享受七厘利息，并以官款作周转资金，在上海设立了阜康钱庄，专作汇兑，分号遍及北京、镇江、宁波、杭州、福州及两湖；在江浙、两湖开设当铺23处；在杭州开设胡庆余堂药铺，包揽军队订货，利润滚滚而来，时人称之“活财神”。同治十一年（1872），胡氏资财达到2 000万以上，富可敌国。

光绪八年（1882），胡氏鉴于外商操纵江浙蚕丝出口，以个人资财与洋商较量。他先以2 000万两购买生丝14 000包，市场生丝几乎为其买光。不料外商联合起来，不但当年不做生丝买卖，次年且趁机收购新丝，对旧丝置之不顾。胡想垄断而无人响应，无法再向洋商施加压力，囤积的旧丝降价抛售，亏损1 000万两，折本800万两。为弥补亏空，他在上海投机银钱生意，又亏损400万两。胡氏两手空空，负债累累，杭州泰来钱庄首先倒闭。十一月，上海几百家钱庄倒闭，各种商号歇业者达三四百家。造成震动全国的光绪九年（1883）上海金融风潮。胡雪岩的破产牵连了一批贵族显宦的利益。轰传恭亲王奕䜣、协办大学士文煜损失百余万。清政府出面干预，各省扣抵追查，胡氏欠各省及海关公款、经费达240多万两。胡氏受到革职交刑部治罪的处分，但是其已在诏令到来之前死于杭州。

红顶商人的破产，牵动全国，这是罕见的事件。罕见的事件后面是历史上罕见的官商。

官囚

晚清刑部监狱分两种，一种是普通监，一种是官监。普通监阴暗潮湿，污秽不堪。官监则有等次，最上等者，客厅、书房、卧室、厨房样样具备，和高等宾馆无二。

甲午战争失败后，淮军将领叶志超、龚照玙拿交刑部治罪。叶被斩首，龚则关了一段时间。龚氏入狱时，用宦囊所得贿赂狱中上下左右，用银超过万两。因此，从管狱的郎中以下，都成了龚的感恩知己。每逢龚氏用餐，珍馐佳肴，如同宴席，剩余食物龚氏每每犒赏给普通囚犯。住得满意，吃得舒服。龚氏的八位姨太太轮流到狱中值夜，这与家中差别很小了。但终究在铁窗之内，龚氏的心情也不会舒畅，陪住的姨太太便成了宣泄的对象，稍不如意，辄加鞭挞。鞭挞的惩罚分为三等，最轻者，龚氏亲自执刑；较重者脱裤鞭挞臀部；最重者，脱光衣服反绑，由马弁执鞭。刑部狱中每天晚上女人哭声凄厉，狱中人互相告知说，龚大人生气，又打姨太太了。龚氏虽然身陷囹圄，但仍威福自任，直如住进被严密保护之下的旅馆。甲午战争中，龚照玙闻风逃窜，把经营多年的旅大北洋海军要塞拱手送给日本侵略军，罪大恶极，而在狱中仍然威福如常。庚子年八国联军入京时他乘乱逃走。

刑部是全国司法行政最高机构，监狱竟然以官民区分，官犯有钱，如同回家，岂非咄咄怪事？但是，怪事自有不同寻常的缘由。相传在雍正时，工部郎中李恭直，因事系狱，受到狱卒侮辱。天地太小，人事无常。不久，李氏无罪获释，调任刑部郎中，而且管理监狱。三十年河东的李恭直搜寻小事，对曾经侮辱过自己的狱卒们逐一收拾，每天杖责十余人，甚至有丧命杖下者。从此以后，刑部狱卒及管狱者，对官民的区分认识大大加深。官犯到来，再也不敢怠慢，不但不敢侮辱，而且侍候维谨。官犯能给予贿赂，甚至屈膝谢赏，口称大人高升。代代相传，成了传统。

官犯的生死荣辱，判若天渊的境遇，来自不测的天威。皇权专制，大臣往往朝立廊庙，夕陷囹圄。在绑赴刑场处决的刹那间，一道上谕飞来，临死赦免，此后又倚信如常，不乏其人。从天威雷霆之怒到龙颜大霁，雨过天晴，无法猜断。官员既可在天子盛怒时变成阶下囚，丧失一切特权，也可在皇帝法外施仁时官复原职。这样，刑部狱吏及有关司员的态度，自然是最可取的了。

官医

医生在清代，有官、民的区别。民间医生，从宋朝起，叫作郎中。官方的医生，在朝廷的机构叫太医院。院中医务工作者，有院使、院判、御医、吏目、医生、医员等名目，从院判至医员，固然因医术高下分等级，同时分别系于正五品、正六品、正七品、正八品、正九品，以官阶区分品第高下是显而易见的，吏目、院使、院判，则纯属官职名称。太医院服务对象主要是皇帝后妃及皇族，这种官医院，也就是皇家医院。这里面的医生，尤其院使、院判们的水平是比较高明的，但对皇帝后妃之病也有束手无策的时候。

光绪六年（1880）初，慈禧严重失眠，不思饮食，性情急躁。到了二月初，更痰中带血，精神颓疲，不能临朝视事，御医束手。内阁学士宝廷上疏请征诏天下名医疗治。于是，大学士、直隶总督李鸿章，湖广总督李瀚章，湖北巡抚彭祖贤保送前任山东济东泰武临道薛福辰，山西巡抚曾国荃推荐阳曲县知县汪守正，江苏巡抚吴元炳保举苏州名医马文植。一时名医云集，为当朝垂帘听政的太后治疗。

光绪七年（1881）六月，慈禧病体好转，赏赐各医和荐医的督抚，薛福辰以道员遇缺题补，赏加布政使衔，特旨道员，并且有了从二品的布政使头衔。汪守正记名以知府遇缺题奏，也加上了正三品的盐运使衔。不久，薛福辰授广东雷琼遗缺道，补督粮道，汪守正简江苏扬州知府，两人均未赴任，仍留京医治。

光绪八年（1882）十二月，慈禧病体完全康复，薛福辰调补直隶通永道，赏加头品顶戴，汪守正调天津府知府，赏加二品顶戴。这种赏拔，都是破格的奖叙。移官畿辅，更便于随时宣召了。此后，赏赐频繁，文绮、银币、金币、贵玉、搬指、匾额、蟒袍等天下珍奇，赐宴、听戏、观灯，殊恩异数，络绎不绝。两三年后，薛福辰竟然超擢顺天府府尹，地位视同各省巡抚，可以直接向皇帝奏事了。又参与了自乾隆三十三年（1768）以后百年一遇的皇帝演耕盛典，为帝递鞭，引人艳羡。后来任宗人府府丞，又迁左副都御史。薛、汪两人为慈禧治病，功压太医院的院判庄守和、李德昌，庄、李不过赏二品顶戴。

薛、汪治愈慈禧之病，由此医名满天下。假如他们治疗的患者是一个背向苍天、脸朝黄土的农民，医名传播的范围恐怕难出百里了。薛、汪两人兼精岐黄之术，又是两个地地道道的官员，集医与官于一身，医以官名，官以医迁。

民间游方郎中，治病救人，是很难有这样际遇的。太医院的医生是帝后及其家族的保健医生，又身兼官职，有利于保存治疗经验，使之得以流传下来。但是这种狭窄的传播渠道，使源远流长的中医药学，多是经验的积累，很少理论的升华。

皇家戏

乾隆五十五年（1790），徽班名角高朗亭带安庆花部入京祝乾隆皇帝80大寿，出神入化的表演，轰动皇宫，名满京华，徽班从此在京师站住了脚跟。到了嘉庆八年（1803），刚入而立之年的高朗亭，成了三庆班的掌班。此后徽班在京城有四喜、和春、春台加上三庆合成四大徽班之盛况，吸收融合其他剧种唱腔，专门人才编纂剧本，京剧由此显示了杂交优势，作为新的剧种蓬勃生长。

清政府原在景山设有乐部和声署，并附设乐学，教授戏曲。太监学戏称“南府内学”，旗民子弟学戏称“外学”，分别承应皇宫的戏差。到道光七年（1827），将“南府内学”改为“升平署”，一直存在到民国初年。升平署成为管理戏剧的皇家机构。早年的京剧名角如谭鑫培、时小福、杨小楼、汪桂芬等都充当教习，传授京剧。梅巧玲、谭鑫培、杨小楼、程长庚都曾召入宫中表演，供真龙天子及后妃大臣欣赏。一入龙门，声价十倍，诸人声誉鹊起，这是缘由之一。

京戏的产生，入京为乾隆祝寿实乃一大契机，名角走红，进宫表演，屡蒙赏赐，皇家的赏识和皇权崇拜文化心态是其温床。

同治年间，程长庚统四大徽班，组成梨园公所，归内务府管辖。公所设在五道庙，程以及后来的首领称为庙首，属从四品的官阶，与外省知府相埒，京剧纳入官场了。王公大臣按规定不得入戏园听戏，但可以自养科班，故曾发生过道光皇帝与王公争抢伶人的故事。

戏剧供奉内廷，帝后王公得以快娱视听。皇家的嗜好使京剧得到扶植，一些剧目得以存立发展，但是，梨园子弟却在社会上列入下等，与妓女同列，称为“倡优”、“伶人”、“优伶”。倡优皂隶子弟不能参加科举考试，无法进入官场，艺人成为被侮辱被损害又被欣赏的等级。雅、俗文化的促进与制约在皇家官场的效应是这等复杂。

官卷

乡试，分官卷、民卷，这是清代的独创，以前各朝，没有这种制度。康熙三十九年（1700），鉴于大臣子弟参加考试取中者多，妨碍出身贫穷的寒素子弟仕进之路，开始设立官卷。规定京官文官七品以上有职掌官，武官佐领等官以上，外官知县守备以上官员子孙、同胞兄弟及其子编入官卷。顺天及各省乡试且分官、民两种考场，大臣子弟多者按20名取中一名，各省按十分之一比例录取，副榜亦然。这一规定，官员子弟录取机会大大高于普通士子，因此是官员们的特权。初期，边远省份不设官卷，后来扩展到各直省。

乾隆初年，吏、礼二部司官与内阁侍读子弟也享受这种官卷待遇。此前，把官卷范围缩小，京官限于京堂以上及詹翰科道，武官参领以上，外官则藩臬以上，武官提镇以上，就是说京官文四品以上，外官文三品、武二品以上的官宦子弟才能享受这种待遇。乾隆十五年（1750），吏、礼二部司官及内阁侍读子弟的特权被取消。

官卷的设立，本在限制官员子弟录取名额，但是，官员子孙之外，又旁及官员同胞兄弟及同胞兄弟之子，无疑扩大范围，又增加了录取的机会。何况在名额之中，按比例要求多倖滥取中的平庸之才。

皇帝本以设官卷限制大臣子弟中额，但清朝历朝皇帝都是赐给一些大臣子弟举人、进士出身，何况还有荫庇之制，种种措施，加强保护了高层官吏的利益。

官妓

湖北巡抚胡林翼年轻时就才华崭露，在著名循吏陶澍幕府格外受到青睐，后来成为陶的女婿。胡氏在陶任两江总督期间，徜徉于秦淮河温柔乡中。陶氏严禁僚属冶游，只是不责备胡林翼，并且说，润之（胡氏字）他日为国宣劳，将无暇晷以行乐，今之所为，却是预偿以后之劳累的。胡氏后来任鄂抚，戎马倥偬，军书旁午，力疾从事以至于死。贤者嫖妓，是风流韵事，传为佳话。

妓女这个行当，也有悠久的历史。古有官妓，属于官办妓院。清朝取消了教坊司，妓女行当并未因此萧条。又有公娼、私娼的分别，缴纳一点夜度资，相当于后来的营业税，就可以挂牌营业。这种收费，到清末成为营业税，作为官方的生财之道。

南京秦淮河，向以妓女麇集著名，六朝金粉之地香艳经久不衰。清代舆论甚至以秦淮妓业兴衰作为天下治乱的表征。曾国藩率湘军攻陷南京，江宁太守涂宗瀛布告严禁冶游，要陷妓业于疲软，以正风化。曾国藩作为两江总督、协办大学士，却大不以为然，竟反其道而行之，与幕僚数人买棹游览，通宵达旦，并令江宁、上元两县县令设宴款待涂宗瀛。总督、知府、县令率先垂范，土著寓公闻风归来，商贾辐辏，妓寮灯火辉煌，笙歌彻宵，不夜景象一如战前。曾氏认为这是太平世道的标志。此事出自传闻，很多记载者辗转传抄，正是这种观念的外化。

妓业的发达，不只因为腰缠万贯的富商大贾的光顾，而且有宦囊丰满的王公百官，还有文采斐然的风流才子们作为常客。同治帝载淳之死，是天花致命，还是性病发作，至今仍是流传的话题。陪他读书的是个角逐妓坊的老手却确凿无疑。洪钧纳妓女傅彩云为妾，携之出访欧洲，后来傅重操旧业，易名赛金花，几乎成了晚清诗歌、小说、戏曲主要素材。傅氏寿考富足，历经三朝，陪伴清朝走完最后岁月，与若干史事关联，又成为史学题目之一。小凤仙到了民国年间竟成巾帼英雄。

妓女撩拨了多少文人墨客的才思，诗仙李白、白居易都留下名篇，柳永、秦观词章中妓女为题的艳体词俯拾即是。清朝的文人骚客，甚至给操皮肉生涯的妓女排“花榜”，以状元、榜眼、探花和一、二、三甲品第其高下。

皇帝好色，难免女以色得宠。皇帝三宫六院，官员们家室的阵营无法与其相媲，包娼嫖妓图数日之欢，就是这种微小阵营的补充。声震朝堂的内阁学士宝廷，官居二品，纳妓自劾，爱美人不爱红顶子。妓女行业是社会的溃疡，被视为下贱的职业，它却标志了朝廷的治乱，王朝法典悬为厉禁，它却经久不衰。文化的这一篇页的滋味，酸甜苦辣咸，品尝起来颇为不易。

官价

黄濬《花随人圣庵摭忆》载有樊增祥光绪十六年（1890）九月十三日致张之洞一信。信中说有一人来京引见，送军机处的别敬数是：孙毓汶600两，见面不道谢；礼亲王世铎300两，道谢不见面；许庚身200两，见面道谢；张之万100两，见面再三道谢；额勒和布则分文不送，额也不在乎。樊氏说这样的送法，时人以为得法。可见这是当时的贿赂行情。

礼亲王世铎，才具平庸，贪污受贿却颇为在行，当时就有“无礼不谈公”的讽刺，领班军机大臣只是摆设。军机处由醇亲王奕譞遥控，孙毓汶过府向其请示，此时，奕譞病重，孙握有权力。许庚身曾任军机章京，熟悉军机处典章，是办事熟手，加之应对敏练，颇受慈禧赏识。张之万官居大学士，但入军机后日常以丹青为务，作画自娱，不太受重视。额勒和布比较能洁身自守，但不握实权。此时贿赂行情，已经视各人在军机处之地位为转移，不像道光年间绝对平均了。

接受贿赂之后，孙毓汶与行贿者见面但不道谢，处之泰然，乃控实权者的风姿。世铎以亲王之尊，细大不捐，道谢而不见面，既符合亲王身份，又符合贪墨的品格。许庚身以章京而升任军机大臣，受礼之后，又见面又道谢，亦与身份相称。张之万受之最少，但见面再三道谢，别是一种风采。军机处为最高的统筹决策机构，军机大臣是天子近臣，贿赂公行，早已成为正常生活。中央各部院寺监的官员，从尚侍卿贰到郎中主事，也与军机处一样，双方恬不为怪，视为平常了。

由“热”而“凉”而“热”的心

乱世出隐者。一部廿四史，记录了多少隐逸名士。有人分析说，由“热衷”利禄到告别官场，是走上了“凉”心之道，实现了个体人格的最后肯定。通常则以“入世”、“出世”概括士人的心灵归宿。

奇怪的是，清朝灭亡后，遗民们制作的《清史稿》，也列有“隐逸列传”，可惜寥寥两卷，区区50余人。何况列名者绝大多数是不仕清朝的明朝遗民，清朝本身很少有隐逸者。

什么力量使士子们的心路变成了“热”→“凉”→“热”的历程？寄情山水，优游泉林，躬耕避世，怡然自得，为什么缺少了魅力？

官风强劲，而且温和适度。官职已经在清末名利化、雇佣化、职业化了。由于高度集权，官员们层层向上负责，已经很少向社会向老百姓负责，官职带来了比规定多得多的名利。朝廷命官，表明它是皇权的延伸和代表，更具备了神圣性，笼罩上诱人的光圈。这就使宦途中人心持续高温，难得变“凉”。官员在官场上的“处世”，圆通权变，游刃有余，左右逢源，不再遵循“达则兼济天下，穷则独善其身”的“入”、“出”世之道，终身为官，死而后已了。

二 “官”系网

官网恢恢，笼罩天下，官网的纲，是皇权。皇权也有网，宗室也有远近、亲疏。清代后五朝是道光一系的天下，不但因为奕䜣、载淳、载湉、溥仪是道光嫡派，而且，道光兄弟辈多以道光的子孙承嗣。

绵恺是道光帝旻宁三弟，封惇亲王，承嗣无人，即以道光第五子奕誴过继承袭亲王。道光四弟绵忻，封瑞亲王，其子奕誌无嗣，又以奕誴之子载漪袭封端郡王。道光第七子奕譞之子载涛曾做过道光五弟惠亲王绵愉子奕谟的嗣子。到了光绪朝，载湉之弟载沣袭醇亲王爵，弟弟载涛先袭绵愉子奕谟，后袭钟郡王奕詥，载洵则承袭端郡王之爵。似乎有一点俗话所说的“肥水不流外人田”。爱新觉罗王朝家天下的“官”系网的纲，就是这样地布下自己的网络。

一门贵幸

叶赫那拉家惠征的大女儿，在咸丰元年入宫，充实咸丰皇帝后宫的阵营。从此，叶赫那拉家族作为戚族与爱新觉罗家族攀上了关系，结下了不解之缘。

过了11年，因为咸丰帝去世，母以子贵，叶赫那拉氏贵妃升为皇太后，而且垂帘听政，被加上了“慈禧”二字封号。娘家的门楣顿生光辉，弟弟桂祥按照惯例成为三等承恩公，享受了公爵的尊荣和待遇。在此以前，慈禧的妹妹做了咸丰帝七弟醇郡王奕譞的福晋，双双与奕譞兄弟婚配。同治帝死后，按慈禧的旨意，醇亲王奕譞长子载湉当了皇帝。慈禧以伯母、姨母、太后的身份继续临朝。奕譞这个小叔子、妹夫、皇帝生父当然会全心全意为儿子帝位效力的。当朝天子，就是叶赫那拉氏桂祥的嫡亲外甥，又是慈禧的侄儿、外甥。

血浓于水，上一代是椒房之亲，下一代也亲上加亲，桂祥的女儿按照慈禧的旨意让光绪选为皇后，叶赫那拉氏又成椒房之亲。光绪帝死后，侄女儿也成皇太后。不过，侄女儿却没有姑妈的才干和气魄，也生不逢时，没有垂帘听政。叶赫那拉氏，出了两个皇太后，醇亲王奕譞一支，出了两个皇帝，全靠了婚姻这一条扯不断的红丝线！

重臣网结

荣禄，为慈禧亲信重臣，在官场大网上是个网结。荣禄之所以能够如此，与其辛勤结网分不开。

首先，荣禄是忠烈之后。他的祖父塔斯哈曾任喀什噶尔帮办大臣，道光年间，征伐张格尔叛乱时阵亡。父亲甘肃凉州镇总兵长寿，伯父天津镇总兵长瑞，咸丰元年在围堵太平军永安突围战中同日阵亡，父亲赐谥勤勇，伯父赐谥武壮，并赐修“双忠祠”作为纪念，荣禄以此得荫庇。叔父长泰随科尔沁亲王僧格林沁镇压捻军阵亡，当时被看作“一门忠萃”。咸丰皇帝在长瑞、长寿死后曾以“忠贞世笃”褒扬，也曾亲自召见荣禄，询问其父辈殉难情况。忠烈之后，例为各朝看重、倚信。

传说荣禄的远祖费英东，是辅佐清太祖努尔哈赤打天下的开国元勋。世代忠烈，是一般人难以企及的，祖辈勋业的光彩，照亮了荣禄仕进之路。

其次，荣禄两个妹妹，一嫁给晚清旗人中惟一的状元崇绮，另一嫁给宗室昆冈。这两个妹丈，崇绮是前大学士穆彰阿之子，穆彰阿晚年降官，但他积累的关系却对荣禄不无益处。昆冈到光绪末年成为大学士，对荣禄大有助力。荣禄的两个女儿，一个成了礼亲王世铎的儿媳，一个是醇亲王载沣的福晋。荣禄的继配是大学士灵桂的长女，时称“大王爷”。月下老把荣禄自己和妹妹以及两个姑娘，拴在宗室亲要王公贵族的门楣上，成了懿亲，有“阀阅世家，连渊贵胄”之称。

第三，官场联接。荣禄在官场结交甚多，他与做过同治、光绪两个皇帝师傅的李鸿藻，换了兰帖，结成金兰之好。李鸿藻之同派中人、满门桃李，都可与荣禄拉上关系。荣禄外放西安将军后，就是通过李写信给陕西巡抚、直隶同乡鹿传霖，两人得以和睦相处。庚子年鹿以江苏巡抚勤王而入军机，荣禄是出了力的。鹿传霖是湖广总督张之洞的姐夫。张与荣禄的关系，既有鹿的帮衬，又有李鸿藻这层关系作过渡，军机大臣与总督之间就不同泛泛了。两江总督刘坤一与荣禄交好，刘对荣禄的堂叔奎俊的江苏巡抚评价就格外看好。对礼亲王世铎的外甥等，荣禄就是通过刘坤一在两江予以安插的。

荣禄的最后十年，朝中有人，又与外官如张之洞、刘坤一交好。直督袁世凯是其武卫军时的下属，小站练兵的荐主，查办案件，又是荣保袁过关。荣禄晚年位居文华殿大学士、首席军机大臣，慈禧倚之如左右手，这些都与他的官场网络很有关系。

师生

科举考试，秀才、举人甚至天子门生的进士，都有启蒙师、座师、房师。作为乡试的主考、副主考、学政，会试的总裁、同考官，殿试的读卷官，将被录取者视为门生。一名翰林，做一次乡试主考、副主考，出任一任学政，随着官职的升迁，做会试的同考官、总裁，殿试的读卷官，就可以桃李满天下了。

翰林们身处清要，俸禄微薄，生活清贫，若能得一任主考、学政，就吃用不愁了。而且，门生遍布各地，官职升迁，老师的声望越来越高，政治能量越来越大。任各级考官次数的积累，成为文职官员仕途发达与否的标志。国史馆所修官员传记，将这种记录载入传主的传文之中。大学士周祖培自道光二十四年（1844）起，充会试复试阅卷大臣六次，乡试复试阅卷大臣、殿试读卷官、朝考阅卷大臣各三次。大学士祁寯藻自道光七年（1827）至咸丰三年（1853），历充拔贡会考阅卷大臣一次，复试宗室举人阅卷大臣四次，复试顺天举人阅卷大臣两次，补行复试顺天等省阅卷大臣五次，复试新贡士阅卷大臣五次，殿试读卷官一次，新贡士朝考阅卷大臣七次，庶吉士散馆阅卷大臣两次，考试试差阅卷大臣两次，考试汉御史阅卷大臣三次。其他屡司文柄的大学士朱风标、贾桢等人的传记中，都有同类记载。

师生关系，虽然以道相传，但当科举考试变成进入官场的入场券后，师生关系却成了一种私人关系，似乎录取也成了私相授受的事情。门生仕途发达与否，似乎关系到老师的颜面的光彩。门生对老师的尊敬、爱戴、感激，更多是私人成分，它成了官场网络的经纬线之一种。

翁同龢每年春节，奔波于东城、西城拜年，其中不少是老师。他当了同治、光绪的师傅之后，年年仍上门拜年。老师、师母生日，同门门生一起拜寿，老师、师母的丧事，门生是治丧重要成员。翁氏日记中此类记载反映师生关系是人伦关系中重要的一环。

曾国藩系

曾国藩幕府盛况，时人赞颂不已。薛福成在《庸庵笔记》中说，曾氏幕府，集天下俊彦之士达83人，薛氏本人尚未列入，后世学者有的统计则超过薛氏的统计数字。80余人中，后来官至总督、巡抚、尚书、侍郎者有李鸿章、李瀚章、郭嵩焘、左宗棠、刘蓉、唐训方、彭玉麟、钱应溥、黎庶昌、何璟、倪文蔚、李宗羲等十余人，还有科学技术专家如徐寿、华衡芳、李善兰等。拥有这些人才组成的智囊团，参谋其事，曾国藩的成功是不难理解的。

人们留意于曾国藩鉴识、使用、培植人才的气度、方法，是很自然的。幕僚制度本身的演变，倒是值得探究的。幕僚古已有之，在汉代就见于记载。官僚们既要办理朝廷赋予的各项事宜，又没有相应的官派人员，就自辟幕僚，帮助处理。幕僚与幕主关系比较自由，他们不是隶属关系，幕僚去留自由，幕主采纳意见则留，否则就去而他就，曾氏幕僚人物也有这种情况。在祁门大营，当军事最困难的时候，幕府人数寥寥，曾氏也只得听之任之。

到清末时传统幕僚制度已经发生了变化。参加曾国藩幕府的，固然不乏古典色彩，但入幕之宾中，很多是翰林，或者是朝廷正式官员，何璟、孙衣言是翰林院编修，倪文蔚是庶吉士散馆分刑部任主事，李瀚章是知县。在镇压太平军的特殊时期，曾国藩以书生将兵，异军突起，许多秀才、贡生出身人员闻风影从。另一方面，许多人随幕曾氏多年，随着军事胜利，被曾国藩推荐保举赏以官职，有的成了方面大员，有的仍留在幕中，就不再是传统的幕主宾僚关系，已有隶属的色彩了。后来成为封疆大吏的人，多系曾国藩保举或应朝廷咨询而由曾氏推荐的。

幕僚是以此为职业，为谋生手段的。既然可由曾氏保荐进入仕途，独立做官，又何乐而不为呢？著名的心腹幕僚赵烈文，以诸生应聘入幕十余年，同治八年（1869）做了磁州知州。曾国藩空手起家，当然需要网罗各种人才，在血火交织的枪林弹雨中，只能容纳真才实学甘苦与共的人才，蠢才庸懦之辈、投机取巧的是很少参与胜败难卜的军旅生涯的。

水涨船高，随着曾国藩地位声名的飞腾，入幕之宾也一个个青云直上，督抚提镇，尚侍藩臬，遍及天下。湘系军事政治集团的大网形成了，幕僚们感戴荐主、幕主曾文正公。生前身后，歌功颂德，曾氏声名之隆，与此大有关系。

湘系集团的崛起，幕僚的衍化，也与朝廷的扶植密不可分。雍正元年（1723）清世宗胤禛在三月给吏部的上谕中就说，各省督抚衙门事繁，非一手一足所能办，势必延请幕宾相助，其来久矣。晚清各帝既没有给督抚衙门增加编制，幕僚的延聘也只能听凭古老传统。批准曾氏的举荐，授予幕僚官职，则是出自朝廷的权柄。官场的“官系网”织成，朝廷也是织工。

乡情

同治九年（1870），曾国藩办理天津教案，按照朝廷意旨，以息事宁人手法，处分了天津有关官吏和百姓，对法国则委曲求全。朝中弹章纷纭，众口交诟。北京湖广会馆，把曾国藩写的匾额拆除焚毁，表示了以曾氏为羞的姿态。群谤丛集，众口铄金，曾氏愧悔无已，在写给朋友的信中说“外惭清议，内疚神明”。乡党之责，或者出于乡情，爱之愈深，责之愈切。乡土观念，在社会中，在官场上，成为一种看不见的联系纽带。

曾国藩虽然因天津教案不能见容于乡党，而结成曾国藩为首领的湘系，就是靠着浓厚的乡土观念。湘军，兵源来自湖南，遍及三湘四水，以湘乡籍最多，人们以“湘军”称之，就释放着浓郁的乡土气息，曾国藩的幕府80余人中湘籍占四分之一，作为基本阵营是不可忽视的。湘军将帅，从创始到第二代如刘坤一等，基本上都籍隶湖湘。湘军将帅随着军事发展，遍布天下，后来成为督抚提镇，由军而政，形成庞大的湘系军事政治集团。

乡土观念中添加了官场基因，凝聚了清末一个个地方实力派系。李鸿章出于曾国藩湘军幕府，所建淮军，所成淮系，主要的士兵来源、将领幕府也都以皖籍为主。

盘踞皖北多年，在清朝与太平天国之间叛降无常，双方皆有封赠，但始终不离本土的苗沛霖集团，提供了乡土观念的另一种倾向。叛降数次，忠的信仰似乎不起多大作用，乡亲不以此责难，苗氏拥兵自重，在两种敌对力量之间，凭藉乡土，存在多年。乡土观念的凝聚力有时超过朝廷提倡的忠孝观念的力量，皇帝们对此不寒而栗，不时调动地方势力的首领人物也是釜底抽薪的措施。

清末，两江总督习惯地成了湘系的禁脔，自曾国藩以后，左宗棠、刘坤一、曾国荃、沈葆桢等都是湘系人物。直隶总督的交椅成了李鸿章的官场专座，一坐就是20多年。当王朝把国脉朝命无可奈何地靠在地方实力派上时，爱新觉罗家天下的命运就不能维持多久了。

北洋系

李鸿章任直隶总督兼北洋大臣20多年，朝廷也好，官场也好，都将他看作是淮军的领袖。关于中堂脾气的传说很多，相传挨了李中堂的骂，就等于领了当官的委任状，因而部下多以挨中堂臭骂为乐事。李鸿章是道光二十七年（1847）的进士，道光三十年（1850）的翰林。到19世纪70年代，不但任直隶总督兼北洋大臣，也是文华殿大学士，位居首辅的当朝一品重臣。乡梓前辈，翰苑巍科，骂一声后生小子，似乎与礼不悖。但以此为乐，则反映了派系内部维系着森严的等级辈分。时人笔记，多认为李氏引用乡亲不分良莠，是淮系衰微的原因，是他不如曾国藩的地方。

李鸿章长期任北洋大臣，却没有培植起北洋观念，袁世凯只不过任了六七年的北洋大臣却高高擎起了北洋的旗帜。“北洋将领”、“北洋陆军”、“北洋军人”、“北洋实业”等，像商业广告一样盈盈溢耳，人人耳熟能详。袁世凯的军队，兵源多来自直隶、山东、河南、安徽数省，幕府人物也不局限于一省，颇像开放形制。但北洋观念，却成为连接这个庞大集团的津梁，一直延续到民国北洋政府的覆灭。

袁世凯不学有术，连个秀才也没考中，后来以军干禄，其手段却远超过一般科举正途出身的书生们。他用贿赂把慈禧、奕劻及宫中太监头子李莲英等买通为其所用。金兰拜盟与徐世昌、载振等成了把兄弟。他大量地保荐推举手下的将领武士、僚佐宾客升迁官职，显然是个大荐主；袁氏30多个子女的婚姻，使他与张百熙、周馥、张人骏、吴大澂、端方、孙宝琦等人都有姻娅之好。清末官场，婚姻是一种政治行为。“门当户对”，在官僚等级内部联姻中，巩固了一个个官员的地位，也成了盘根错节的派系集团的感情纽带。

三　“官”文现象

晚清社会已进入近代，各种传播媒介较为发达，大量反映官场情形的出版物不断涌现，或辛辣地讽刺官场腐朽，或为官员树碑立传、歌功颂德，更有为官员们准备的联络手册……有这一切，形成了奇特的“官”文现象，透过这一文化现象，我们可以清楚地看到晚清吏治之腐朽与官本位主义的影响。

《官场现形记》

《官场现形记》在清灭亡前已印行，光绪三十三年（1907）九月二十九日孙宝瑄得到这本小说，立即阅读，是夜“夜眠稍迟”。次日，继续翻阅，“终日不去手”。孙宝瑄在他的《忘山庐日记》中写道：“是书写今日外省官场中内容，可谓穷形尽相，惟妙惟肖。噫，我国政界腐朽至此，尚何言哉！”十月初一日，孙氏继续阅读这本小说。并在日记中写道：

> 《官场现形记》所记多实有其事，并非捏造。余所知者，即有数条，但易姓改名，隐约其词而已。余览二集甫终卷。

十月初二日，孙氏仍在读。日记中的感想是：

其刻画人情世态，已入骨髓。是夜，观《现形记》终卷。连阅得数人事，皆笑不可抑。

十月初五日，孙氏与友人议论《官场现形记》：

《官场现形记》之佳，盖其善写世态，几使凡与世酬接者，一举一动，一话一言，无往非《官场现形记》所有。著是书者，可谓恶极矣！

孙宝瑄手不释卷，连日赶读，开始和后来的感情却大不一样。孙氏是前户部尚书孙贻经的次子，娶李瀚章之女为妻，作为侄女婿与李鸿章也是姻戚了。其兄孙宝琦曾任驻法大使，此年回国署顺天府尹。孙氏正在邮传部庶务司任主稿。他在官场，终日奔忙于官场应酬，诗酒往还，酒肉征逐，熟悉官场情弊，在日记中对朝政时事多有评说。

他开始读《官场现形记》写外官腐朽，称赞不已。后来回过味道来了，从这面镜子中看到了自己的形象，有些事可能就是以孙氏为模特的。他曾在上海多年，该书作者在上海，难免涉笔成趣，取其典型，写入一鼻一眼。因此，诅咒作者“可谓恶极矣”了。

孙氏涉猎广泛，照了镜子发几句议论，骂一声作者。官场中人钻营奔走，蝇营狗苟，则笑骂任其笑骂，好事我自为之，不读此书，不一定照这面镜子。

《大清缙绅全书》：官场联络图

《大清缙绅全书》是光绪初年由私家书商刻印的木版线装书，每年按春、夏、秋、冬四季，每季一册。书内把从中央到地方县一级衙门、官员姓名、字、职务、科分、籍贯一一列出。每有变动，挖补修改，因而按季出一新版，反映了官员职位变动情况。该书为袖珍型，清朝官员服装宽大，怀揣一册，携带方便。

这种职官录详细准确，不论是久历宦海的老吏，还是初入仕途的新手，手此一册，对全国职官情况，顿时能了然于胸。赴某处任官，上下左右的有关上司、同僚、下级均可一目了然。出差携带，则路途所过省府州县及其职官也随时可查。这大概要算官僚制度发展的产物。有此一册在手，官场酬应交接就十分方便，实在是一种"联络图"。所以此书成了官员必备读物，畅销不衰。

据柴萼《梵天庐丛录》卷18说，光绪初年，朝廷查封海王村宝名堂书店，因为山西书商开办该店，交结官吏，刊行《大清爵秩全览》，藉以招摇营利。此后，书商们改名为《缙绅全书》继续刊行。交往官吏恐怕还是照样结交，起码须结交吏部官吏，否则，无从把全国职官了解得那样详细、准确。既然"市场需求"，改头换面，仍然招摇营利，一直发行到宣统三年，清王朝寿终正寝为止。

年谱碑铭：官员的参考书

晚清官员日记很多，但作者在世、清朝未亡以前很少有公开发表的。官员的年谱则不然，自订年谱在作者身后发表者不少。年谱之作，作者年龄很大，晚年回忆一生活动，如无日记作根据，错讹很多。一般官员写自己生平，夸大个人作用者很多，记仕历、恩遇详细，记重大事件往往略去重要过程，对历史研究意义不大。

官员自订年谱，并不是给当世人研究使用，也无法顾及后世研究的需要，这是不言自明的。官员自订年谱刊印数量大，却是一种不可忽视的文化出版现象。

四朝元老潘世恩的《先文恭公自订年谱》，该书篇章不多，主要记述了潘氏从读书应举到考中进士，进入仕途后的经历，某年任何官，某年升某职。在朝中得到皇帝的赏赐、听戏、与宴种种恩荣，后辈子孙的科名、婚姻等，几乎不涉朝政。但这一类年谱对入仕和未入仕者无疑都具有吸引力。仕途上蹭蹬挫跌，是教训；官场的升迁，是刺激；朝廷的恩遇，是目标。因此，这类年谱出版一直在清末呈现兴旺的势头。官员不是搞历史研究，而是从中吸取仕途上的经验与教训。

正史：官员立传传世

正史，清朝以前的有二十四家，合称二十四史。这些正史中，纪、志、表、传四种体裁，人物是主体，因此，传记占的比例最大，除烈女节妇外，大都是官员的传记。民国年间撰修出版的《清史稿》，中华书局校注本共48册，529卷，列传占316卷。其中，官员列传为290卷。与《清史稿》同时出版的《清史列传》80卷，包括官员3 000余人。

国史立传，是朝廷对官员的恩典和表彰，能获得这项荣誉，对官员来说，是死后最高奖赏，光耀祖宗门楣，福荫后辈子孙，是极其光彩的事情。所谓名垂青史，流芳百世，也就于此得以实现。生荣死哀，在哀悼的丧葬仪式中，有了皇帝御赐立传的谕旨，是属于难能的殊荣。所以，有许多高级官员死后，后人或门人收集出版《荣哀录》。个人的文集，一般都把国史本传列于篇首，作为荣耀标示世人。

青史留名，是官员追求的目标之一。正史，官方修撰就掌管这个权柄。在正史中树碑立传，是朝廷和官员注目的文化事业，也是“官”文化之一种。

文集：扬名传世的书册

重要官员死后，出版其生前文字，包括奏疏、书札、诗文，或称全集、遗集、文集，记录了官员从政过程。清末奏议出版之多，史无前例，计数百种，字数以千万计。这种文字，高级官员多，道府以下官员的文集则很少。

曾国藩、左宗棠、胡林翼、李鸿章等人死后，就由门人、子弟、故旧着手收集编辑出版了他们的全集、遗集。

按照清朝的规定，大学士、六部九卿、科、道等京官，将军、都统、总督、巡抚、布、按、道员等外官都有资格专折奏事。但是，清末，道员奏事反要朝廷发表特别的上谕，奏事已是十分罕见的了。所以，一般官员，特别是低级官员的文集殊为少见。所出集子，也没有奏议这一项的文字。看来，文集、全集、遗集一类书籍，几乎与百姓绝缘。

咸同间有个叫邹钟的人，清末在山东做钱粮师爷，出了文集叫《志远堂文集》，是罕见的例子。其中也有奏议二篇，幕僚给幕主起草疏稿是寻常事，以他之名而奏上的疏稿却是奇谈。按规定，他们只能向知府、巡抚写个禀之类的文字，没有资格向皇帝专折奏事。所谓邹钟的奏疏，只是跃动在胸次的升官欲望外化而已。集中还有一篇曾国藩家传。此人不是湖南人，与湘军毫无渊源，与曾家又无其他姻戚瓜葛，曾传之作，纯系自我作古。按当年官场规制，曾国藩生封侯爵，死加太傅，赐恤谕旨指出，生平事迹宣付史馆，自有国史馆作传。即如铭墓之文，也轮不到邹钟其人来作的，更不要说“家传”了。

晚清，各种思潮兴起，传播媒介发展，各种著作出版之多，是前所未有的。这种全集之类的书籍，并不是惟一的类型，清亡之前，它仍然是一定品阶官僚的专利，民国年间，仍有余波，只不过意义发生变化而已。

科名录：另一种联络手册

做官要靠科举功名。于是，社会上出现了科名录的书。这种书分作秀才、举人、进士三类。秀才多为该县该地区秀才历年名录，如《苏州府长元吴三邑诸生谱》。举人的则叫做乡试同年齿录，有一省数省某年者，如《咸丰五年乙卯科直省乡试同年齿录》、《光绪八年壬午科十八省乡试同年齿录》、《同治十二年癸酉科江南乡试同年齿录》。进士的叫作会试同年齿录，如《光绪六年庚辰科会试同年齿录》之类。

这类科名录，内容一般载姓名、字号、年龄、籍贯、三代及其家属。同年应试，同榜考中，称作年谊。举人可以大挑，进入官场。进士则正式取得做官资格，内而京师，外而各省，遍布天下。步入仕途，官场中正需要彼此关照，互相提携，年谊就成为相互联系的桥梁。手此一册，凭着年谊，就可在官场自由往来了。

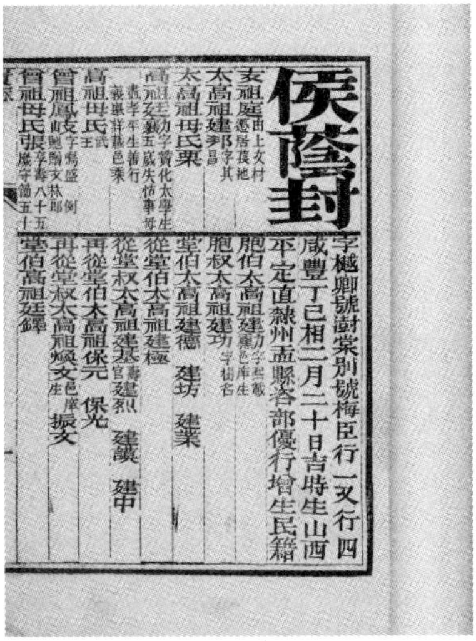
侯蔭封

字樾卿號澍棠別號梅臣行一又行四

咸豐丁巳相二月二十日吉時生山西

平定直隸州盂縣各部優行增生民籍

● 咸丰年间《丁巳至辛酉同年齿录》

科名录的编成，并非朝廷定制，不知谁氏首创，绵延不绝，因为实用价值很高，官场的产物，历久不衰。

进入官场后，更有好事者编成同官录，如《畿辅同官录》、《光绪三年湖北省江苏同官录》，如同后世以籍贯区分的联谊会名单，也是同一类型的官场联络手册。

做官百科全书

从奏稿、函牍、电报到书信、家书、日记，从年谱碑铭、科举名录到演义小说、缙绅全书，品种齐全，成就了文化史上的奇观——做官百科全书一一出现在清朝末年。

奇观之一：作者绝大多数是官员，从当朝一品到为官员做幕僚的人物，从终身为官者到曾涉足官场者，作者的专业绝无仅有。他们的身份首先是官，作为文章的作者只是业余的。文，只是做官的副产品。

奇观之二：书名与官相连。科名录、缙绅全书就不用说了，很多书是以作者的官衔命名的。比如《曾文正公全集》、《曾文正公手书日记》、《李文忠公全集》、《左文襄公全集》……文正、文忠、文襄是曾国藩、李鸿章、左宗棠等死后朝廷所赐谥号，即所谓易名之典，一般官员很难有此殊荣；《左恪靖侯（宗棠）奏稿》、《黄少司寇（爵滋）奏议》等，是以爵号、官衔命名的；《竹坡（宝廷号）侍郎奏议》、《滇黔奏议》、《水流云在馆奏议》、《嘉定长白二先生奏议》（徐致祥、宝廷）等则以官员的别号、治地、住所、籍贯题名。

奇观之三：内容单一，均是官场中事和人。很多文字都是官场行政公文的底稿，私人之作，不论什么品类的文字都没有离开官场酬酢、交游赠答、吊古怀旧、咏史述志、正变美刺，一切都成了官场得意失意宣泄的工具。悲愤与愁闷、凄伤与惆怅、抗争与惶恐、喜悦与忧思、激动与失望、恐惧与惊愕，各种感受杂糅，而失败、受苦、残酷、混乱却成了作文的养料。“诗穷而后工”，只有封建的官场中文字才能总结出这种奇妙的经验。逆境出人才，也只有这种社会才产生这种文人及作品，可悲的是宣扬这种规律的妙用从司马迁的《报任少卿书》以后，绵延得太长久了。

鲜有专门的文学、史学、哲学等作者，后世只有从行政公文中去阐幽发潜，探微索隐，咀嚼文味。官员身后编集者也多以文作为取舍标准，常常删掉写作的时间。传诵的名篇、名句也多从“官文”中寻章摘句。

四 “官”念

哲学是观念的精华，指挥、制约着各项活动，高居于尊贵的地位。随着时代的发展，哲学的分支也多起来，希特勒实行的就被人叫作强盗哲学，官场上盛行的哲学叫厚黑学。

厚黑学

厚黑学的总纲是：脸厚，心黑。心不黑，脸不厚，即心慈面软，在晚清官场寸步难行，心不黑脸皮厚也难以立足，心黑脸皮薄也做官不会长久，必须心黑脸厚才能无往而不胜。慈禧在辛丑年被列强逼签条约时，懿旨中对外宣布：“量中华之物力，结与国之欢心。”低声下气，脸皮之厚，达到“厚而无形”的境界。回銮时，搜刮的金银珠宝3 000辆大车还没有装完，此时中国要向列强赔款加上利息达10亿两以上。其心之黑也达到了“黑而无色”的地步！

厚黑哲学的范畴就是“求官六字真言”、“做官六字真言”。

求官六字真言是：

（1）空——空闲。求官者必须放下一切事情不做，用一切时间锲而不舍地去求官。

（2）钻——钻营奔走。无孔不钻，有孔必钻，无孔也要钻出孔来。

（3）吹——吹牛。口讲、笔写，一切场合都吹。

（4）捧——捧场。

（5）恐——恐吓。抓着上司的弱点，借机点到，加上捧字，互相为用。

（6）送——送礼。

六字结合，上司或被一字击中，或连中三箭，官职即可到手。

做官六字真言：

（1）空——空洞。文字、办事都要空洞，留有余地，进退自如。

（2）恭——卑躬屈节。对上司及其亲朋都要胁肩谄笑。

（3）绷——绷劲。对下属和百姓从仪表和言谈上都要显出凛然不可犯，满腹经纶。

（4）凶——凶狠。为达目的不择手段，凶狠又要披上仁义道德的外衣。

（5）聋——耳聋。笑骂任其笑骂，好官我自为之。

（6）弄——弄钱。前面求官、做官的十一字都是为这一个字。

办事两妙法是两条规律——锯箭法：外科大夫治箭伤，将箭杆锯掉即完事索谢礼，其他事情转内科；补锅法：趁主人不在，再把锅敲得裂缝长些，对主人说，刮掉锅烟，才发现裂缝比原来的要长，主人惊异，补好以后，双方皆大欢喜。

厚黑哲学的发明者李宗吾，生于光绪五年（1879），至清朝灭亡，已过了而立之年。民国元年，作者在成都《公论日报》逐日登载，可见其总结、概括、提炼、升华的是清末官场的事实。素材、资料源于晚清，当然是晚清官场哲学。厚黑学发表之后，人们视之为奇书，一是言其概括之精粹，一是叹其立论之奇异。需要再提炼的是，可以变作“黑厚长哲学”——心黑脸厚手长；“巴拉压主义”：对上巴结、平级拉拢、对下压制。就更精练、完整。

官场哲学高度概括了清末官场吏治。

联语之中

清末，有人给厕所写一对联：

到此方无中饱患，何人不为急公来。

这副对联，不着一个“官”字，却把官场贪污中饱嘲讽、挖苦得完全彻底了。联系清末民初流行的另一对联所说“昔日惟有屎无税，今日只有屁无捐”，讽刺捐税的苛重，一样地戏谑。

有赠知县的对联是：

下官拼万个头，向上司磕去；
尔等把一生血，待本县绞来。

赠知府者是：

见州县则吐气，见道臬则低眉；见督抚大人茶话须臾，只解得说几个是是是；

有差役为爪牙，有书吏为羽翼，有地方绅董袖金赠贿，不觉地笑一声呵呵呵。

两联讽刺知县知府，对上司讨好，对百姓压榨。官场，从皇帝到下级的知县，层层人身依附。皇帝之下的官员，都是双重身份，对上是奴才，对下又是主人。知县是下层，头须一路磕上去；对百姓，他也能摆出一副主人的架势。这类下级官吏，所谓亲民之官，直接管理百姓，如果是贪劣之辈，百姓恨之入骨，因此，作对联讥刺，来表现自己的情感。

有一个县令年龄大了，初到任上，就在衙门外边大写“三不要”三个字，并注明一不要钱，二不要官，三不要命。第二天，每一行下都添了两个字。不要钱下加“嫌少”，不要官下加“嫌小”，不要命下加了“嫌老”。这个县官，其用心不一定坏，也可理解为一种为官清正的表示。但老百姓各加两个字，给予讽刺，表现了一种对官吏普遍反感的情绪。

端方在清末颇有些名气，原因是他为出国考察宪政的五大臣之一，主张立宪；武昌起义前夕，赴四川途中被杀。他任两江总督时，贪污也有名气，有人赠送对联一副：

卖差卖缺卖厘金，端人不若是也；

买书买画买古董，方伎何其多乎！

联语中嵌了“端方”二字，以卖、买工对揭露端方卖官鬻爵，附庸风雅。人们对官员贪赃纳贿最反感，故联语中多触及之。

荣禄在甲午到甲辰前的十年中，出将入相，将相兼摄，也有贪墨好货的名气。光绪二十九年（1903）三月，荣禄病故，有个官员作挽联一副：

天外尚有康梁，闻此老全归，纵使笔底千言，几时论定；

地下若逢刚启，话当年同事，只为腰缠万贯，一步来迟。

上联说荣禄与慈禧一起，破坏了戊戌变法，下联则嘲讽因为贪货晚死刚毅、启秀两年。

联语是中国文化的一种，民间、官场，春节都要写、贴春联。用联语来嘲讽官场的朽败，成了一种文学形式，似乎又介于雅、俗文化之间，雅俗共赏。当然也有用联语歌颂清官良吏、民族英雄的。林则徐死后，大量挽联描绘他禁烟抗英、实边御俄的业绩，概括一生官声政绩，谴责权奸迫害。无论哪一种情况，都是情绪的宣泄，胸中块垒的发抒。

行骗之中

某京卿嫌儿子不肖，逐出家门，从此，儿子不知去向。后来，这位京卿出任为布政使，一天入庙烧香，伺应的道府官员数十人，围观的群众数百人。突然，有一个穿破衣服的青年，跪到布政使脚下，边哭边说："儿子现在愿意改过，请大人尽法处治，万望收留。"说完，不停地叩头。布政使再三审视，断定他不是自己的儿子，于是勃然大怒，叱责说："什么地方的匪徒，胆敢冒充我的儿子！"命令役夫捆绑交首府问罪。

首府把这个青年提到衙门审讯，此人供称，以前不好读书，不受训饬，偶有触犯，被父亲逐出家门。现在但求首府为他挽回，发誓用功，绝不敢稍惰负恩。首府细问家世，回答都对。又看到神色悲惨，语言明爽，不像作伪者。又考了一下，文章尚可，确信就是布政使的儿子。于是，留在府中，换上了衣裳。趁着公余，首府向布政使委婉地说明了情况。布政使说："实非我子，若无为匪情事，任君遣之可也。"

布政使归去后，首府与幕僚们谈及此事，众人要求见见这个人，并让他说说自己的志向。这个青年说："父亲性情严厉，我实在不才，只有回籍应试，倘能得科名，或许可以补赎以前的过错。我现在身无分文，奈何？"众人怜其志向和遭遇，凑了几百两银子送走了这个布政使的儿子。首府报告布政使说已经把这个人驱逐出境，后来听了布政使家人说明，才开始相信这确实是个冒牌货。但是，骗子早怀揣银子，远走高飞，不知去向了。

骗子，冒充从二品的布政使的儿子，虽然布政使本人没上当，首府及一班幕僚却信以为真，哀其处境的悲惨，凑了银两礼送出境。如果不是冒充布政使之子，首府等人是否会这样对待，是要打个问号的。正像俄国话剧《钦差大臣》中地方官员相信骗子一样，相信的心理是以皇权崇拜、官场崇拜的观念为基础的。行骗者正是利用了这种心理才能得逞的。

清末，冒充翰林到处抽丰揩油、冒充官员上任理事以骗取钱财者为数不少。官场官崇拜效应就是这样在社会上反映的。

戏曲之中

清朝流行戏曲，人物、情节很少与官场、官员没有牵连的。宫廷喜庆，奏演祥瑞，称之为《法宫雅奏》；天子太后万寿节前后，演群仙神道添寿赐禧，以及黄童白叟含哺鼓腹者，称之曰《九九大庆》；岁暮年尾，演《劝善金科》；元宵节，演玄奘西域取经，称之《升平宝筏》；又将《三国演义》编成戏曲，称为《鼎峙春秋》；据《水浒传》编成剧目，称之为《忠义璇图》。活跃在戏剧舞台上的是帝王将相、才子佳人、忠臣义仆。

晚清，由公案小说改编的清官戏、包公戏在舞台上占有很重要的地位。一出《铡美案》牵动了多少观众的心弦，但在湖北均县陈世美家乡却是禁演剧目。原来，真实的陈世美并不像舞台上那样为攀援皇家，负义忘恩。观众从包公戏中精神得到满足，对现实官场的愤恨、郁闷都得发抒和宣泄，通过包公之手惩贪除暴，不满的情绪升华幻化成高大的清官形象，医治现实中的创伤和不平。

庚子以后，戏剧界愤恨端郡王载漪及刚毅等误国，在天和馆演《骂曹》，以时事改为白文，痛骂端、刚等人，慷慨悲愤，观众为之声泪俱下。甲午战争失败，也有演员借舞台痛斥、丑化李鸿章父子的场面。刘赶三演《探亲相骂》牵黑卫，用鞭指斥："尔勿动。否则即剥尔之黄马褂，拔尔之三眼花翎。”引起满堂哄笑。据说台下看戏的李经方派人把刘赶三痛殴一顿。

戏曲角色，来源于官的名称。外，即员外；生，即生员；末，即末将；副，即副帅；小旦，即小姐，先去女旁，又改且为旦，以省笔画；丑，即醜之代音字；净，须净面而后绘，方能着油彩，是符号的标志；贴，须贴花钿，也是符号标志，以示与旦之装束不同；杂，杂色也。九种名称的本义说明了戏与官场有着这样的渊源关系。

演员们对官场不满，每在演剧中讽刺。有的戏台上对联是：

凡事莫当前，看戏何如听戏好；
为人须顾后，上台终有下台时。

借艺人自己职业讽喻官界不着痕迹，却言到意到，意在言外。

民谚、流言中

俗谚云：“朝里无人莫做官，朝里有人好做官。”两句家常话，道出官场奥秘：做官要有靠山，有靠山则官好做，无靠山宁可不做官。文化人把俗语集成对联：

七合升儿八合命，五花肠子六花心。
打虎还是真兄弟，骑驴撞见亲家公。
龟头有志终须贵，朝里无人莫做官。

这些俗语民谚，产生在什么朝代，难以考究，在晚清官民中仍在流布传播。在互相渗透中经过文化人加工，出现了嬉笑怒骂的小文章，说官迷者就是一例。迷者是得之则生，不得则死，饥不择食，眠不择寝，皆为官之一念所左右。模仿医生给官迷病开出一剂药方：

终日奔走，两腿酸痛。朝夕寻思，神经昏迷。夜卧不宁，时时梦呓。以致唇焦舌烂，面黄肌瘦，加以吹牛拍马，肺叶已伤。危险万分，勉尽绵力，立方候教。

手套一副，拍马用。肥缺一个，差役愈多愈妙。尖帽一顶，钻营用。铲刀一柄，刑具十副以上，以上四副先煎。喇叭一个，吹牛用。汽车一辆，假面一个，讨好时用。外以钞票十万张烧灰和金银汁吞服。

这个脉案症状及药方，可算针砭时弊。负面的心态，值得琢磨。交粮纳税、出差应役、诉讼纠纷，需要官员公平正直地处理。无论怎样冷嘲热骂，恶语中伤，还没有或很少发现不要一切官员的观念表征。对官员的权益，如光宗耀祖，福荫子孙，光前裕后，封妻荫子，扬名显世，养尊处优，又有企慕、羡艳，盼望能得顶乌纱戴戴。也想儿孙中有人出人头地，在官场占一席之地，吃碗官饭。《三字经》、《弟子规》等启蒙书籍即由这样的父祖辈用口耳世代传授，表现了对官的爱心。受到官府的敲诈勒索，词讼官司输于官员的贪赃枉法，催科征派中无理欺压，恨由心头起，恶从口中出，传播憎恶贪官污吏的口头文学，劲头多在此时，恨之欲其死，想杀尽一切贪官污吏。因而，对清官的戏文、小曲，也几乎同样迷醉，对清官分外崇敬信仰，实在是由憎而生。依赖、向往、憎恨、崇敬交织在一起，实在难用一种单色调标识、辨别。

转变之中

有清一代，历朝都视捐纳为“秕政”，时时有人条陈捐纳败坏吏治的弊端，而历朝都没有放弃这种饮鸩止渴的救穷措施。官吏队伍扩张，流品混杂，打乱了科举机制，降低了官员素质。但是观念由一个极端又走向另一个极端。

光绪二十年（1894），四川盐茶道玉铭在引见时，光绪帝问：在什么衙门当差？答：奴才在某某号（木厂之字号）。光绪没有听说有这样的衙署，遂问某某号是什么机构。答：某某号是西城第一家大木厂，奴才向来在这里当管事。光绪哂笑说：原来是木厂掌柜。木厂生意甚好，为何弃而做官？答：因为我听说四川盐茶道的利惠比木厂多出好几倍。光绪已怒不可遏，仍隐忍不发，问玉铭：你会国语（按：满语）吗？答：不会。问：能写汉文吗？玉铭嗫嚅良久，答：能。光绪遂把纸笔扔到地上，令太监把玉铭领到乾清宫台阶上默写履历。等了很久，缴上来的纸上只写了奴才某人某旗人几个字，字比茶杯大，名字也写错了。光绪帝勃然大怒，下令开缺以同知归部候选，而改授张元普为四川盐茶道。

玉铭曾充当库丁，后做木厂老板，与太监勾结，在广东索钱，并用以报捐道员，被太监殴打了一顿，仍然得道员奉旨召见。玉铭商而优则官，没料到即将上任时落了马。丢官以后，玉铭重操旧业，当木厂老板。但是，在承办醇亲王奕譞祠庙工程中，贪污巨款，又沟通王府太监将府中东西盗卖给外国使馆，事机不密，被京城提督衙门逮捕。后来，玉铭削发为僧，遁入空门。

在此前后，有个叫鲁伯阳的以70万两银子捐得苏松太道道员的肥缺。两江总督刘坤一侦知底细，在鲁伯阳来江苏后不让其到任，几个月后又借别的事情将他参劾罢官。鲁氏花费巨金而不能任一日道员，尝试一下做官的滋味，愤而离去，入山当了道士。

玉铭由商而官，官而不成又经商，奸贪盗窃，被捕治后，看破红尘，当了僧人。鲁伯阳巨资捐官到手，不能一近道员交椅。玉铭与鲁伯阳，一僧一道，都大彻大悟，了却尘缘。佛堂有一对联是：

佛号经声唤回苦海名利客；
晨钟暮鼓惊醒尘寰梦迷人。

玉铭、鲁伯阳官迷心窍，走火入魔，蹉跌之后，宦念顿消，皈依释道，在晨钟暮鼓、黄卷青灯中，进入了另一种境界。

玉铭、鲁伯阳事件虽然为数不多，就其官念转化之剧烈，足以构成玉铭、鲁伯阳现象。清亡之后，清之遗臣，一部分北洋军阀的头子们，下野之后也遁入空门，放下屠刀，立地成佛。孙传芳在佛堂死于施从滨女儿复仇的子弹，走向彼岸世界，实际上是玉铭、鲁伯阳现象的发展。

五味俱全的百姓“官”念

在官本位的晚清，百姓的官念各种各样。

什么事也离不开官，老百姓离不开官，且有时候会爱官。那些洁身自好、清廉正直的“清官”，更是他们热爱、拥护、歌颂的人物。在口头文学中清官的形象越来越高大完美，包公之类的清官戏，《包公案》、《施公案》、《彭公案》等公案小说，在清末广泛流布，正是这种期望、幻想和对贪官痛恨的反映。

官员由朝廷委派，官网如织。事事要靠官，老百姓又怕官。对贪官污吏的贪赃枉法，横行无忌，由怕而恨。光绪二十九年（1903），张謇在日本曾经劝告华侨商人合办汽船公司，开展中日贸易。侨商们谈官色变，对此事畏缩迟疑。他们回复张謇说，只怕中国官员不批准，即使允许也不予保护。日本的邮船公司从开办到现在，国家始终给以补助，得到官府保护。张深受刺激，在他的日记中感慨万端地说：“嗟乎！畏虎者谈虎而色变，孰使吾海外辛苦之民变色以至于此？”联想到自己受命办内河贸易，尚且有阻难者，何怪侨商心寒呢？可见在国内谈官色变，海外游子谈起来仍然余悸犹存。

靠官、爱官、恨官、怕官，却促使他们想做官，享受官员的特权，教育子弟读书做官。

观念的扭曲、变态，正是封建专制制度摧残、扭曲人性的反映。

官员“官”念种种

以曾国藩为例。曾国藩走完科举的全部台阶步入官场，封侯拜相，生授世职，死予上谥。朝廷在其身死后，将他作为榜样予以表彰，曾氏同辈和部属的推崇赞颂可以说无以复加。这样的循吏典范，正是清末历史文化孕育培养出来的。

曾氏没有独立的政治思想，不囿于宋学，兼承汉学，也没有超越封建传统范围。这样的人物，却没有独立的主体性。编组训练湘军，上下左右的重重困厄，以至百战功成，似亦有自主可言，稍微放大范围，对清朝的皇帝，对专制的社会，就无自主人格可言了。

攻占南京后，解散了所部湘军，就是要表示自己没有主体人格。“功高震主”，“功高难封”的古训，现实的来自各方尤其是朝廷方面的猜忌，自己主动解散，就更带有自虐的成分。“剿捻”时作为三军统帅，战区督抚提镇统归曾氏节制，权力不在后期“剿发”之下，但没有自领之军，对淮系指挥不灵，战事连连失利，上谕严责，谏垣弹劾，曾氏均默然而受，毫无怨尤。回任两江，调任直隶，天津教案后，再次回任两江，招之即来，挥之即去，都奉命唯谨。

南京攻下前后，左宗棠、胡林翼、王闿运以至李秀成，都曾以不同方式劝其反清称帝，曾国藩则坚决拒斥，激烈反对，一再表明自己无问鼎之意。朝有大政，屡屡密询良策，曾氏均竭忠尽智，倾诚献策。对督抚人选的咨询，指列可以胜任的一系官员，却从未指缺疏荐，常常表示，疆臣既专征伐，不当更分黜陟之柄。外重内轻之渐，不可不防。这样谦恭，忠贞不贰，只能是《臣轨》的模范实践者。

曾氏本身功高不居，小心谨慎地侍奉皇帝，还教育子弟以耕读作立身之本。两江总督府内，欧阳夫人率众女儿、儿媳，躬自纺绩；湘乡家中，诸弟子侄仍然被要求躬耕田园，勤读诗书，勤俭持家。曾氏家书、日记，充满了临深履薄的谨慎和忧谗畏讥的忧思。曾氏的一切，完成了心灵的朝圣，受虐以至自虐式的言行，把不要自主人格的主体表现得高大完美。在受虐中，感到自己被社会群体承认，在自虐中，他得到一种安全感，一种向社会群体归属的安全感，即自己向社会群体的认同。

曾国藩的实践及其成功，不是绝无仅有的，这种文化心理状态，是官员们在历史文化涵育下的群体趋同。

第六章

疲软的监督

极端集权的君主专制制度，也有监察制度，但是，这种贯穿人治神髓的监察制度，时松时紧，时行时辍，像小孩子脚下的猴皮筋。其结果和设计者们的愿望相反，二十几姓家天下都因腐败而亡，哪一家哪一姓没有监察制度、没有监察呢？

一　监督不了的人

监督，就要怀疑，不相信性善、自律，而相信人性的普遍弱点。如此，监督才成为必要。施行监督，政务必须公开、透明，以示公平、公正。君权神授，天纵英明，不容怀疑。皇帝天威莫测，暗箱操作，玩弄权术，不能也监督不了。一切腐败由此而生。

监督死角

前述云南报销案，除案件涉及的户、工两部书吏、司员分别轻重予以惩处外，户、工两部前任、现任堂官景廉、王文韶、奎润、董恂、翁同龢、师曾、孙家鼐、徐用仪、福祉、秦世杰、许应骙、崇礼，前任、现任云贵总督刘长佑、岑毓英，云南巡抚杜瑞联也分别受到降级调用、降级留任的处分。这一批高级官员受处分，一是属员受贿，堂官失察；另一个原因是户部在当年的京察中保荐本案案犯福祉为一等，云南督抚在大计中保荐潘英章为卓异，也属失察类型的荐举非人的过失。

光绪八年（1882）是三年考绩之年，军机大臣、尚书、侍郎、总督、巡抚等高级官员的考核则由最高当局掌握。这一年正月，慈禧懿旨表彰的高级官员中，除恭亲王奕䜣、大学士宝鋆、协办大学士兵部尚书调任吏部尚书李鸿藻外，军机大臣景廉、王文韶也榜上有名，懿旨说他们同心赞划，克勤克慎，均着交部议叙。现在，景廉、王文韶受了处分，慈禧该当何罪，受什么处分呢？慈禧什么处分也没有受。她的保荐表彰是英明的，对尚侍督抚的处分也是正确的，永远“英明”、“正确”。

在慈禧掌权的近半个世纪中，也有人企图实行一点监督。光绪五年（1879），吏部主事吴可读上书要求两宫皇太后不但要为咸丰立嗣，而且要为同治立嗣，奏折中有以为两宫皇太后“一误再误”的词句，他自知这样会倒霉，于是怀揣奏折上吊自杀，奏折是从尸体上发现的。光绪十二年（1886），御史朱一新上奏，指陈四月间旨准太监李莲英随醇亲王奕譞巡阅北洋海军的失当。

光绪十四年（1888），御史屠仁守疏请停修颐和园，影射慈禧侈靡。光绪二十年（1894），甲午战争期间，御史安维峻弹劾李鸿章，词连慈禧，借用有人说“和议出自皇太后，太监李莲英实左右之”，委婉地指出，他不敢相信这种说法，因为皇太后既归政皇上，如果遇事牵制，将何以上对祖宗，下对天下臣民？李莲英又是何许人也，竟敢干预政事。吴、朱、屠、安四人均没好下场，吴是“尸谏”，朱降补主事，屠被罢官永不叙用，安则发往军台效力赎罪。为了维护自己的权位，慈禧一类最高统治者是不惜一切的。

女婿权重，泰山贪横

当国的实际女皇如此，王公贵族如此，下边的各级官员无不如此。“千里做官只为财”成了普遍的信条。政府公开卖官，官员们也放开了手脚。

直隶总督、协办大学士桂良，是个“其胸中蕴蓄如草芥，其口中吐属如市井”的大草包，但是，他是恭亲王奕䜣的岳泰，既是朝廷重臣，又是皇亲国戚，气焰熏天，卖缺索贿，有恃无恐。一名姓卞的官员向桂良行贿巨金，得到了署理冀州的官职，节日还要送礼1 000两，才保住近一年的官位。布政使钱炘和、按察使吴廷栋是总督部属，钱是道光十五年（1835）进士，吴出身拔贡，拜列桂良门墙，成了这个捐纳主事起步官至闽浙总督的玉德的纨绔公子的门生，两人均以数千金行贿，才得以相安无事。

桂良到永定河巡察工程，他的孙子金华知府麟趾跟上爷爷溜达一趟，收直隶官员送礼30 000余两，连苦苦度日的穷候补人员何道奎也送了500两银子。桂良横行霸道，劣迹昭著，无人敢于奏劾。有个恭亲王奕䜣这样的女婿在朝廷，哪个还会去触霉头，自讨苦吃？古谚说“朝里无人莫做官，朝中有人好做官”，实是这种官场经验的确切概括。

不能平反

光绪初年，有三大平反案件。第一件是轰动朝野的浙江葛毕氏谋害亲夫案，第二件是河南王树汶顶凶案，第三件是四川东乡诬民为叛案，三件冤案都得到平反。葛毕氏谋害亲夫案后来搬上戏剧舞台，就是今天妇孺皆知的《杨乃武与小白菜》。四川东乡诬民为叛案近年也以《巴蜀秀才》走上电视屏幕。王树汶顶凶案也走上舞台。三大案平反，朝廷的英明，大吏的公正，传颂一时，成为同光中兴的证据。

在冤狱遍于国中的局势下，朝廷出面平反几件冤案，毕竟比冤沉海底好一点。从案情看，三个案件只要地方官稍微深入实际，秉公处置，是不会形成冤案的。没有平反的冤假错案，不知有多少！

有的案件是不能平反的。曾国藩任直隶总督期间，一个民妇之夫出外长期未归，曾氏按谋害亲夫定案，民妇杀人偿命，被明正典刑。曾氏由直隶调任两江总督后，这个民妇的丈夫竟然外出归来，妻子已经蒙冤为自己偿了命，要上诉冤抑，被后任总督压了下来。和葛毕氏之案相比，亦是寻常命案，案情简单得多，不难判断，但既无同乡京官联名告御状，也没有都察院的御史们主持公道，只能不了了之，冤沉大海。此案如果平反，封侯拜相的曾国藩是无论如何脱不了干系的，曾氏生前最后两年的历史大概得另写了。

曾国藩草菅人命所制造的“谋害亲夫案”，因无人告发而没有平反。有的案件是明知错案也不能平反的。咸丰九年（1859），郭嵩焘奉命去烟台查办乡绅事件，从九月至十二月下旬奔波了三个多月，回京复命时，案件早已由上谕定案。咸丰皇帝召见时，郭嵩焘以调查实情奏对，奉旨将他所知和办理情形写出交呈军机处。

十二月二十七日，郭在军机处与军机大臣匡源、杜瀚争辩了一场，这时他才知道诬告乡绅的就是这两位山东籍的军机大臣。后来与陈孚恩谈了此事，并提出证明这些乡绅无罪的想法。陈孚恩说，如果这样，你写的奏折尤其不必要了。朝廷才下了诏书要逮治诸绅，能因你的话收回成命吗？条陈上言，首先应该替朝廷着想。不然的话，不但无益，反而有害。郭嵩焘说，不能置烟台绅士于不顾。陈孚恩说，可以缓一缓，以后再设法处理。郭嵩焘这才感到陈孚恩见识之高，后悔入京时没有向陈氏请教。就在当天，郭嵩焘受到降二级调用的处分。

郭嵩焘在官场左支右绌，动辄得咎，郁郁一生。这次奉命查办事件，足见郭氏书生气十足，匡源、杜瀚在军机处把自己的意见包裹上谕旨，任郭嵩焘铁证在手，也是难以挽回的。否则，朝命夕改，皇帝的权威还有什么分量？朝廷的体面何以保护？

当朝的皇帝和垂帘的太后，是在监督之外的，是不受监督的，是不准监督的。为什么？因为这是君主专制制度及一切极权政体的题中应有之义，不言而喻。要向皇帝提供一点批评，叫作“谏”，皇帝老儿一时需要，接受了，叫作“虚衷纳谏”。设计者还设计了一套“天象示警”的把戏，让批评皇帝的人，借“天”发挥，让“天子”服从天的警告。比如大风阴晦、彗星出现、洪水地震等自然现象，御史们和众多臣工都可借题谏言，就解决当时的问题让皇帝决策。即此能透一点气的孔道，也要看皇帝的意旨。咸丰就多不信这一套，直批得谏言者狗血喷头，三缄其口。监督体制之所以如此，这是家天下。

避雷针

皇帝专制，高度集权，大事小事一把抓，里里外外都当家。比如作战，前线的领兵大臣事事请旨，听从千里万里之外的皇帝指挥调度，即所谓的“庙谟”。战场情况瞬息万变，必须当机处置，在通讯很落后的条件下，事事依旨而行，往往贻误战机。但是，失败必须由臣工负责，其理论叫作“忠奸之辨”。成功了，大臣就是忠于皇帝的忠荩之臣；失败了，就由奸佞之臣承担失误的责任。这一套理论保证了皇帝不承担错误的责任，不受批评，永远得到赞扬。鸦片战争，琦善就替道光承担了丧师失地妥协求和的罪责，被逮问革职。八国联军之役，庄亲王载勋、端郡王载漪及刚毅、赵舒翘等就替慈禧太后当作祸首，或被革，或赐令自尽。也有被国人骂为奸臣但朝廷依然宠信的，比如李鸿章。

晚清历史，离开李鸿章很多问题说不明白。进入光绪朝的20多年间，李鸿章代表清政府签订了《烟台条约》、《中法简明条约》、《中日马关条约》、《中俄密约》、《辛丑条约》等一系列丧权辱国的条约。诚然，李鸿章服官多年，“少年科第，壮年戎马，中年封疆，晚年洋务”，涉及很多领域，但诟骂、弹劾，却都因外交而起。尤其是甲午战争，都察院、翰林院群起奏劾，罢直隶总督北洋大臣，只留文华殿大学士的头衔，门可罗雀，可算是“凄凄惨惨戚戚”。

另一方面的事实是，自同治三年（1864）起，每逢三年一次的京察，连续13次都得到上谕、懿旨表彰，时间也是40年，和言路的弹劾攻击，形成强烈对照。李鸿章为什么“刀剑不入”，朝廷宠信依然？

光绪二十三年（1897），又是京察大典之期，上谕对李鸿章的评价是：“久资倚任，劳瘁不辞。”须知这是甲午之后，弹劾高潮刚过，李鸿章忧谗畏讥，声名狼藉，而慈禧太后对他仍然宠眷不衰。李鸿章对于清政府、对于慈禧太后的价值应该予以认真评估。

李鸿章充当了“避雷针”，把强大的电流吸引到自己身上，缓和了人们对朝廷的不满，维护了慈禧的形象。明乎此，慈禧不轻易地抛弃李鸿章，就不是什么难以想象的事情了。试试翻检一下劾弹李鸿章的章奏，一句之微，也没有牵连重用信任他的慈禧。“十可杀”也罢，“汉奸”、“卖国贼”也罢，为什么能成为不倒翁？李鸿章代表政府签订每一个条约，都是事事请示，准而后行，最后说了算的并不是他。这一点，当时人人清楚，但谁个敢逆鳞捋须，骂一下慈禧呢？

避雷针式的人物古今中外，所在多有。“天子圣明，臣罪当诛”，这是专制皇权的通用模式。嘉庆皇帝一上台就除掉了和珅，在声讨和珅罪行的诏书中，数落和珅20大罪状后，笔锋一转，指责内外诸臣，钳口结舌，不敢及早参劾。嘉庆日夕陪侍老乾隆，深知和珅情罪，为什么就不揭发、不报告呢？和珅之罪，是乾隆纵容包庇的，现在和珅成了乾隆的“避雷针”，众位大臣也当了一回嘉庆的“避雷针”。

皇权这样，连讲民主的美国也设置避雷针的角色。尼克松任总统时，他当时的白宫办公厅主任后来说：“每个总统都需要一个被人咒骂的狗娘养的，而我就是尼克松手下的这样一个角色。我是他起缓冲作用的人，去替他受人咒骂的杂种。我设法把他想做到的事情搞成功，同时我又代他受过挨骂。”

不倒翁奕劻

庆亲王奕劻本是远支宗室，他是乾隆皇帝第十七子庆僖亲王永璘第六子绵性之长子，过继给他的很早去世的五伯父绵悌为子，爵位是郡王衔多罗贝勒。应该说他的父亲、伯父和道光皇帝是兄弟。甲申易枢后成为总理衙门大臣，那时已是郡王了，光绪二十一年（1895）晋亲王，奕劻任此职直至总理衙门改为外务部。此人才具平庸，工于钻营，贪墨成性。光绪二十九年（1903）三月十四日首席军机大臣荣禄病故，次日，奕劻即入值担任首席军机大臣直到宣统三年（1911）四月军机处撤销。随之成立的皇族内阁中，奕劻担任总理大臣直到内阁解散。入值军机处以前，当八国联军攻陷京城，慈禧挟光绪逃亡途中，任命奕劻、李鸿章为和谈全权大臣。光绪二十七年（1901），奕劻在督办政务处任督办政务大臣，直到该处宣统三年四月撤销。清朝最后十年，奕劻处权力中心，地位显赫。奕劻之子、贝子载振在光绪二十九年（1903）任新设立的商部尚书。光绪三十二年（1906）该部改为农工商部后，仍任尚书。

奕劻虽然出身远支宗室，但他极力经营自己的关系网络，与漕运总督恩寿、大学士裕德，顺天府府尹、山东巡抚宝琦等结为儿女亲家。奕劻之女、名满京华的四格格是慈禧身边的红人儿。王朝末日，贵族疯狂，贪贿无度，袁世凯行贿手笔阔绰，奕劻则全部吃进，纤毫无遗。亲王府中三节两寿，小孩弥月，袁世凯都承包了。载振还与袁结为兄弟，称袁为四哥哥。袁有了奕劻这把保护伞，诸事就比较顺遂。袁世凯是封疆大吏，大手笔，奕劻乐于结纳。就是芝麻小吏，只要腰缠万贯，奕劻也乐于出租权力。粤海关岁入数百万，部定税额500万两，而历任监督岁交300万，余皆朋比分肥。该关有个书吏周荣曜当差多年，积资数百万，用贿赂敲开了庆亲王府的大门，以四品卿衔出使比利时。两广总督岑春煊奏劾其私蚀关税，周被革职查抄。一说岑责令周氏报效，周不予理睬，贿通奕劻而得出使之任，被岑奏劾后逃往澳门，家产被缴没入官。总之，此事在周被参后奕劻未出面保护。

光绪三十三年（1907），奕劻70岁生日，朝廷赐寿，分外风光。奕劻大摆筵宴，寿礼之入难以猜度。候补道员段芝贵送上寿仪10万金。此前段芝贵施行性贿赂，把年轻美貌的歌妓献给载振。不久，东三省官制发表，段被破格委以署黑龙江巡抚。一时舆论大哗，此事揭载报章，后来御史赵启霖奏章弹劾，岑春煊面参奕劻父子，朝旨立罢段芝贵，并派大学士孙家鼐、醇亲王载沣查办。不待查复，载振自请开去农工商部尚书等职务，廷旨立予允准。以诬蔑亲贵罢斥赵启霖，都察院左都御史陆宝忠，御史赵炳麟、江春霖连疏以保护言路争辩，朝廷则不准所请。后来，孙家鼐、载沣以查无实据复命。可是，段芝贵、载振也未恢复官职。期间，奕劻疏请辞职，慈禧也不批准。处理得糊里糊涂，但对奕劻却信任如常。终慈禧之世，奕劻首揆地位始终未动。

宣统即位后，载沣以摄政王监国，江春霖、赵炳麟多次弹劾奕劻，词锋凌厉，罗列其招权纳贿，政以贿成多事，载沣也知其情伪，不但没有动奕劻，反而照旧信用。当时宗室中有人想请隆裕太后学她姑妈慈禧太后垂帘听政，加上宗室载泽与光绪是连襟、隆裕的妹夫，往来宫中，与载沣兄弟不和。载沣越发恐慌，依靠奕劻以防隆裕，对奕劻倍加优礼，倒奕劻者也无可奈何。因此，奕劻成了个攻之不倒的不倒翁。

二　兰州班子：典型的腐败集体

同治元年（1862）二月，朝廷以前左副都御史张芾、御史裘德俊、陈庭经参奏，派协办大学士、礼部尚书麟魁，户部尚书、军机大臣沈兆霖赴甘肃查办以乐斌为首的兰州班子。

处分是乐斌庇护西宁办事大臣多慧、甘肃提督成瑞、西宁候补道和祥、西宁知府朱百川等谎报战功，滥保请奖，又纳贿营私，使妾与属员之妻往来，家人盘踞把持，声名狼藉，革职发往军台效力赎罪，虚糜款项由乐斌、多慧、成瑞、和祥分成赔缴。候补知府章桂文署兰州知府兼护兰州道，其妻往来督署，捐纳知县同知衔彭沛霖盘踞督署，乘坐四人轿，均即革职，章桂文发往新疆效力赎罪，彭沛霖发往黑龙江充当苦差。家丁陈四即陈菊庄苛索滋扰，书吏余奎结交官府，二人发往黑龙江充当苦差。

此案涉及9人，从总督、首道、首府到幕宾、家丁、书吏，班子可说是烂透了，值得透视。

乐斌这个人

官方文书、正史传记一般是皇帝旨令列入国史列传的正面人物，而乐斌之辈则湮没无闻。查考乐斌这个人，借助张集馨所著《道咸宦海见闻录》，才能知道个大概。

乐斌是镶红旗一般人家子弟，到了25岁，仍无一官半职，只能闲散居家。所幸族中有人在山西右玉县北杀虎口任副将，此人无子，喜爱乐斌，遂以之为嗣子。副将死后，乐斌得承袭佐领，到京城兵营当差。乐斌身材魁梧，相貌堂堂，善于奔走侍应，还很勤快，不数年就被提升为协领。乐斌发挥了会来事的本领，与京城、通州管粮仓的书吏、斗级拉关系，每次领米均以抽成打点各方。因此，所领甲米成色好分量足，本旗人都称赞其能干。乐斌又与刑部下属的门丁吏役往来密切，遇到仓场及旗人官司由刑部审问，乐斌就为之打听消息、关说照应。被告贿赂的银两，乐斌即与刑部的门丁吏役分润。日积月累，乐斌积蓄逐渐丰满。有了资本，乐斌结交的层次也与时俱进。先是被提拔为盛京副都统，奉旨进藏迎接毕勒汗。以后则青云直上，升为乌鲁木齐都统，咸丰三年（1853）做了绥远将军、成都将军。咸丰六年（1856）兼署四川总督，又改任陕甘总督。

看看乐斌的仕历，既没有赫赫战功，也没有辉煌政绩，只靠善于钻营奔走，就成了方面大员。如果有有效的监督，乐斌官不会升得这样快、这样高。如果监督有效，乐斌也未始不可去其不足，得到磨炼成就一点功业。专制制度下的监督疲软，既使乐斌以一个无所事事的闲散人员成了从一品的都统、将军、总督，也使乐斌能够胡作非为，以致后来被革职充军。成就乐斌于前，毁灭乐斌于后。

唉，这种监督！

家丁陈二，家人余奎

陈二，乐斌的家丁。据乐斌介绍，陈二自幼即在其家服役（估计也是在乐斌得官之后），人很忠诚，年轻好体面，是他家得力之人。乐斌在成都将军兼署四川总督时，下属请陈二赴宴，必坐四人轿提灯而回，下属还派帮轿衙役数人侍候。陈二以此为荣，必重赏轿夫衙役。此事乐斌对人津津乐道，似乎以此为荣，毫无顾忌。

其实，陈二只是善于钱财享受，背靠乐斌这棵大树狐假虎威，招权纳贿，无所不为。陈二与总督督标中军参将德润、笔帖式润祥结为兄弟，德润以泰州都司缺撞骗200金，与陈二分用，事发后德润降为西宁游击，陈二则平安无事。官场知道乐斌宠信陈二，都走陈二这个门子，和祥即其一例。乐斌任乌鲁木齐都统时，和祥为镇迪道，即与陈二结为兄弟，进而拜在乐斌门下成其门生。其实，乐斌粗能识字，公事例案，不甚了了，好为人师有如此者！后和祥因克扣军饷，被满族弁兵揪入庙内关禁数日，极其狼狈，被人奏劾说提款错误，只降五级调用。乐斌以其能铸大钱、善开铜矿而奏留甘肃，设局铸钱，贱买银钞，捐复了原官。乐斌的信任，和祥屡署藩司、臬司，同恶相济，沆瀣一气。乐斌酒色征逐，渎职枉法，都能看到这位陈二的身影。

余奎，官场称为“坐省家人”，究竟何许人也？原来余奎的父亲余升是兰州城一名厨役，承办各衙门官署宴会。余奎为人“诚实”，外府州县委其坐在“省城”，为各府州县申送文书、请领库款、节庆酬应。其父死后，承其父业，小有家资。官员们一时急需，每向余奎通融挪垫。余因此也借各衙门大吏之势，在外拉扯。乐斌上任后，修饰衙门，大门外栅栏改换成拦阻人马通行的木架，叫作行马，用木料数百根；大门内建高牌楼；花园建造观音阁，皆令余奎垫办。余奎奔走侍应，意在分润公款，哪里肯慷慨解囊？将工程费用一并报销。管财政的藩司虽不同意，但辗转往复以卖缺的所得支付了事。

周二奶奶

周二奶奶是乐斌府中周姓仆人之妇，早与乐斌勾搭成奸。乐斌玩弄花招，在官场明言给家丁陈二娶第二房，宣布了喜期。下属官员各送贺礼数千金、万金不等。喜期当日，文武咸集，前后奔走张罗的是中军成瑞。搀扶新人进房的是和祥及首府章桂文的夫人。盖头一揭，新人原来是乐斌私通的周二奶奶也。周姓仆人被乐斌荐至远方，给予重资让其另娶。周二奶奶按婚礼是陈二的二房，实际上是乐斌的别室，陈二应其名，乐斌享其实。堂堂总督下作以至于斯，闻之令人掩鼻！

结婚时，乐斌与周二奶奶的私生子已12岁了。这位周二奶奶在总督府当家，凌虐乐斌之妾。乐斌亦惧怕这位周二奶奶，二人扭打，周二奶奶撒泼解去衣裤，满口污言秽语，甚至说“我叫你做总督，你才能做总督，否则，你做不成总督”。乐斌被宠爱的尤物所控制，朝廷授予的陕甘总督不是乐斌，而是周二奶奶了。腐败的背后，站了一位妇道，大概也是古今一揆也。

兰州城西门外有吕祠庙，乐斌要还愿挂匾。按旗人礼节，凡友好均要送香烛花炮同往瞻拜。制台挂匾，属官皆应花衣伺候。飞骑驰来，戈什哈（满语，高级官员的侍从护卫）排队佩刀，都说总督来了。等到进入山门，从车上下来的竟是周二奶奶。排班列侍的属官皆以为仆人妇站班为耻。周二奶奶奠拜如仪，又看戏数出后才回去，周二奶奶走后，总督大人才姗姗来到。

五泉山每年四月的庙会，百货云集，男女杂沓。周二奶奶乘舆赴山赶会。此日和祥在山宴客。侍候周二奶奶的戈什哈与和祥的家人庖丁争道，不肯相让，庖丁出言不逊，戈什哈与之对骂，触周二奶奶之怒，指和祥大骂，万众围观，谈笑指点，成了当日一大景观。和祥吓破了胆，次日谒见乐斌，长跪不起，乞求宽恕。藩司等在窗外听见，偷笑不语，皆惊奇和祥之无耻。

等到乐斌被查时，这位周二奶奶已经死了。死后，乐斌身穿孝衣，文武官员均往祭奠。出殡日，乐斌率文武官员步行送葬，如丧考妣，厚葬于四明亭。乐斌探知被参有奸占仆妇，急忙派人掘墓揭棺，去掉了一品命妇服饰，换成布袄，将棺材藏匿在炕炉下。看来，乐斌并不糊涂。吏部尚书全庆说：“乐斌何愚蠢如此？审案者，决不斫棺戮尸也。”张集馨说，他如果明白这个道理，何至于值规错矩，放辟邪侈，为所欲为也。实际上，全、张只是以事论事，着眼点不一样。若果能严密监督，一个高级官吏，何至于斯？事发之初，如有监督，乐斌也不至于陷得那样深。

结拜的难兄难弟们

彭沛霖，浙江人，乐斌的幕宾，乐斌的奏折文案全委之于彭。

彭为人狡黠，借势招摇，官员趋之若鹜。臬司明绪、兰州道恩麟、候补道和祥、同知章桂文与彭结为兄弟，登堂拜母，颇郑重其事。中国历史上，游侠讲义气，刘备、关羽、张飞“桃园结义”，流传久远。义者，互相扶助，同甘共苦，像刘，关、张结义盟誓：不是同年同月同日生，但愿同年同月同日死。矢誓同生共死，祸福与共。义，成为一种凝聚剂。一个班子众多官吏换谱拜帖，结成金兰，朝廷的授权就大大变质了。

臬司明绪，在刑部司员任内，被称为“四伦先生”，意思是不够五伦。乐斌初到位时，两人并不融洽。后来，明绪的馈送，几无虚日，虽一饮一馔，必先呈督署，借表敬意。眼浅的乐斌对此等孝敬甘之如饴，遂对明绪另眼相看，每有州县等缺出，跑官者都找明绪。明绪与乐斌幕宾彭沛霖是换了兰帖的，内外相通，事无不成。此等事当然非钱莫属，明绪、彭幕坐而分赃。秦州是甘肃第一肥缺，应酬上司衙门各若干则在粉牌写明，乐斌、明绪名下，皆送“黄物”（指金子）并注明“收”字。明绪三节两寿的收礼之外，又添母寿。送礼者由5处增至20余处，每次不下数千金。属员知道明绪与总督乐斌的关系，不敢不送。明绪的幕宾刘某，拜明母为干娘，与明绪狎昵无间，致信各属官说现在明绪臬司不比寻常，其操纵黜陟之权，与总督无异，因而送礼必须比过去要丰厚些。明绪伙同乐斌将首府缺卖给章桂文。

兰州班子中结拜的五兄弟酒食征逐，加上乐斌，总督、臬司两衙门笙歌筵宴，通宵达旦，竟无虚月。乐斌酷嗜听戏，彻夜不休。有一次甚至在城墙上听戏，众官苦不堪言，又不得不陪同乐斌取乐。五兄弟勾结牟利，州县不停更调，跑官、买官者往来奔走，他们的买卖火起来，银子源源而来，民间的疾苦，非其所闻。回、藏、撒拉等少数民族与汉族冲突不时爆发，他们又有了克扣军饷的机会，虚报冒功，以致东窗事发。

几点透视

烂掉了的兰州班子在同治元年（1862）被查办，查办的大学士麟魁先署总督，次年正月十六日死于兰州，沈兆霖接署，亦于七月十九日死于山洪。当时人以此事为奇，两钦差同年而死。查办应该说不彻底，主题是虚报战功，漏掉了臬司明绪，此人由乐斌保荐，于咸丰八年（1858）调任陕西臬司，同治三年（1864）升伊犁将军，五年死，朝廷赐谥“忠节”。恩麟由道员升甘肃藩司，护理陕甘总督，四年才解职。章桂文贪赃营私等以查无实据作结，应查之府、州、县更未涉及。大概也是投鼠忌器，查办太多，伤及朝廷面子，或者是法不责众，只查办其为恶之尤甚者。此案透视：

1. 体制内由上而下的自我监督。皇帝上谕中叫烂了的“激发天良”，就是针对这种行政与监察合一的结构实行自律而言的。“天高皇帝远”，贪横无忌者早把“天良”丢到九霄云外去了。乐斌一伙朋比为奸，同恶相济，顺之者存，逆之者亡。他对下监督，就是把不听话送礼少者劾罢了事。洁身自好者几致无法立足，形成优败劣胜的负面机制。藩司张集馨斋壁对句是：“读圣贤书，初心不负；用黄老术，唾面自干。”显然是一种无法自保的精神状态。来自上面的又是“马后炮式”的事后监督，其时，溃疡已溃烂一片，脓血流淌不可收拾了。乐斌们查处了，吏治民生的损失呢？

2. 种种恶果皆制度使然。正如马克思所说，专制制度使人不成为人。先使人不成为人，然后再清理掉一部分。朝廷选拔委任乐斌证明自己的正确，然后又以查办乐斌证明自己的正确。这个朝廷可能是正确的吗？到光绪初年，出现了浙江葛毕氏谋害亲夫案、河南王树汶顶凶案、四川东乡诬民为叛案，均是事后多年才平反的。平反后颂声一片，恰恰是绝妙的讥讽。

君主专制极权政治，不可能形成体制内外结合、自上而下与自下而上结合的对权力全过程的监督，像兰州班子结构性制度性的腐败实在难以避免。朝廷制造了罪恶又为罪恶所害，只能是自作自受了。

三　这样的法

管官的律条，除了《大清律》，还有《大清会典》，算是组织法、编制法。会典太原则，遂编订了《大清会典事例》，每一项都规定得很具体，违反规定的处分更是细密。此事由康熙首创，雍正、乾隆、嘉庆续修，到光绪又再续修，成了《大清会典事例》1 220卷。吏部共占据158卷，仅处分例就有75卷，项目240余条。每条都列举了皇帝亲自批准过的处分违规的具体事例，上百年积累，方方面面，具体而微。再加上《钦定六部则例》、《钦定宫中则例》等，就够细够密的了，字数也超过了千万，却仍然管不住从上到下官员们的嘴、手、心，更何况皇帝还不断有新的谕令！

这实在令人深思！

无法监督的法

胥吏专政，历朝中几乎都有人指责，但这种弊端陪伴清朝走向灭亡。

按会典事例规定，吏部书吏不到70人，户部246人，中央各部院寺监加起来1 200多人。这个数字官与吏的比例基本是2 ∶ 1，吏比官少，2 ∶ 1还管不过来，岂非咄咄怪事！写在法典上的数字，比实际数字要小得多，吏的数字超过规定在10倍以上。做过奕劻幕府的唐文治在《自订年谱》中说，光绪二十七年（1901）回京后在户部供职，检查云南司书吏共3 000余人。按照规定，云南司应有书吏不过5个人，扩大了600倍！超过户部额定官员十多倍。户部共有14个司，一个八旗俸饷处，管理京中13仓、库房、档房等机构，估计书吏超过3万人。

各省书吏也有明文规定，山东全省应有书吏1 832人。可是，御史游百川说，胥吏大县两三千名，小县三四百名。山东共120府州县，胥吏人数当在10万多人，也超过规定人数的十倍。全国18省总计，胥吏人数超过了百万，这是一个不可小看的数字。

胥吏专政的弊端不断有人论证指责，皇帝也知之甚详。但胥吏人数组成百万大军，皇帝却无可奈何，甚至皇帝本人就开口子，让增加胥吏。道光二十六年（1846），皇帝的上谕说，各直省大小衙门书吏，俱有定额，不准擅自增多。各省督抚实力稽查，一有挂名胥吏，即严加裁汰。如正额典吏实不敷用，准其视地方繁简，量设帮书，著为定额。将帮书姓名、籍贯、充役日期，随同正额书吏造册咨部。倘于正额书吏及帮书定额之外，有私增滥设情弊，由各督抚查参。皇帝的一句话，全国该增加多少胥吏！这种情况，言官们是不能监督的。

庞大的书吏队伍，成了官员们不可或缺的拐棍，这是清朝政府组织法的问题，是制度的缺陷。一味压缩官员编制，科举所取之仕，不会办事，胥吏成为不可缺少的办事人员。所以，朝朝代代都指责，朝朝代代都无法裁撤胥吏。会典是皇帝钦定，是法律，很少有人监督涉及组织法的。会典规定，皇帝仍可随时发布谕旨，又是一条条新的法令。谁去监督？谁敢监督？

陋规是皇帝批准了的

陋规的具体内容，是官场不能见之文牍的，就是说暗中通行，人人明白，受之者甘之如饴，坏这种规矩者极少。陋规之形成，很多竟是皇帝特批的。皇帝的批示就是法，官员们乐得坚决贯彻执行。

道光二十年（1840），骆秉章任都察院江南道御史，有稽查户部银库的差使。他到银库数次，与管库的官、吏熟悉了，也洞悉银库的陋规。一天银库官说，收捐纳（卖官）项每百多收四两，后来，成亲王稽查三库，奏请归入正款。此后，每百再加收四两。后加的四两，二两由库官和查库御史均分，二两归库丁。此事捐者乐输。我们常年在此辛苦，作为酬劳。骆问每年能得多少，答称每年二百余金。骆问此事可曾奏明皇上，若奏明，我就收，否则，分厘不收。库官说，若阁下不收，则弟等五人也收。骆秉章说，此事若于公事有碍，诸位亦宜酌量。如于公事无碍，我不管。我不收，收了公事我不能办。这多收的四两银子，叫作“四两平”。本来交银者交100两，现在要交108两。过了几天，库官又找骆说，阁下既不收四两平，何不带银号捐，每年可约得万余金。骆说，公事公办，银号自能上捐，何必要我带呢？库内同事六人，若各带各捐，亦属不成事体。明辞暗受，我也不干。过了几天，有个同乡问骆收了到任礼没有。若收，各银号立即令送来。骆问送多少，答：约七千，另外，三节每次亦七千。骆问银号为什么要送礼。这位同乡说，不过求老爷勿挑剔。骆秉章说，他们做他的买卖，有钱则接捐，无钱则不接，何必如此？你可告诉各银号，银子要是平上兑，就不挑剔；若以少做多，银色低潮，岂能不挑剔？

库官库丁借收捐官银两，收受陋规；库官又与银号串通，在银子的成色（含银比重）分量上作弊，有交四五百、五六百斤算作一千斤者，后者就必须要查库御史的合作。原来收百两，加收四两，其中四两是陋规，比例是4%，这个比例已经很高了。经成亲王奏准，将四两陋规归公，他们于是仍按4%，再加四两，反正陋规非收不可，查库御史不收，他们照收不误。银号不惜工本，送到任礼，加三节每节7 000两，就是21 000多两；带捐每年也给万余，这样，查库御史从银号每年即可收3万余金。

骆秉章还真是铁面无私，概不收受，亲戚友人也不留情面。监收上兑银两，也亲自监秤。库官、库丁、银号不能作弊，苦不堪言，此辈竟联手到都察院左副都御史家求见少爷。问知京畿道御史缺出，就请帮忙把查库的骆秉章保为京畿道（因京畿道无稽查银库之职），事成之后送1 000两银子给少爷，送6 000两给大人。都御史回来知道了这件事，问留下没有，门上说已经撵走了，又没记姓名。次日，果然在公堂知道京畿道缺出，而骆的年资最深，应由骆去补。左副都御史说了有人到他家求情一事，遂改保了别人。骆秉章查库三年，有成绩。此后即发生了亏损900多万两的库亏案，骆被罢官，赔了一万多两银子才授了左庶子。

把陋规通过皇帝之口叫为正款，以为就可弊除风清。这也与雍正改耗羡归公，给官员发养廉银一样。当时官员俸禄很低，一品官一年银180两，七品县官岁俸45两。办公费一减再减，官员办公、生活费用不够，征粮时加上耗羡，银子熔铸时有零星损失，粮米收放时也会有亏损，允许官员加征作为亏损的弥补。但地方官往往加至一钱以上，有的多至四五钱，重者数倍于正额者。雍正规定耗羡一律加至五分征收，作为正款归公。再由国家提取银两，发给官员作养廉银。一品的地方总督，平均一万几千两，云贵总督最高达两万，是正俸的近百倍。但养廉银的发放，也没有能遏止贪财求贿的欲望。地方官征收很少遵守加耗五分的规定，库官们在四两归公后，又加收四两。

皇帝、官员们也常常叹息：有治人无治法，一法立一弊生。王夫之在《读通鉴论》中说："盖其为救时之善者，去苛虐之政，而未别立一法，故善也。其因陋就简而生弊者，则制一法以饰前法，故弊也。"王夫之的看法固然指出了弊端，但皇帝只有这种办法，别无良策了。上千卷的会典事例，都是历朝皇帝的谕旨连缀而成的。根本之点，在于权力绝对集中，监督乏力。

法与礼的交锋

宣统二年（1910）九月，修订法律大臣沈家本以及杨度、宝熙、刘若曾等编制成新刑律草案，杨度到资政院报告，穷原竟委，三小时清辩滔滔，会场响起热烈掌声。

此案交议后，新、旧两派各树一帜，激烈交锋。革新者议员有汪荣宝、易宗夔、雷奋、范源廉、籍忠寅等。守旧派则以劳乃宣、许鼎霖、喻长霖、闵荷生等为中坚。

草案中有无夫奸不为罪一款，尤为守旧者忌讳，他们认为，如果这样，中国数千年纲常礼教之防将被大决，全力相争。革新者则认为法律应随时代而进化。这个草案参酌了世界各国新法而编制，适合时代潮流，使中国进入法治时代。为了废除领事裁判权，不能轻易审改，损害本法一贯之精神，以全力维护原案。

两派在会场各逞词锋，舌战激烈，开始还互相辩论，后来发展成互相谩骂。守旧者以圣贤经传为根据，革新者多青年，以法律学说为武器，擅长才辩。守旧者意气很盛，议论则逊色不少，其词锋屡为革新者所绌。气愤不过，喻长霖、劳乃宣两人走到对方一议员前，长长一揖，态度似乎很恭敬，这位革新派议员匆忙答礼。突然，喻长霖伸手抓住对方衣领，厉声问："老兄，兄弟要请教请教。老兄本是宪政编查馆干员，愿有以教我。"这个议员愕然避让，衣领遂被撕破。喻氏说："请教老兄，老兄是赞成无夫奸不为罪的，假如老兄有一令妹或令爱尚未出阁，有人竟至尊寓与令妹或令爱如此如此。照老兄主张不为罪之说，大概对此人听其自然，不加干涉。兄弟不知尊意究竟如何，请明白指教。"喻氏气急败坏，边喘边说，说完不停作揖，坚请答复。劳乃宣也不停应合："必须请教。"这个议员知其有意恶作剧，难以口舌相争，没有回答。

资政院内争论相持不下的问题，成为社会注意热点。于是有人发起新刑律草案维持会，在湖广会馆开会，声援革新派议员。最后，以表决新刑律草案原案通过。这表明法律对礼教取得了胜利。千百年来，以礼入法，维护封建的纲常礼教，现在遭到挑战，被法代替。论无夫奸是由头，旧派保护的是纲常礼教。十二月二十五日（1911年1月25日）清廷正式颁行了《大清新刑律》，又附有五条

《暂行章程》，规定臣子十恶大罪，仍按旧律惩办；危害乘舆、内乱外患及尊亲有犯，应处死刑者仍用斩刑；卑幼对尊亲属不得适用正当防卫的原则等。缓和新旧冲突的法律，又表明法律的胜利不够完全，礼的失败也不完全。礼、法妥协于同一律条中，反映了中国社会状况。法律中贯彻罪刑法定原则毕竟在中国落上了户口，毕竟法制在这块古老的国度里迈开了沉重的步伐。

寄食人口

清朝关于外省官员在任所带家口多少，有明确的规定。王士禛《香祖笔记》卷一载：

> 御史刘子章条奏外官禁止多带家口，下吏部议，督抚止五十人，藩臬四十人，道府三十人，州县十五人，违例者革职。下九卿、詹翰、科道集议。予谓自督抚以下皆递减十人，胡为州县之于道府顿减其半也，众韪之。乃定为二十人，而女口不与此数。违例者止于降级。再奉旨：以旗员多差，许倍之。

王士禛所记是康熙二十五年（1686）的事情。旗员督抚携带家口规定不准超过500口。旗人处处受优待，此为一例。这种规定，在于限制官员多带家人，有碍清廉。实际上，50人已不是小数字，旗员500人，更是骇人听闻，仅这些人的吃喝穿戴，生活用费，官员的薪俸、养廉两项正当收入是无法负担的。

到了乾隆时，阮葵生在《茶余客话》卷四中记载：

御史刘子章奏外官不许带家口赴任，下部议，督抚五十人，藩臬四十人，道府三十人，州县二十人，女口不在此数，违者降级。近日州县长随，多者数百人矣，非所以教廉也。

阮氏所记是乾隆时的情况。家人随官人数有了规定，长随因无明文规定，仅州县一级多至数百人，他们的用度数量之大是不难想象的。嘉庆八年（1803），长芦盐政赛尚阿回京当差，继任者是出身宗室的内务府人员玉庆。皇帝寄望他能矫正内务府人员积习，谁知玉庆的长随多达百余人，嘉庆令其挑留一二十人外，其余一概驱逐。并传谕全国官员戒绝请托，减汰仆从，洁己奉公，省浮费而饬廉隅。

这种情况到了清末，祖宗规制成了一纸具文。据徐珂《康居笔记汇函》卷四《呻余放言》条云：

外舅何梧堂大令，丞归安时，时县令为沈某，以累重亏公帑，时自痛恨。尝曰："若曹衣食于我，夫何信！他日我之抄家杀头，意中事。"其署中之庖，多至八灶，盖皆寄食之戚党往依之也。此内子何墨君亲闻于外舅者。然今之官吏，不复有抄家杀头之虑矣。

徐氏所记沈某系清末情事，"今"者，是指北洋军阀统治时期。亲戚携家带口依附沈某，灶火多至8个，人数自是相当可观的了。

小小县令，廉俸两项正当收入不过100余两，养活了这么多亲戚，加上幕宾长随胥吏，怎么能不出现亏空呢？

奇怪的是，谏官们很少以前朝规定为准绳进行纠举，朝廷也很少就此重申祖宗之制。到清末，百业俱废，此等事大概有点顾不上了。

岂可回避

按照规定，各省现任、候补试用人员，祖孙父子兄弟伯叔，自道府以致佐杂等官，无论官职大小概不准同官一省。当赴吏部领照时，必须由同乡京官出具甘结（证明），如有容隐则予处分。师生关系清初有人提及，嘉庆时，规定毋庸回避。回避必须在五百里以上，具体的处分则例十分细密。但是，伦理化的宗法社会里，即使回避也无法防止官员之间关系网的形成而徇私腐败。

李星沅是道光十分关注一手扶植的官员，从点翰林到任总督只有15年的时间。他的飞升，除道光的看重外，诸多的老师的关怀照应是不容忽视的。

李星沅道光五年（1825）中举人，湖南乡试主考官是张日晸，副考官为石纶。道光二年至四年，湖南两任学政是沈巍皆、祁寯藻。这4人都成了李星沅的老师。道光十二年（1832）壬辰恩科进士会试的总裁、副总裁为潘世恩、戴敦元、穆彰阿、朱士彦、汤金钊、黄爵滋。殿试读卷官是：曹振镛、李宗昉、富俊、恩铭、白镕、吴椿、汤金钊、奎照。宝兴则是其座师。朝考后留馆庶吉士教习是：朱士彦、潘世恩、奎照、恩铭。以上诸人，都与李形成师生关系。这些老师中，富俊道光十三年（1833）死去，曹振镛道光十五年（1835）死去，吴椿、奎照于道光十九年、二十一年（1839、1841）先后免职。曹生前为大学士兼军机大臣，富俊则是协办大学士、理藩院尚书。其他多身居高位：潘世恩、穆彰阿是大学士、军机大臣，居辅臣之前列。汤金钊是协办大学士兼吏部尚书。宝兴则不经协办直接授予文渊阁大学士，同时任四川总督多年。祁寯藻则任各部尚书多年，道光二十九年（1849）任协办大学士，次年任军机大臣。他们对李星沅或明或暗予以支持。

道光二十年（1840）李任河南粮道，旋授陕西臬司，入京陛见期间，拜谒各位老师。穆彰阿传给李的信息是，皇帝对你很关注，日前议论云南学政人选，他曾提出李星沅。李临行前告别，穆又说，你做巡抚时再来陛见，也得分别半年。虽属戏言，但传出的信息，并不仅仅以臬司相期许也。道光二十一年调任江苏臬司，分别前，宝兴与李星沅师生二人单独谈话，宝兴说李星沅在臬司、藩司的位置上不会很长，将来"苏州三江都望仔肩"，意思是开府苏州任江苏巡抚，进而担任辖江苏、江西、安徽的两江总督都是你的重任了。宝兴曾入值上书房，从道光对李星沅的委任中作出这种推断，颇具眼光，也充满对这位门生的期许之情。在京陛见时，汤金钊给予鼓励，穆彰阿则传递的信息更多：道光询知克星额是壬辰科士，说与李星沅同年。这说明皇帝在关注你，封疆大吏指顾可待，等你做了巡抚再同席共话。这种信息对李星沅是鼓励、鞭策，要传达这种信息别人是无法做到的。

李星沅对各位老师，时通音问，年节均致送礼物或银两申布敬意。道光二十三年（1843）三月，库案曝光，李的老师中有几人曾在户部职司管库而分摊赔项，李星沅寄赛尚阿1 000两，也寄卓秉恬800两，黄爵滋未能如数，李也表示“必克竭绵薄”。七月初九日，李星沅的同年新任甘肃藩司叶名琛过访，两人商定各认2 000两为黄承担赔项。卓秉恬不是老师但关系也非泛泛，故而认赔800两，这次给穆、黄两位老师认赔达3 000两，已不是小数目了。

除了师生关系，还有同年。乡试同年一般五六十人，进士的同年一般都是200人以上。李星沅壬辰科206人，王文韶是咸丰辛亥、壬子乡、会试连捷，壬子科同年239人。这种同年的年谊或时常互通信函，或在一起聚会宴谈。李星沅进京陛见期间，在京的乡试同年、会试同年都有筵宴之欢聚，同一起跑线上的官员聚谈，没有上下尊卑的距离，不说互道契阔，即便交流各种信息都是一大收获。

同乡的乡梓之情也是浓得化不开去的一种情意。宦海波诡云谲，同乡之间，互相扶助照应，亦是人之情常，朝廷似乎无意禁止。京城各省会馆林立，除省的会馆外，尚有一府之会馆，如杭州会馆就是浙江会馆外的地方会馆。各省会城市，也有各省会馆布列，如成都有燕鲁公所。湖广会馆，北京有，西安、成都也有。每年正月初一或初二，朝廷都要发表蠲缓钱粮的上谕，属于某省，该省在京官员团体向皇帝谢恩。每逢会试，同省在京的官员也都是团体接场，宴请该省应试举人。王文韶籍隶浙江，但在湖北、湖南为官多年，光绪六年（1880）会试，王接场有浙江，也有两湖，筵摆24席。

回避，始于东汉，以后历朝都有回避的条例规矩。皇帝可谓用心良苦，但也是个只给病人开药方不管病人死活的医生。东汉以后，三国、晋、南北朝、隋、唐、五代、宋、元、明都灭亡了，可以说都亡于腐败，为什么异地做官没能避免腐败亡国的厄运呢？

官场的人们，最终是按利益为价值取向的。不是乡亲，但可以结同僚之好，兰州的乐斌属下的幕僚、家丁、官员没有血统之亲，也无同乡之谊，却结成异姓兄弟。有的认干爹、干娘，呼爹唤娘之热情不减于亲生爹娘。刘瑾、魏宗贤有多少干儿，谁能数得清？贿赂可以是白花花的银子，黄灿灿的金子，也有多色水礼，也有权力，还有性贿赂，察言观色，投其所好。拍马屁，怎样回避？据传池州秀才杨长年为了进谒两江总督曾国藩，撰《不动心说》呈上："今置我于粉白黛绿之侧，问：'动心乎？'曰：'不动！'今置我于红蓝顶戴之旁，问：'动心乎？'曰：'不动！'"为了晋见中堂大人，美人官爵，一概置之度外。曾的幕僚李鸿裔在文后批曰："白绿粉黛侧，红蓝顶戴旁，万般都不动，只要见中堂。"曾批李而接见杨。这档次的马屁，曾氏甘之如饴，毫不回避。

皇帝们智穷力竭，心劳日拙，乞灵于回避。

腐败，岂能回避！

四　监督者监督

清代沿袭前朝，设立了职司纠察的监察制度，但是它的职能在清末却很难发挥。御史们往往敢逆鳞、弹劾王公大臣者少，弹劾地方官员多。对他们所弹劾的重大案件，朝廷往往派出钦差大臣调查，惊天动地。但是雷声大雨点小，钦差大臣或饱受贿赂，或碍于情面，通常以“事出有因，查无实据”一类幌子予以遮掩，或者诿罪于下僚书吏，真正的罪魁却逍遥法外。

虚应故事

清朝也有考核制度，三年一次，京官的考核叫京察，外官的考核叫大计。考核的内容是：年、资、德、勤。即健康状况、做官资历、为人品德、政绩勤惰。行之既久，均敷衍了事。

京察在皇帝的眼皮下进行，形成牢不可破的惯例。内阁汉侍读仅2缺，另称“正副阁长”，例均保列一等。旗人侍读14缺，必须兼诰敕者才能保为一等。翰林院自侍读至检讨，必须在南书房、上书房入值，在清秘堂、国史馆任提调以及办院事、协办院事者，可保列为一等。各部郎中、员外郎，吏部则属文选、考功二司之掌印者；户部则是南北清档房管理及四川、广东、云南、福建四司之掌印；礼部则仪制、祠祭二司掌印；兵部则武选、职方二司掌印；刑部则秋审处提调、坐办，满员则为档房管理；工部则是虞衡、屯田二司掌印；科道则为街道厅、巡视中西北三城御史，吏、户二科掌印给事中，京畿、江南二道掌道御史。以上各缺均所谓有“一等乌布”（满语，如宋朝之差遣。在本衙门内，不理本职事而管他职之事）之称，保送为一等，人无异词。礼部的仪制、祠祭二司掌印，非在本部当差者不能派充，选缺派到礼部者无望任此二职。光绪初年，魏某由内阁侍读选授礼部铸印局员外郎，汉尚书毕道远即派魏充仪制司掌印，引起轩然大波，汉司员有乌布者均到满尚书存诚处辞乌布。存诚出面调解，最后以撤销魏之掌印改升郎中作罢。人人像乌眼鸡一样盯着能保一等的掌印，怎能让刚到部的人员唾手得之？

这种惯例，不见明文规定。人们不在勤谨治事，恪尽职守上下工夫，只有论资排辈，熬等年资。这样的考核，岂能调动官员的积极性？同治元年（1862）新朝刚开张就遇上了京察一等人员被人举发的尴尬事情。刑部司员同煊、椿庆、恭钧、孙尚绂、王楷承审张西园殴伤问官一案，办理草率，朝旨交部严议，遂又降旨撤销了诸人京察一等的决定。隔了几天，朝廷又发布上谕，要求各部院堂官对考列一等者重新出具切实考语，再交吏部带引见。朝廷出丑，没人敢说，但历史记下了这一笔。

包裹上奏折的倾轧

朝廷除设有专门的机构专门的官职司职监督外，其他任何官员都可以弹劾除皇帝以外的任何官员。这种情况并不经常，端方被人劾罢直隶总督兼北洋大臣就是一例。

宣统元年（1909），恭送慈禧灵柩，端方因派人在隆裕皇太后行宫外摄影，被参革职。据端方的弟弟端绪说，之所以被参革，因两个权要修怨而先发制人。一是任军机大臣的那桐。端方在两江总督任内，上海开五金商行专营军械机器的商人李某，夤缘打通大学士、外务部会办大臣那桐的门路，要其向端方推荐。因为南洋正在编练新军，军械机器需要量很大，李某想包揽这笔官方的大买卖。那桐为此将端方之子继先调入外务部并补为参事，可以说是一点铺垫。端方致电感谢。但一字未提商人李某之事。不久，端方代云贵总督李经羲购买了价值百万余金的军械机器，李某丝毫未能染指。此事，那桐已不高兴。端方任直隶总督之前，那桐暂署直督，在淮军公所及筹款局提用10余万金，端方到任知此事后，扬言在慈禧丧事办完后非参劾不可。那桐此时已入军机处，听到消息，即先发制人，掩盖私用公款之事，也申端方不讲信用之恨。

另一个是荣庆。端方与荣庆从小很要好。荣庆自矢廉洁，也约束仆役不准任意需索。荣庆有个门丁曾在端方处服役，端方调任直隶总督入觐，到荣庆家拜访，这个门丁向端方道喜并求旧主人给个赏钱，自己并不以为就是向直隶总督北洋大臣要门包。端方答应让其某日到家中来取。此日，端方东华门弓弦胡同大宴宾客，荣庆亦应邀在座。门丁到了后，端方指着门丁对荣庆说，贵管家来索门包了，我立即就给。荣庆窘迫不堪，以为本属至交，竟当众侮辱，愠怒离去。端方摄影案发，荣庆亦在随扈之列，亦极言端方之非。端方的小辫子多的是，不用费事即可到手。由于那桐、荣庆的倾轧，端方只得告别直隶总督的乌纱帽了。

挟嫌报复，倾轧排挤，以公为名，实为其私。荣庆为了挽回面子，那桐怕端方揭了自己的疮疤。端方百喙莫辩，但当时也无人揭穿那桐、荣庆的鬼胎，那桐身居高位，也是很难扳倒的角色。

谏官的命运

同治末年光绪初年，活跃在政治舞台的清流派，是清末一个重要的政治派别。人们把他们分为以李鸿藻为首的前清流和以翁同龢为首的后清流，或者因李是北方人，前清流又称作北派；翁是南方人，后清流又称作南派。这些人多出身进士，以主持舆论相标榜，以直言敢谏相鸣高。

以李鸿藻为首的前清流，人数较多，声势较大，张佩纶、宝廷、张之洞、黄体芳号称“四谏”，张佩纶、宝廷、张之洞、陈宝琛、黄体芳、张观准、吴大澂、刘恩溥、吴可读、邓承修号称“十朋”。李慈铭以清流与“青牛”谐音讽刺：李鸿藻是青牛头，张之洞、张佩纶是牛之两角，用以触人；王懿荣、盛昱读书甚力，是青牛肚子；陈宝琛以南人附和清流，作为牛尾。看看《越缦堂日记》，李慈铭何尝不以清流自命。清流派参与政事，影响很大。张佩纶当年自诩“往返五千里，咒骂十三家”。他们纠弹革职降调的尚侍督抚有贺寿慈、万青黎、董恂、王文韶、谭钟麟、文格等。

光绪十年（1884）甲申易枢之后，张佩纶派赴福建会办军务，陈宝琛会办南洋军务，吴大澂会办北洋军务。这些在朝堂上侃侃而谈，议论风生，不知兵事的书生，立即捉襟见肘，大出洋相。法军突然袭击福建水师、马尾船政局，张佩纶兵败逃跑，加上推荐唐炯、徐延旭失察之罪，革职发往军台赎罪；陈宝琛与南洋大臣、两江总督曾国荃无法合作，以丁母忧回籍守制，20多年坚卧不出；吴大澂在北洋没有直接参与军事，得以幸免。在此前后，御史吴峋参劾阎敬铭、梁鼎芬奏劾李鸿章被革职，御史朱一新以条陈遇灾修省预防宦寺流弊、御史魏乃勷请府尹薛福辰改用太医院医官，都受到降调处分。

甲申易枢以后，言路缄默，噤若寒蝉。张佩纶自军台释归后，闲居十余年，在庚子议和中短时间随同李鸿章办理签约事宜。朝廷欲其再出，他则了无宦意，潦倒以终。宝廷在光绪七年（1881）典福建乡试，归途纳妓，上疏自劾，罢官后深居西山，贫病以终。

曾朴在《孽海花》中，以“八旗名士草，九姓美人麻”嘲讽。李慈铭更不放过这个机会，对“不爱做官爱美人”的宝廷极尽嘲谑能事，作诗讽刺：

江浙衡文眼界宽，
两番携妓入长安。
微臣好色原天性，
只爱蛾眉不要官。

宝廷纳妓，实在是当年名士风流故态，李氏自己在北京常常光顾妓寮，并笔之于日记，并有诗词纪事，纳与未纳，岂非五十步与百步之笑也。朝廷的处置倒值得琢磨。

言官谏臣，按王朝的法典规定，掌习风宪、监察百官、纠举得失，是朝廷耳目。雍正即位，把六科合并到都察院，连名义上保存的封驳之权也收回了。清代都察院官阶较高，但御史并不敢放言高论，这些人的出路是外放道府，倘若触犯皇帝及亲要忌讳，一般处分是回原衙门行走，就失去了升官的机会。

清代中央机构的官员，特别是翰林院、詹事府等重要衙门有奏事资格的官员，也可以建言条陈，弹劾纠举，因而御史们就不是惟一的言官了。张之洞、张佩纶上书言事最盛时，就身居詹翰，而不是以都察院官员身份出现的。

清流派崛起于清末，他们直声震朝野，在于不但弹劾各省督抚司道、京朝的尚侍卿贰，而且对军机大臣也毫不留情，形成了一种特别的社会政治现象，格外引人注目。慈禧利用他们牵制遏抑地方实力派，打击自己的对手奕䜣之后，弃之若敝屣。他们成为专制政权的润滑剂、皇权的鹰犬，命运悲惨是必然的。

殷商时代，比干以纣王叔父之尊，犯颜直谏，被侄子挖去心肝当下酒菜。箕子也是纣王父辈，屡谏不纳，披发佯狂，仍不免身陷囹圄，饱尝铁窗风味。微子作为兄长，屡谏被拒之后，远逃外邦。“殷代三仁”，政治文化跨越2 000多年的时空，同样的语言，渗透了同一个模式。专制政体只会制造比干、箕子、微子类型的忠良贤臣，制造屈原式忠而见忌、信而得谤的逐臣英雄。清朝只不过是合乎规律的重复而已。

弹劾奏折的样板

光绪六年（1880）发生的午门护军与太监争殴一案，朝野注目。八月十二日，慈禧命太监李三顺送东西给其妹妹，醇亲王奕譞的福晋。出午门时，因为没有报敬事房知照门卫放行，被午门护军阻拦。按照清廷的规矩，太监不准随便出宫，可李三顺仗着慈禧威势，与护军争吵以至扭打，吃了亏的李三顺以被殴失物向慈禧哭诉。正在病中的慈禧大发雷霆，告诉慈安必须杀掉胆大包天的护军。裁抑太监是清朝吸取明朝太监干政的教训，在顺治时即立铁牌为戒，可说是祖制了。慈禧鼓动慈安要严惩护军保护太监，也就是保护自己的面子，要教训护军及一切人等，太后的威严冒犯不得。打狗先要看主人。于是责成刑部、内务府将值班的护军玉林严行审讯，护军统领岳林、章京隆昌、司钥立祥一并交部议处。

根据李三顺一面之词要坐罪护军，因嫌惩办太轻，三次审办不能定案。刑部等仍有坚持祖宗成法的意思，不想惩处太重，坚执从轻之议：玉林发往吉林当苦差，祥福发往驻防当差，忠和从重圈禁三年，岳林则交部严议。军机大臣也力争不可严办，但两太后以懿旨直接定案：玉林、祥福革去护军，销除本身旗档，发往黑龙江充当苦差，遇赦不赦。忠和革去护军，圈禁五年，均要枷号加责。这个懿旨下来，举朝骇然，认为太监专权，从汉唐以来，往往起于刑狱。重辟加于护军，太监违例不置一词。此时，詹事府左庶子张之洞、右庶子陈宝琛抗章上疏力争。两太后于十二月七日再下懿旨，从轻处分：玉林杖一百，流二千里；祥福改杖一百，鞭责发落；忠和杖一百，实行责打，不准折罚钱粮；岳林免其再行交部议处。对太监的处分是：李三顺交内务府刑慎司责打三十板，首领太监刘玉祥罚月银六个月。要求内务府恪遵定制，对太监严行约束。护军对禁门重地的护卫不准疏懈。翁同龢在日记中说："涣然德音，海内欣感。”此案结束，差强人意。恭亲王奕䜣拿着陈、张之疏向军机处的同事们说：“彼等之折（指张、陈上疏前有两御史力争此事的奏折）真笑柄，像这样可以说才是奏疏矣。”张、陈的样板奏疏，今择张氏之疏玩味一下。

……窃近日护军玉林等殴太监一案，刘振生混入禁地一案（本书前已涉及）均禀中旨处断讫。查玉林因系殴太监之人，而刘振生实因与太监素识，以致冒干禁御，是两案皆由太监而起也。伏维阉臣恣横，为祸最烈，我朝列圣驭之者亦最严。我皇上皇太后恪守家法，不稍宽假，历有成案，纪纲肃然。即以此两案言之，玉林因藐抗懿旨而加重，并非止以太监被殴也。刘振生一案，道路传闻，谓内监因此事被罪发遣者数人，是圣意灼见弊根，并非严于门军而宽于暬御也。仰见大中至正，宫府一体，曷尝有偏纵近侍之心哉？惟是两次谕旨，俱无戒责太监之文，窃恐皇太后皇上裁抑太监之心，臣能喻之，而太监等未必喻之，各衙门护军等未必喻之，天下臣民未必喻之。太监不喻圣心，恐将有藉口此案恫喝朝列妄作威福之患。护军等不喻圣心，恐将有因噎废食见奸不诘之忧，天下臣民不能尽喻圣心，恐将有揣摩近习谄事貂珰之事。夫嘉庆年间林清之变，则太监为内应矣。本年秋间有天棚搜出火药之案，则太监失于觉察矣。刘振生擅入宫禁，不止一次，则太监从无一人举发矣。然则太监等当差之是否勤慎小心，所言之是否忠实可信，圣明在上，岂待臣言？万一此后太监等竟有私自出入，动托上命，甚至关系政务，亦复信口媒孽，充其流弊所至，岂不可为寒心哉？相应请旨严饬总管内务府大臣将太监等认真约束稽查，申明铁牌禁令，如有藉端滋事者，奏明重加惩处。至内监出入，旧例应有门文，即使谓禁中使令繁多，向来或有便宜办理，非外廷所能尽悉者，亦望敕下总管内务府大臣、前锋统领、护军统领，妥议章程，以后应如何勘验以谨传宣而杜影射之处，奏明遵守。其刘振生一案，如有惩办太监，亦恳明旨宣示，则圣心之公，国法之平，天威之赫，晓然昭著于天下。庶几宿卫班军，知感知悚，可以各举其职矣。臣记注之官，职在拾遗补阙。闻之经曰：履霜坚冰，防其渐也。传曰：城狐社鼠，恶其托也。迂愚之见，不敢不谒诚上陈。……

看了这篇奏折，明白了“话有三说，巧说为妙”。这篇妙文，妙在要让慈禧改正放纵太监重惩护军之过，通篇似乎无一字涉及主题，不言慈禧之过错，所谓从大处落笔。本来是说午门护军殴打太监案，却不单说此事。刘振生闯入宫中，发生在此事正在处理之时，顺理成章地涉笔带入，两事均未责罚太监，从而言太监不可轻信及护军处分过重将造成的恶果，运笔空灵，期望慈禧能自省悟。文章也有表扬与自我表扬相结合的味道，慈禧看了不反感，三天以后，从轻发落护军，对两事涉及的太监示以薄惩。真是收到挽回天听的效果。

为了朝廷长治久安，臣下批评的笔这样难以着墨，非要运思巧妙，动听入耳，足见谏官言臣之难当，谏诤建言之难能。

一个政权，连一点有利自己的言辞都很难听进，它的强盛不衰，也难。

如此查办

光绪二十二年（1896）初夏，御史胡景桂参劾袁世凯克扣军饷，诛戮无辜，“用人论情面之大小，馈遗之多寡”。袁世凯才练兵几个月，遭此当头棒喝，便“心神恍忽（惚），志气昏惰，所有夙志，竟至一冷如水”。

袁世凯并未坐以待毙，四月十二日急赴京城活动，侦知朝廷派荣禄前来查办。四月十七日，离京回营。袁氏乘舟总觉速度太慢，途中发一快信由驿站急递，向小站的姜桂题等人作了布置：赶造花名册，赶换曼利夏枪并速学持枪法，赶造操演地雷，炮队赶学拉、卸、上炮各法以作表演。信中特别强调“荣大司马为重臣、近臣，极公正明白，赏罚严明，告知各统带，好须努力整顿，最要紧在乎兵丁精壮，旗帜衣履鲜明，枪械各拭净，手法、步伐均须齐整。倘遭挑剔，即弟亦爱莫能助”。[1]四月二十五日，袁世凯举行全军大检阅，实际作为预演。事前一再通告，倘有违误，惟该管官是问。

荣禄来到天津，先看了王文韶传集的淮练各军，然后在小站检阅袁的新建陆军，只见勇丁身量一律四尺以上，整齐精壮。马列五营，各按方变色。较之淮练各军，别开生面，壁垒一新。荣禄默识在心，决定保护袁世凯过关。因此，回京后以查无实据复奏，请求不必追究，奏折中称赞袁世凯血性耐劳，勇于任事，是不可多得的将领。光绪的上谕也就只是勉励袁世凯练好新军，以期责成了。

---

[1] 《袁世凯致姜桂题等》，《袁世凯小站练兵营务札》，中国社科院近代史所藏档。

其实，袁确实杀了营门外卖菜的百姓，即此一端，就会使他一蹶不振。随同查案的兵部司员陈夔龙起草的奏稿，说胡景桂所参各条有轻重出入，交部议处。荣禄认为，一经部议，最轻也要撤差。此军刚刚成立，不便更换生手，不如乞恩宽免，饬令认真训练，以励将来。在钦差大臣的保护下，袁世凯渡过了难关。

光绪三十四年（1908），归化城副都统参劾绥远将军贻穀败坏边局、边民怨恨，朝廷派军机大臣鹿传霖查办。鹿传霖认真从事，将原折所参未参事情一齐清查，将贻穀革职下狱，三年无法结案。因为贻穀出自荣禄门下，子侄多在朝列，朝中也有要人支持。法部司员想减其罪，甚至有人请御史胡思敬上疏减贻穀罪。胡思敬说，此案必须等鹿出了军机才能了结，现在说什么也没用。宣统二年（1910），鹿传霖死去，不久，贻穀定罪发边充军。原来人们议论，贻穀罪不容诛，但结果大出舆论预测之外。据说，摄政王载沣连充军的结论也想推倒，只是法部尚书廷杰坚持才未能通过。但廷杰死后，朝廷却不予赐谥。该判罪的从轻发落，情罪失当，比比皆是。

参劾，查办，至晚清已经无是非、无标准、无公平、无王法了。

第七章

种豆得瓜

清室君臣感到了自身的统治危机，为挽狂澜于既倒，他们采取了种种举措。他们的努力是真切的，却不但没能使王朝起死回生，反而加速了它的覆亡。这是他们始料不及的，也是他们不愿看到的。有些遗老著书探求清室败亡原因，却总是不得要领。他们弄不明白：绝对权力，就是绝对腐败，其政治积累，只有死路一条。

一　练新军“养虎自卫”

爱新觉罗王朝是靠军事征服建立家天下的。中日甲午战争、八国联军入侵之役使他们痛感军事的危机，遂即学习西洋章制，编练新式陆军。光绪三十一年（1905）公布了规划，全国编练36镇，按各省力量及地区的重要程度，限年编组成军。具体分配：广东、甘肃、云南各两镇，广西、贵州各一镇，五年完成；江北、安徽、江西、河南、湖南、热河各一镇，四年完成；京畿四镇，直隶、湖北、江苏各两镇，山东、山西、陕西、新疆各一镇，三年完成；奉天、吉林、黑龙江、浙江、福建各一镇，两年完成；四川三镇，三年完成。

新军新在以下方面：（1）武器装备新。完全以当时世界新式武器装备，一律后膛枪、野炮、山炮等，代替八旗、绿营等旧军刀、矛、弓箭等冷兵器。（2）编制新。旧军以营为单位，营以上无组织。新军则按西方编制命以中国名称：镇（师）、协（旅）、标（团）、营（营）、队（连）、排（排）、棚（班）。镇辖2协，协辖步兵2标，马、炮各一标，工程队一营，辎重队一营。每标三营，每营四队，每队三排，每排三棚。每镇官兵12 512人。（3）诸兵种联合。旧军兵种步、骑、炮分化不明，混合编制。新军则有步、炮、骑、工程、辎重等兵种。(4)官兵成分新。新军士兵要求4.8尺以上,16到22岁,有一定文化,无不良嗜好;军官要求是军事学校毕业生。袁世凯在小站练兵,吸收北洋武备学堂毕业生王士珍、冯国璋、段祺瑞等130余人,自己又办了许多学堂。(5)训练、战术新。新武器没有文化难以掌握,不熟练难以准确,故训练勤。新武器新编制则要求新的战术队形,利用地形地物,修筑工事,旧式的长蛇阵、八卦阵之类就不能适应了。总之,新军贯穿了近代军事科学,旧军依靠行伍多年的经验已远远落后了。

截至辛亥年清朝灭亡,共练新军14个镇18个混成协,另有禁卫军,尤其以袁世凯的北洋六镇成军早,力量强。全国新军20余万人,大体与八旗兵人数相当。但这些新军没有成为挽救朝廷灭亡的武装,倒成了促进王朝皇冠落地的力量。

安庆新军连续起义

光绪三十三年(1907)五月二十六日,安徽巡抚恩铭在省城安庆遇刺身亡。此事反响很大,造反要推翻清朝的革命党人受到了鼓舞,清廷朝野震惊。原因很简单:刺客是该省巡警局会办(常务副局长)兼巡警学堂监督(校长)徐锡麟。徐是道员,系巡抚的下属,下属刺杀上司,而且是当众刺杀,不是暗中行事,此事的意味就非同小可。更不可思议的是,徐刺杀恩铭后,带领巡警学堂的学生起义了。巡警在当时的中国是一个新事物,最早移植到中国的是袁世凯,光绪二十八年(1902)袁在保定办了巡警,是为了接收天津。按《辛丑条约》规定,天津城20里以内不准驻军,袁把军队改为巡警就名正言顺了。光绪三十一年（1905）吴樾刺杀出国考察宪政的五大臣后，清廷在中央成立了巡警部，后来在全国推行警察制度，各省设立巡警道。巡警可说是准军事组织。维持社会治安者起义了，朝廷怎能不震惊呢？

这一天，巡警学堂举行毕业典礼，巡抚恩铭、布政使冯煦、按察使联裕等被请来检阅观礼。9点钟，典礼开始，恩铭等高级官吏刚入座，收支委员顾松急忙走向恩铭企图告密。徐锡麟急中生智，向前举手敬礼并说："回大帅，今日有革命党起事！"恩铭还在惊愕中，徐已从靴子里拔出两支手枪，左右开弓对恩铭开枪。因徐锡麟眼睛近视，不知命中没有，因而连续射击。恩铭身中7弹，被随从背走。徐氏等处置了要告密的顾松，以刀拍案，号令毕业生："抚台已被刺，我们去抓奸细，快从我革命！"徐带众占领了军械所，已有准备的清军将军械所包围。布政使冯煦悬赏7 000两银子捕捉徐锡麟。从中午战至下午4点钟，徐被破墙而入的清军所俘。这次起义宣告失败。

据冯自由著《中华民国开国前革命史》记载，审讯时徐威武不屈。审问者毓朗令徐下跪，徐说："你还在懒洋洋的，若慢走一步，即被余枪毙！"反问："恩铭如何？"联裕等欺骗说仅受轻伤，徐泄气，低头不语。联裕说："明日当剖尔心肝矣！"徐听说后大笑说："然则恩铭死矣！恩铭死，我志偿！我志既偿，即碎我身为千万片，亦所不惜，区区心肝，何屑顾及！"手指联裕说："尔幸不死！"接着执笔写一供词。这份供词不是罪犯认罪的文字，而是一个革命者的宣言、演讲辞。徐锡麟在供词中自称"专为排满而来"，斥责清廷以立宪为名，行集权专制之实。指称"杀尽满人，自然汉人强盛。再图立宪不迟！”恩铭抢救无效死亡，徐被处极刑，临刑视死如归，神色自若地说："功名富贵，非所快意，今日得此，死且不悔矣！”清廷对徐剖腹剜心，祭奠恩铭，肝则成了恩铭卫队的下酒菜。

安庆起义前后不到一天时间，组织水平不高，巡警学堂的学生是被徐锡麟等以刀枪挟持到军械所的，取出的枪炮，多不会使用。原计划与浙江同时举义，但绍兴的会党于四月行动，打乱了部署，后来约定五月二十六日同时起义。五月二十一日上海清方捕获的光复会会员叶仰高供出了部分会员的别名和暗号，两江总督端方将此电告恩铭，恩铭又转徐锡麟。徐发现自己的别名居然在内，十分紧张，遂决定借巡警学堂毕业典礼起事。安庆失败，清廷大肆搜捕，浙江方面，“鉴湖女侠”秋瑾被捕就义，临刑赋诗："秋风秋雨愁煞人！”

当时上海、天津、北京、武昌等地报纸迅速报道了恩铭遇刺身亡的消息，并多日连续跟踪报道，惊恐的气氛笼罩了清室上下。两江总督端方惊诧徐锡麟“悍厉至此，实所罕见”，“令人防不胜防。时局如斯，惟守死生有命一语，坐卧庶可稍安”。南京总督府戒备森严，总督减少出行，每出必严密警卫。六月十一日，恩铭死后半个多月，北京邮传部供职的孙宝瑄在日记里写道："自恩中丞遇害，凡达官贵人，皆有危心。朝廷则更甚，至引见之礼废，改为验放。革命党人之势焰，岂不盛哉！”这里所说的“引见”是指京官五品以下，外官四品以下，因授官、升调等均须朝见皇帝，文官由吏部带领引见，武官由兵部带领引见。验放则是由吏、兵二部查验文书等，不须朝见皇帝，把“引见”改为“验放”，可见朝廷的惊恐之态。

朝廷也采取了措施，侦缉、杀戮不能说不严、不酷，但新军起义并未因此止息。次年，还是在安庆，又爆发了马炮营新军起义。

马炮营起义的领导人是炮队队官熊成基以及柏文蔚等，早期酝酿阶段还有中国共产党的创始人陈独秀。起义发生在十月二十六日，是慈禧、光绪死了刚刚四五天，清廷又在太湖秋操之时。炮营士兵斩木为兵（砸坏的餐桌桌腿），揭竿而起，夺取了安庆北门外子弹库。参加的还有第六十一标及六十二标的第三营等部队。原计划里应外合，拿下安庆，湖北、江苏同时举事，北争中原。安徽巡抚朱家宝很快回城，封闭四门。义军强攻不下，又遭到原拟起义的兵舰在清方威逼下炮击，伤亡惨重，突围后分头隐蔽走避。北京的孙宝瑄在日记中写道："又闻安庆炮兵之变亦为革命党所为，城内惨遭劫害，死者无算，今已被逐……该党恐变为流寇，可虑！"

广州新军又举义旗

安庆新军起义不是事情的结束，四川、广东等省都在积极筹划起义。佘英、熊克武等同盟会会员原计划在光绪三十三年（1907）十月初十日慈禧太后生日于泸州、成都、叙府起义，炸死总督在内的官员。泸州先动而夭折，成都新军、巡防营、督署卫队中的同盟会做好了准备，因官方改变了庆贺地点，宣布戒严而中辍。次年初的叙府也因领导于起义前一天被捕而作罢。

宣统元年（1909）冬，广东新军中几乎半数加入同盟会，达3 000余人。在安徽任新军骑兵营管带的倪映典来到广东，积极宣传三民主义，筹划新军起义。清方对新军严密防范，革命党人决定改变起义时间。

新军与巡警长期摩擦积成宿怨。宣统二年（1910）春节前夕，军、警因事激成群殴，新军士兵打伤巡警官兵数人，捣毁巡警分局，群情激奋，提前在正月初三日起义。义军先杀死炮兵第一营管带，夺枪出营，步兵、工程兵等多营响应。3 000余义军冲毁协司令部，夺取枪械，进攻广州。但起义后，第2、3标并未如原议行动，加之弹药早被隐藏。广州巡防营统领吴宗禹带2 000余人与义军对阵，居高临下炮击，义军伤亡很多。倪映典被广东水师提督李准诱杀，在群龙无首的情况下，义军战至深夜，无力再战，向石碑、白云山等处败退，起义遂告失败。

广州是继安庆之后的新军起义，给清政府的刺激十分深刻，御史陈庆桂说："国家训练新军，本欲收腹心干城之寄，若皆为死党所煽，潜伏暗滋，譬之养虎自卫，为患何可胜言。往岁安徽之变，惩毖未忘，今又复见于吾粤。"陈氏说得比较深刻，也比较尖锐。但是，反问一下，清朝能不练新军吗？有了新军的起义，怎么对待新军？全部裁撤遣散？不可能！严密防范，收藏弹药，养着一支有枪无弹的军队，岂不是用朝廷钱闹着玩儿？同时，只持枪炮，没有弹药，还是军队吗？这岂不成了中外军事史上的怪物了吗？

武昌新军的枪声

湖北新军在张之洞任湖广总督时编练成军，计第8镇和第21混成协（独立旅），下辖步、工程、辎重等营，兵力1.8万人左右，是除北洋六镇外新军成军早兵力强的省份。革命因素存在，革命总会以各种形式发展。张之洞矢志忠于清朝，光绪三十三年（1907）七月调入军机处，宣统元年（1909）忧愤而终。张在位、离任后湖北反清小团体都很活跃。据统计有：

军队同盟会：29标排长蔡济民等。

柳营诗社：25标士兵谢超武等。

将校研究团：蔡济民及30标士兵吴醕汉等。

辅仁会：30标士兵陈佐黄等。

群英会：32标士兵向海潜等。

种族研究会：32标士兵黄申芗等。

湖北军队同盟会：41标士兵任重远等。

文学社：41标士兵杨王鹏等。

群治学社：41标士兵杨王鹏等。

义谱社：41标士兵张融等。

兰友社：42标士兵胡祖舜等。

益智社：42标士兵邱文彬等。

集贤学社：陆军特别小学堂学生方孝纯等。

自治团：陆军特别小学堂学生贺公侠等。

黄汉光复党：陆军第三中学堂学生易正柏等。

竞存社：陆军第三中学堂学生孙毅等。

忠汉团：炮八标士兵陈国桢等。

振武尊心社：军商各界，聂豫、龚霞初等。

武德自治社：士兵董天人等。

文学研究社：贺公侠等。

此外，还有同兴俱乐部、德育会、数学研究会、神州学社等。可以看出，新军六个标每标都有团体组织，陆军中、小学堂学生中也有组织。据有关统计研究，湖北新军中参加同盟会及各种团体的达8 000人。可以说，武昌起义前，湖北新军基本上被同盟会所掌握。

宣统三年（1911）八月十九日（10月10日）武昌城内工程第八营打响了起义的第一枪，几乎全营成建制参加起义。附近的第29、30标加入起义行列，仅有一旗营管带率百余人逃走。第21混成协的第41、42标也起义了，协统黎元洪仓皇逃窜。起义的南湖炮8标得到第32标和马队8标的掩护，维持原建制，拖出大炮13门，进攻督署时，湖广总督瑞澂逃上江中的楚豫号兵舰，第8镇统制张彪在瑞澂逃跑后，看到司令部被攻破，携辎重营逃往汉口。二十日黎明，武昌城头飘起了十八星大旗。汉阳、汉口在二十、二十一两日克复。

九省通衢的武汉三镇两日一夜之间换了天日，此事给清朝当局的刺激、震动自不待言；给各地的革命党人的鼓舞、振奋更是巨大无比。当时各省会均通了电报、电话，都至少有一家报纸，谁也无法控制信息的传播。这种兴奋、激动旬日间传遍域内。此后，各省纷纷起义、独立，脱离朝廷，到八月底，湖南、陕西、山西、云南、江西5省独立。截至十月初七日（11月27日），即武昌起义后49天，又有江苏、浙江、安徽、贵州、广西、广东、福建、四川8省独立。发生局部起义，酝酿独立的省份有山东、黑龙江、吉林、奉天、新疆、直隶、内蒙、甘肃。清朝的江山顷刻之间土崩瓦解。而各地的独立、起义和局部起义，均有新军参与。敌对势力在自己竭力编组训练的新式军队中活动，各省的总督巡抚，镇、协的头目竟被瞒骗得这样严密，时间如此之长，敌对势力能成建制地掌握新军，只能说明清朝从中央到地方腐败得很可以，也说明反清革命者被理想、仇恨以及此前多次起事失败的教训锻炼得情绪能够控制，计划、行动更周密聪明。当然，清朝地方当局也曾破获搜捕了一些革命者，杀害了他们，都没有阻止这种多米诺骨牌效应。士兵百姓中很少贪图富贵而告密领赏者，人们实在对清朝的剥削压榨、反动腐朽爱戴拥护不起来。士兵来自民间，岂能无视自己父兄的悲惨状况而接受清室忠君爱国的灌输。爱新觉罗王朝永远无法明白这些，他们总以为朝廷260多年皇恩浩荡养育百姓，臣民们应该沦肌浃肤知恩图报时时万岁不离口才是。

谁家的北洋六镇

北洋六镇在全国新军中成军最早，光绪三十一年（1905）四月，北洋六镇编练组建完成时，各省尚未有一省建成一镇。北洋六镇兵员足额、装备精良、粮饷充足，冠于各省。

之所以能短时间编成7万余人的新式陆军，除袁世凯个人因素外，端赖朝廷的大力支持。当时袁世凯除北洋大臣、直隶总督外，还兼任参与政务大臣、督办关内外铁路大臣、督办津镇铁路大臣、督办商务大臣、督办宪政大臣、会办练兵大臣，本、兼八职，皆由特简。其恩遇之隆，事权之重，直可与曾国藩、李鸿章相埒。在经费上，朝廷筹措巨额的庚子赔款，已十分困窘，为搜刮供北洋练兵费用，遂强行摊派，严旨催缴，不准稍有短欠。光绪二十八年（1902）各省协拨380万两。次年练兵处成立后，奏请懿旨，照准向各省摊派经费1 653万两。光绪三十一年（1905）各省认解之数亦达910万两。其他各省则百计罗掘，难敷各项新政经费。袁氏练兵，中央财政支持，常年经费亦按时拨付。在遭到弹劾时朝廷大力庇护，倚信如常。朝廷温旨勉慰："任劳任怨，挽回积习。"在给徐世昌的信中，袁世凯说："总之，政府不能主持，无论何事皆不能办也。"

爱新觉罗王朝不惜工本的投入，在京畿练成新军六镇。宣统即位后，朝廷以"足疾"罢斥了袁世凯。武昌起义后，摄政王载沣惊恐万状，环顾宇内，南方、西南各省新军参与起义、独立，能调动的只有北洋六镇，朝廷因北洋六镇才想起了北洋的首脑袁世凯，立即下诏，任命袁世凯为湖广总督，说"该督等世受国恩，自当力顾大局，勉任其难"。载沣们似乎忘了把袁世凯罢斥的事，授权也只是"节制调遣"湖北军队和各路援军，对陆军大臣荫昌及萨镇冰统率的水陆各师仅仅"会同调遣"。似乎袁世凯可以招之即来，挥之即去。蛰居河南彰德洹上村三年的袁世凯，渔舟垂钓，示人以忘情泉林、无意仕途，心里却时图东山再起。袁氏以旧患足疾迄今尚未大愈为由说"一俟稍可支持，即应力疾就道，借答高厚鸿慈于万一"。袁氏既未坚决拒绝，"足疾"未愈一说顺势把载沣当年唾到脸上的臭痰回敬给载沣，表示自己不是唾面自干之辈。又表示"稍可支持"即"力疾就道"，不忘朝廷的恩德，但很明显的是，没有立即应命走马上任的意思。

急得像热锅上蚂蚁的载沣，现在才意识到北洋六镇是谁家的了，北洋首领袁世凯不是随意抚弄的含羞草。几经讨价还价，不得不答应袁世凯的全部要求：明年召开国会、组织责任内阁、宽容武昌事变诸人、解除党禁、给予指挥军队全权、供给充足军费。九月九日，在权力到手之时，袁氏才南下督师。两天后，北洋军攻占汉口。

袁世凯南下之日，清廷开始兑现许诺的条件，袁氏此时却按兵不动，与湖北军政府试探和谈。黄兴对袁以中国拿破仑、华盛顿相期，要袁建立拿破仑、华盛顿的功勋，保证南北各省人民均会“拱手听命”。袁世凯心中有底，即北上入京组阁，并令冯国璋于十月初七拿下汉阳。武昌不难攻克，袁即命令北洋军按兵不动，留下了和谈的对手。从此开始了停战和谈。

本来是清室和南方革命党和谈，袁世凯居中，又成了三方关系。袁氏想当总统，又不愿私相授受；想夺清朝之权，又不愿落下从孤儿寡母手中夺权的恶名，遂翻云覆雨，纵横捭阖，既以民国压清室交权，又以清室压民国拿出总统交椅。北洋六镇在这种微妙反复中被袁世凯运用得出神入化。孙中山当选临时大总统，袁深恐南方言而无信，在孙就位总统当天，冯国璋、段祺瑞等40余名高级将领电请内阁代奏，叫喊要维持君主立宪，反对共和政体，并要求转达伍廷芳，若以少数人之意采用共和政体，必誓死抵抗。孙中山于宣统三年十一月二十六日（1912年1月14日）绝对肯定答复袁：“如清帝实行退位，宣布共和，则临时政府决不食言，文即可正式宣布解职，以功以能，首推袁氏。”袁氏吃了定心丸，转而向孤儿寡母逼宫，又表示“忠于清朝”，将继承清朝正统，不屑于民国让给总统。上书以民国威吓清朝，革命党人彭家珍在北京炸伤宗社党头子良弼，清室孤儿寡母心惊胆战，王公贵近闻风逃出京城。在袁氏授意下，湖广总督段祺瑞于十二月七日致电内阁，说“非实行共和不可”，听到恭亲王及宗室载泽阻挠共和，各路将领愤愤不平，“压制则立即暴动，敷衍亦必全溃”，以军心不稳相要挟。段祺瑞、王占元、何丰林、李纯、王金镜、鲍贵卿、李厚基、马继增、周符麟等47名北洋将领致电内阁，直斥溥伟、载泽之非，要求宣旨中外，立定共和政体，当隆裕太后对退位犹豫徘徊时，段祺瑞等八名高级将领于十二月十八日致电内阁，表示要“率全军将士入京，与王公剖陈利害”。电文笔挟风雷，杀气腾腾。十二月二十五日（2月12日）清室宣布退位，诏书说大清皇帝退位，“宣布之日，为帝制之终局，即民国之始基”。诏旨经袁世凯署名，明确指出，即由袁以全权组织临时共和政府。这表示了权力不但来自清室，而且自己已是临时政府首脑，南方选举与否，亦无所谓了。十二月二十八日，南京临时参议院以17票全票选举袁氏为中华民国临时大总统。共和、立宪，在袁世凯和北洋将领眼中，只是攫取权力的筹码，毫无信念理想可言。

至此，当清朝彻底明白北洋六镇新军是谁家的军队时，悔之晚矣！革命者方面明白了军队之重要，明白了务必掌握一支忠于自己的军队。

二　预备立宪预备了革命

清末，朝廷宣布“预备立宪”，把应办事情按年列出清单，中央与地方官制改革、司法改革、各省成立谘议局、中央成立资政院、地方自治等，按年做去。“立宪”的潘多拉盒子一旦打开，魔鬼都被放出来，无法收拾。事情完全走向朝廷的意愿的反面，预备立宪竟预备了革命。

立宪的选择

光绪三十二年（1906）清廷推行“庚子新政”，五年后，宣布要行立宪。因为条件尚不具备，要预备好了再实行。

清廷的立宪，可以说是“庚子新政”的继续，也可以说是力度更大的改革的开始。为什么搞这个名堂？细究当时各种因素，不能不说是“合力”的推动。从外部讲，列强要求清廷进行改革，在《辛丑条约》谈判时，各国的公使都表示了这种意向，他们的报纸也发表了此类文字。成为“洋人的朝廷”的清廷，对洋主子的指导，只能照办不误。光绪三十年（1904）前后，在东北发生的日俄战争，以日胜俄败结束。东邻日本，清廷一直视为“蕞尔弹丸”之国。甲午战败，使清廷朝野震动；现在再败俄国，清廷不能不惊叹“立宪”的魅力。他们认为，日胜俄败是立宪战胜了专制。朝廷中高级官吏及驻外使节要求效法日本，实行立宪，资产阶级立宪派也呼吁和鼓吹立宪。孙中山为首的革命党人，则鼓吹排满革命，在沿海各地活动，发动武装暴动。照老样子下去不行，要挽救危机，消除、软化革命，清朝选择了立宪。

光绪三十一年（1905）清廷派载泽、端方等五大臣出洋考察政治。次年六七月间，返国的载泽、端方等人考察报告上奏主张立宪，说立宪有“皇位永固”、“外患渐轻”、“内乱可弭”三大好处，使慈禧动心。光绪三十二年七月十三日（1906年9月1日）朝廷宣布“预备立宪”，上谕说：“各国之所以富强者，实由于实行宪法，取决公论。”中国“政令积久相沿，日处阽危，受患迫切”、“非广求知识，更订法制不可”。仿行宪政的根本宗旨是“大权统于朝廷，庶政公诸舆论”。施行的具体时间，没有宣布。载泽等人奏疏说的“实行之期，原可宽之年限”，这个可早可迟的主动，全凭朝廷操纵了。

实在话，疏请立宪的官僚，呼吁宪政的改良派，对宪政的了解理解有多少，很难评说。但抛出了题目，各方就按命题作文了。

朗润园的争吵

宣布立宪的次日，清廷派载泽、世续、那桐、铁良、张百熙、袁世凯、徐世昌、载振、奎俊等编纂官制，京外的张之洞、岑春煊、周馥、端方、升允等派司道大员来京共同参议，奕劻、孙家鼐、瞿鸿机总司核定。改革是一次权力的再分配，官员们在现实的利益面前无法沉默而不全力相争。

袁世凯野心勃勃地抓住立宪的旗帜，表示“官可不做，法不可不改”、“有如此贤主在前，乃国家之福”、“当以死力相争”[1]。在会上发言最多，提议也最多。袁的方案是要裁内阁、军机处、吏部、礼部、都察院，归并其他机关，成立责任内阁。设立总理大臣一人、协理大臣二人。总理大臣非奕劻莫属，袁则要协理大臣一席，此议一出，立即遭到满洲亲贵的不满、反对，以排汉著名的铁良与袁争执，声言“立宪非中央集权不可，行中央集权非剥夺督抚兵权财权收揽于中央政府则又不可”[2]。荣庆等附和反对。载泽奏劾铁良有意阻挠，铁良才有所收敛。中央各机构官员议论纷纷：有的认为不可全面更张，要宜缓不宜急；有的说，内阁不如军机处，容易出权臣；有的干脆反对改制，甚至对朝廷宣布了的立宪坚决反对，说立宪有“大谬者有四，可虑者六是，不可不防者四患”。吵吵嚷嚷，人心惶惶。太监们听说要裁撤，整天到慈禧跟前哭诉，宗室王公听说不准参政也群起喧闹。被搞得寝食不安的慈禧太后说：“我如此为难，真不如跳湖而死。”[3]原以为一蹴而就的方案，经过妥协，最后定案：内阁、军机处、内务府、宗人府不动。共设11部：吏、度支、陆军、法、学、民政、外务、礼、邮传、农工商，理藩院改为理藩部。原有机构职能重复者并入新部，都察院改设都御史、副都御史各一员，大理寺改为大理院，预定要设立的资政院、审计院将

[1] 陶湘：《齐东野语·辛亥革命前后》，上海人民出版社1979年第1版，第28、29页。
[2] 《时报》1906年9月30日。
[3] 陶湘：《齐东野语·辛亥革命前后》，上海人民出版社1979年第1版，第29页。

依次设立。九月二十四日公布这个方案的同时，军机处变动：奕劻、瞿鸿机仍留任，增加了世续、林绍年，军机大臣不再兼任部务。次日公布的各部尚书为：外务部仍按旧制，奕劻为管部总理大臣、那桐为会办大臣、瞿鸿机会办大臣兼尚书、吏部鹿传霖、民政部徐世昌、度支部溥颋、礼部溥良、学部荣庆、陆军部铁良、法部戴鸿慈、农工商部载振、邮传部张百熙、理藩部寿耆、都察院都御史陆宝忠。11个部尚书中，满7汉5蒙1，宣称满汉不分畛域，但明显满人占优，且外交、度支（财政）、陆军主要部门均掌握在满员手中。这种改革，机构设置上有进步，尚、侍职位减少一半，能防止推诿，责任加重；部门职能专业化程度提高，责成更专。行政与司法开始分离。但这样立宪，步子迈得太小了，立即引起舆论的激烈批评。《时报》的社论说这种改革“唯汲汲于中央集权为秘计，且各部集权皆可从缓，独兵政与财政两部一若惟恐稍纵即逝者”。因为朝廷宣布全国陆军统由该部直辖，北洋一、二、四、六镇立即划归部管，三、五两镇暂由袁世凯掌握。《申报》指责官制改革是“伪改革”，“徒为表面之变更”。

吵了两个月的中央官制改革终于出台了，但议论仅仅是开始。立宪是民主政治；而所谓民主政治就是多数人能参与国家的管理，不再是全国4亿人用一人的头脑思考，只有皇帝一个人的声音，也不能由一个人拍板了。

法律这根绳索

戊戌变法时期，维新派以爱国救亡的呼喊冲破了清廷不准集会结社的禁律，组织了强学会、保国会等七八十个组织，创办了报刊，宣传鼓吹救亡图存。戊戌政变后，团体解散了，报纸也少了，中国又归于一片死寂。但是，立宪现在成了新题目，“庶政公诸舆论”，禁律又一次被冲破了。

立宪谕旨颁布后，涌现出很多以立宪为宗旨的团体。上海：宪政研究会、预备立宪公会；广东：地方自治研究社、粤南自治会；贵州：自治学社；湖北：宪政筹备会；直隶：宪政研究会；北京：宪政公会。这些团体宣传立宪，组织立宪活动，朝廷怎么能阻止呢？

报纸在这一时期十分活跃，它们阐释立宪理论，宣传立宪步骤，评论政府举措，鼓动速开国会。杨度的《中国新报》对召开国会主张尤为坚决，又与《大同报》呼应，发表了《国会与地方自治》、《再论国会与地方自治》、《国会反对论之征伐》、《财政改革与国会》、《国会与二大问题》、《论开国会之利》、《中国国会议》、《请开国会之理由》、《国会与旗人》、《金铁主义说》等文章，扣紧国会这个主题，大做文章。他们认为，中国积贫积弱的根源在于专制政体和政府不负责任。只有召开国会，把专制政体变为立宪政体，把不负责任的政府变成责任政府。要速开国会，不能依赖政府才行，必须民众起来争取才行，世界上没有哪个政府是愿意开国会监督自己的。争取的办法就是市民各界签名请愿。在杨的倡导下，湖南各界代表4 000多人签名，谭延闿、龙绂瑞、廖名缙等名列其中，这份请愿书于光绪三十四年（1908）春递到都察院。杨度首倡的方式得到各省的响应。苏杭甬铁路风潮又与召开国会的主题联系起来，弄得政府十分被动。

清室遂于光绪三十四年（1908）春颁布了《集会结社律》35条和《报律》45条。前者规定政治结社需由官方批准；军人、巡警、官吏、学生、教员、妇女、未满20岁的男子、不识文义者不准参加政事结社。报律则实行审查，不准诋毁宫廷，淆乱政体，扰害公安、损人名誉等。这些法律往前10—20年或许不会引起什么反对，现在在政府宣布了立宪的情况下立即成了舆论围攻的目标。说政府在立宪时期，不启迪民智，不准民众干预政治，欲实行专制，不妨明说，“何必用其专制的手段，以肮脏此立宪的美名哉”。[1]不准学生参与政治不过“以便政府之私图”。[2]“甚么叫报律呀？简直的外号叫收拾报馆，堵住报馆的嘴，不准你说话，就是报律的真精神。”政府的举动“其手段其方法依然以压制为惟一宗旨”。“其去立宪之实行，奚翅万里哉。”[3]在立宪这个大题目下，清廷面对这些批评也无可奈何。借口康有为查封了政闻社，其他团体、报刊则未动一根毫毛。

的确，已经没有威信的清政府，颁布任何谕旨和律条，人们都用立宪这把尺子来衡量了。立法权先被怀疑，就很难再用律令来逞专制淫威了。君主专制的极权政府，新闻自由是会使它感到威胁朝廷安全和稳定，把新闻限制在歌舞升平消遣娱乐，或者是不痛不痒的小骂大帮忙的评论范围。实际上，一个朝廷很巩固，充满自信，就不怕有人挖墙脚。与民众为敌，一家一姓的清王朝哪里有一点自信呢？它的存在要舆论按照皇帝的眼色行事。就是他们把报刊都控

[1] 陶湘：《齐东野语·辛亥革命前后》，上海人民出版社1979年第1版，第28、29页。
[2] 《时报》1906年9月30日。
[3] 陶湘：《齐东野语·辛亥革命前后》，上海人民出版社1975年第1版，第29页。

制起来了，天下亿万人悠悠之口呢？清末，多种版本的顺口溜，流言蜚语，禁住了吗？

血热　血冷

立宪的实施开始了中国政治体制的转型，按照朝廷的部署，召开国会是1916年，但立宪派哪里等得及呢！三次轰轰烈烈的国会请愿运动于是发生了。

请愿运动得到全国各界的广泛响应和支持，各省谘议局为此先后成立了国会请愿同志会、各省谘议局联合会、宪友会等组织，民众游行、签名动辄以10万人计。湖南代表赴沪临行前，长沙修业学校教员徐特立自断左手小指，濡血书写“请开国会，断指送行”八个字，为代表壮行。第三次请愿代表出发时，赵振清、牛广生等17名学生赶来交上一信，信中说：“今我代表诸君热血潮涌，不惮牺牲一切，为同胞博莫大之幸福，吾侪具有天良，何惜此少数之血液，洒书数字，以表示此次将以血购国会，决不似前之以文字购国会者之不足动我政府也。”赵、牛拔刀欲自杀以死为代表团饯行，被代表们阻止。不料在人们疏忽的刹那间，牛用刀割下左腿一块肉，赵也割下左臂一块肉，用鲜血染红致代表书。代表们感奋泣下，誓死请愿到底，答谢学生。赵、牛高呼：“中国万岁！”“代表诸君万岁！”东三省代表在第四次请愿时，与天津学生中数人断指、割臂，以鲜血大书“血诚”、“为民请命，泣告同胞”。他们的呼喊至今仍余音缭绕，不绝于耳。

民众用热血、赤诚表示参与政治、速开国会的愿望。各省代表在京遍谒公卿，披肝沥胆，泣血陈情。第一次，朝廷肯定了代表的“爱国悃忱”，礼貌地拒绝了速开国会的请求。第二次，朝廷以幅员辽阔、财政艰难、地方灾荒、资政院即将开院等理由又拒绝了近乎乞求的请愿。第三次，以东三省总督锡良领衔的18省督抚将领联衔奏请速开国会成立内阁，资政院也通过了速开国会的议案，各省民众声势浩大，奉天一省签名人数超过30万人，朝廷不得不宣布提前三年召开国会。作出这种小小的让步，专制王朝立即下令庆贺：京城各商号、学校、居民必须悬挂龙旗，正阳门至天桥一带挂红灯，戏院降价三天，报纸要刊登庆贺消息。总之，本来出自至诚的欢庆气氛却是朝廷制造出来的。但是，满以为隆重热烈、万民欢腾、感戴朝廷皇恩浩荡的氛围因应者寥寥而显得不热烈、不隆重。京城众多报刊，除《北京日报》及《公论实报》外，各报均无动静。除浙江、贵州两省，各省谘议局都表示不满。江苏谘议局由张謇等几人致电资政院“叩谢”，引起众怒，要召开的庆贺会付之表决时，仅仅3人赞成而作罢。专制的极权政府死到临头的作态粉饰反落了个不尴不尬的局面。

仅仅做了些许让步，在导演欢庆的同时，上谕就十分严厉了：“一经宣布，万不能再议更张……此后倘有无知愚氓藉词煽惑，或希图破坏，或逾越范围，均足扰害治安，必即按法惩办。”其实，在请愿进行中，面对热血赤诚的请愿者，朝廷已经磨刀霍霍了。军机大臣庆亲王奕劻派遣密探侦察代表行动，并密令各省监视谘议局，评查代表的姓名、住址、出身、职业上报，只是慑于舆论压力才没有动作。现在朝廷宣布提前召开国会，就翻脸了。措辞严厉的上谕似乎忘了这是立宪，不是朝廷恩赐什么。此后第四次请愿代表被押解回籍，直隶总督陈夔龙调集军警包围罢课抗议的学堂，不准学生自由出入，拆阅往来信函，秘密逮捕学生请愿同志会会长温世霖，并偷偷押解到新疆，四川、湖北、江西等省的学生请愿也被镇压。朝廷发布谕旨，不准进京请愿。

民众的热血请愿被冷血朝廷镇压。在立宪幌子下于宣统三年（1911）四月成立了“皇族内阁”，朝廷把自己孤立起来了，就把民众推到了暴力革命的道路上去。

三　留学生学习造反

临行之洗礼

清政府庚子后推行“新政”，在国内大办新式学堂的同时，大批派遣留学生，其中，以留学日本人数最多。光绪二十七年（1901）仅280人，到光绪三十一年（1905）达到8 000人，次年增至23 000人。自费、官费留日者中，以后者居大多数。

清政府为“作育人才”，“以佐我二百余年的旧制”。[1]湖广总督张之洞在光绪二十四年（1898）所作《劝学篇》中，以“同文、同种、费省”主张派学生留日。湖北学生出洋前拜谒这位总督大人，张氏的送别赠言是：“生等到西洋，宜努力求学。将来学成归国，代国家效力，戴红顶，做大官，可操券而获！生等其勉之！”《张文襄公幕府记》中的这番话，足见总督大人言简意赅，留学做大官稳操胜券。

光绪三十一年（1905）四月十二日，湖南留日学生黄尊三一行60人在武昌拜别时，张之洞因要求学生们必须行跪见之礼被拒绝，下令不准放行，致使学生滞留武昌达10日之久。期间，湖南巡抚

[1]　刘锦藻：《光绪朝东华录》（五），中华书局，总4902页。

端方与张之洞反复电商，端方致电威胁学生如敢对张不敬，将取消其留学资格。学生们异常愤慨，表示以牺牲人格换取留学资格，宁肯不去留学。经多方斡旋，双方接受了鞠躬之礼。接见之日，张之洞盛张威仪，不仅随从众多，而且戒备森严，如临大敌。接见后西餐宴请学生，每个人赠送了《劝学篇》、《钦定学堂章程》等书。张之洞的作为，给他提出的“中体西用”口号作了最好的注释。

这一幕，给将要去国的学生们是国家的临行洗礼。黄尊三在其留学日记中写道：

> ……至今十天，为此无谓之事，阻滞中途，不能进行，光阴虚掷，未免可惜。中国大官，只顾一己虚荣，不知尊重他人人格，实属可鄙。以自命好士之张香涛，尚不免此辱人之行，他更无论，思至此又未免可慨。

黄尊三及留学生们用自己的言论行动给张之洞上了一课，标志了新的知识群体的价值取向。他们的主体意识的觉醒已经大大区别于科举制度造就的知识群体。如果是60多名汲汲于科名的举人、秀才，在总督老爷接见时，岂敢以人格之尊辱去计较？以匍匐尘埃向张之洞这位翰苑前辈、总督大人顶礼膜拜是莫大荣幸，感激涕零惟恐有后吧？

留日第一课

留学生们跨出国门，踏上日本的土地，强盛与衰朽、先进与落后，体验中日之间强烈反差的同时，呼吸着异国空气中刺鼻的异味——民族歧视。

一生研究中国人留学日本史的实藤惠秀指出，这种对中国人的歧视大起于甲午战争以后，不但是学校里，社会上一般日本人都蔑视中国人。他们称中国人的辫子为“猪尾巴”，留日学生则被称为“猪尾奴”。甲午战争后第一批留日学生14人中有4人因此愤而回国，中断留学。

学校里的日本学生认为中国是弱国，中国学生理所当然地是低能儿，分数在60分以上，就不是本人能力所及了。鲁迅所在仙台医学校的学生会干事借口翻阅鲁迅的笔记，企图证明教师藤野严九郎先生把考试内容泄露给鲁迅。他们还从邮局寄来匿名长信给鲁迅，劈头第一句就是：“你改悔吧！”这本是日俄战争期间托尔斯泰致日、俄两国皇帝信中的第一句话，当时广为流传。现在日本同学却用来侮辱鲁迅。仙台医学校课间放映幻灯片，描绘的是日俄战争中，日军捕获给俄国当间谍的中国人，斩首示众时，围观者是中国人。日本学生看了幻灯片狂呼：“万岁！”孤身其中的鲁迅受到极大刺激，遂决定弃医从文，以改造精神替代疗治病苦。这一学期，鲁迅的升级考试成绩是：

解剖	59.3分	组织	72.7分
生理	63.3分	伦理	83分
德文	60分	物理	60分
化学	60分		

七门功课平均65.5分，在142人中排名第68。鲁迅在短短一年

多时间取得这样的好成绩，中辍医学，未免可惜。中国失去了一位优秀的医生，但成就了一位杰出的文学家。

这时，鲁迅剃掉辫子留小影寄弟，自题诗：

灵台无计逃神矢，风雨如磐暗故园。
寄意寒星荃不察，我以我血荐轩辕。

诗述说留学外邦所受刺激之深刻，心系故国风雨飘摇的现状，叹同胞不醒不胜寂寞之感慨，直抒立志报国之怀抱胸臆。

当年籍籍无名的鲁迅留学扶桑的选择和心路历程如此，负笈东渡的学子们，异国他乡寄人篱下，爱国情怀与民族意识与日俱增。他们奋起抗争，光绪二十九年（1903）初大阪博览会竟把中国人视为未开化的种族，与其他六种人表演风俗习惯，留日学生与旅日华人及侨商抗议，迫使主持者撤销。后来又发现福建省产品陈列在被日本霸占的台湾馆中，留日学生积极交涉，挫败其视福建为其势力范围的图谋。不久弘文学校以新规定在经济上苛索留日学生，经过抗争迫使校长让步。春末，成城军校大尉西乡侮辱留日学生，日方拒绝处分西乡，留日学生愤而罢课，最后以西乡谢罪了结。该校运动会悬挂各国国旗而独缺中国国旗，留日学生抵制运动会直到挂出中国国旗。

日本政府在甲午战争后向清政府及官员极力鼓吹、游说中国人留日，企图培养亲日观念、亲日势力，作为“大东亚共荣圈”的执行人。在日本的民族歧视氛围中，中国学生增进的不只是各种学业，民族自尊在心灵中的觉醒，为国抗争的精神的养成，实在是日本这个反面教员所赐。

取火，播火

《中国人留学日本史》的作者实藤惠秀在书中写道："留日学生不断吸收当时日本的学问和思想。这些思想本来源自西洋，留日学生加以消化和改造，使之适合中国国情，并向中国国内大事宣传。"

留日学生大量翻译日文书刊，成立译书汇编社、教科书译辑社等翻译团体，出版《译书汇编》、《游学译评》等杂志，专门刊载译文译著。后来又大量创办报刊，《清议报》、《国民报》、《新民丛报》、《湖北学生军》、《直说》、《浙江潮》、《江苏》、《女子魂》、《民报》、《汉帜》、《法政杂志》、《云南》等60余种，光绪三十三年（1907），创办的杂志达21种，几乎每一省的留学生都办有一种报刊。这些报刊刊载各种消息、评论，也刊载译文。

据实藤惠秀统计，截至1937年，中译日本书籍包括社会科学、自然科学、文学、教育、实业、医学、军事等达2 620种。

留学生接受、传播、介绍了各种思想：天赋人权、进化论、三权分立学说、大陆法系法律思想等。天赋人权，人人生而平等、自由，这一贯穿西方国家革命和立法的基本理论，成了中国学生迅速吸收的思想营养。华侨及梁启超所办东京高等大同学校学生、前任《清议报》编辑郑贯一、冯懋龙、冯斯栾，为宣传平等自由思想，分别改号为自立、自由、自强。冯自由从此以号名世，著有《中华民国开国前革命史》的巨著。天赋人权理论动摇了封建专制统治的殿堂，成为批判清政府的锐利武器。

进化论虽然经西方侵略者锻造成社会达尔文主义，成为他们以强凌弱、以大压小的侵略哲学，但在中国，在留学生手中“反打正着”，他们发出挽救危亡的口号谴责清室妥协卖国，鼓动救亡图存。三权分立是理想的政体，建立代议制，取代封建极权政体，是取代清室的政权模式。

细细分析起来，留学生们在掌握这些思想的过程中，未免有走样的地方。比如，既然讲天赋人权，则任何国家、民族、阶级、政党、个人都应是平等、自由的。批判满族民族压迫、民族歧视无疑是正确的。但是，为了宣传、鼓动的需要而蔑视满族，称之为“蛮夷贱种”，清灭明被看作是“亡国”，把满族排除在中华民族之外，这种种族主义是有害的。正像当年的留日学生、同盟会会员，后来的共产党员吴玉章所说：鼓吹民族主义，而放跑了中华民族最凶恶的敌人帝国主义。

进化论也是有严重缺陷的理论，物竞天择，适者生存，是生物界的规律。在人类社会中使用这种理论，西方侵略扩张的历史已说明其谬误。不富强就落后，“落后就要挨打”，那么，“先进就该打人”吗？

当然，作这样的清醒分析是清理遗产，不是苛责先辈，求全责备。当年，这些思想的确发挥了推翻清王朝的作用。

君子群而结党

“君子群而不党”，这是古训。封建皇帝在思想控制中把结社集会悬为厉禁，实行这条古训判别君子小人。清朝吸取明亡教训，为大臣朋党镌刻铁碑，作为祖宗成法，他们要堵塞一切危及其统治的漏洞。但是，留学生们在海外的组织活动，他们就鞭长莫及了。

留日学生和流亡者关系密切。被清朝通缉的孙中山、康有为、梁启超等成为留学生们的精神领袖。留学生们几乎一到日本就组织起来了，每省有同乡会，甚至一省之内还有更小范围的同乡会。他们认为，爱国由爱乡开始。光绪二十六年（1900）正当国内义和团运动期间，东京出现了励志会，主旨是联络感情，策励志节。秦力山搞自立军勤王失败后，在日本留学组织国民会，提出“革除奴隶之积性，振起国民之精神，使中国四万万人同享天赋之权利”。此后有“支那亡国二百四十二年纪念会”召开，即以南明永历政权灭亡的1660年作为亡国纪念，通过纪念明朝灭亡来动员反清革命。各个组织也有分散离合。身处异邦，心系祖国，民族危亡的每一条消息都使爱国学子痛心疾首，立即奋起抗争，以尽匹夫之责。

光绪二十九年（1903）春，当广西巡抚王之春欲借洋款、借法兵平乱，以广西全省矿权作为酬谢的消息传来，中国学生在东京集议并立即致电政务处，与将去任和上任的两广总督德寿、岑春煊力争，要求拒绝法人，惩办王之春。又用外文写稿寄欧洲各大报，揭露法人野心，与国内的拒法活动互相呼应，形成声势浩大的爱国热潮。后来证实消息是误传，而留学生的拒法活动显示了他们对时局变化的警觉和关注，从他们身上看到了民族的希望和觉醒。

接踵而至的拒俄运动所掀起的爱国潮流波及全国。上海张园拒俄会议后两天，东京中国学生即集会，上午未完，下午又召开500多人大会，声泪俱下的演说，热血沸腾的誓词，群情激奋，议决组织拒俄义勇队。两日之内报名者达131人。福建同乡会开会报名时，15岁的方声煊要求报名入队，满座感动下泪。方声煊12岁的妹妹在女子共爱会要求加入。他们的堂兄方声涛、方声洞（17岁）也加入了义勇队。后来，义勇队改名学生义勇军，学生军又更名为军国民教育会，入会者达200余人。义勇队编组后立即操练，并派人与北洋大臣袁世凯联系愿归其麾下。上海也再次集会，并与东京一样，组织拒俄义勇队，成立军国民教育会。很快，北京、武昌、安徽、南昌、广州、杭州、福州、长沙、开封等地学生和各界群众也参加了拒俄运动的行列。人们向清政府政务处、外务部上书，或请各省督抚代奏，清政府迫于压力拒绝了俄国的要求，谈判陷于僵局。清政府此后镇压了拒俄运动，爱国的激情遂化为对清政府的仇恨。留日学生以高昂的姿态领唱了全国的拒俄运动，社会舆论称之为“新中国之主人翁”。

留学生不但在日本组织团体，而且这种活动已移向国内。湖南的黄兴回国组织了华兴会；共进会最初的总部就设在东京，后移至国内，在湖北、湖南一带发展会员进行活动；湖北的团体从科学补习所到日知会、群治学社、振武学社、文学社的嬗替，都有留日学生参与其中，武昌起义就是由文学社、共进会联合策动指挥的；光复会的重要领导人就是女革命家秋瑾。光绪三十一年（1905）秋，兴中会、华兴会、光复会等团体在日本东京组建了中国第一个资产阶级政党——同盟会。领导人中，除革命家孙中山外，黄兴、宋教仁等均是留日学生。

朝廷被讨论了

留日学生中的立宪派和革命派在光绪三十一年（1905）至三十三年（1907）进行了一场辩论。辩论的题目围绕同盟会之三民主义纲领进行。正方是革命党人，反方是立宪派。革命派以《民报》为阵地，立宪派的阵地则是《新民丛报》。

第一个问题是要不要推翻腐朽反动、投降卖国的清王朝。革命派历数清朝自入关后就残酷屠杀汉族，列举“嘉定三屠”、“扬州十日”，尔后歧视汉人的种种事实，唤醒人们的历史记忆，激发民族义愤；对清王朝自鸦片战争以来妥协投降卖国的行径，则尖锐揭露无情鞭挞；对清政府各级官员贪贿劣行也予以深刻批判。第二个问题是是否建立共和国，第三个问题是土地政策。

尤其以第一个问题最为骇人听闻。立宪派说，满洲是中国领土，并非异国，清朝代替明朝，是朝代的更迭，不是亡国。满族已被同化，不存在民族歧视、民族压迫。清朝是全国的政府，只要改造就行了。当前的敌人是那些反对改革的权贵们。这些说法有些是正确的，但清政府腐败卖国，不推翻则中国无以富强。后两个问题是革命建立什么政体，实行的土地政策问题。很明显，第一个问题是后两个问题的前提，不推翻清政府，后边两点即无从谈起。

论战辩论持续两年时间，两派报刊都参加了进去。问题不仅仅是争辩双方的成败，还在于清王朝被自己派出的留学生讨论了，讨论这个政府有无存在的理由、必要。留学生有政府公派的，也有不少是自费出国者，当时都是大清臣民呀！皇帝是“真命天子”，代表上天，统治中国，皇帝是神圣的。简单地说，所谓神圣，只能接受，不能讨论。人们对皇帝、皇权、朝廷，只能匍匐尘埃，顶礼膜拜，“腹诽”也不行，就是说肚子里埋怨也不行。不行，不行，数不清的“不行”。现在朝廷被讨论、批评、指责、辱骂，神圣的光环已不复存在，皇权专制是万恶之源，异族统治是罪恶渊薮。即如立宪派的为其辩护，但现在皇帝不能当最高仲裁者了，因为他就是被双方讨论的对象。仲裁者是理性，是新的理论，是实践的检验。

更令朝廷无法容忍的是，两方讨论的地方是外国，这个国家曾大败清朝，从清朝攫取了很多权益。留学生们似乎忘记了“为尊者讳”的孔孟经典，没有了“大不敬”的大清律条。你还回不回父母之邦？似乎一切罗网都被冲破了。

以往的研究，充分叙列、评论这场辩论、论战，对论战的地点有意无意予以模糊，给接受者的印象是这场规模大、时间长的辩论是在国内举行的，因而革命思想迅速传播，深入人心。事实上，在国内恐怕连一天也进行不成。既然是在东京，那么，其作用的估价就要有所保留了。

四　精神家园的重重悲剧

王朝末日，神经错乱，种种精神疾患，酿成重重危机，衰落与新生，都促成王朝的迅速灭亡。面对险象环生的危局，方寸大乱的朝廷束手无策，王朝只有寿终正寝一途。

历史上各个王朝不断复制前朝的败亡，清王朝遇到的新观念的冲击，则是先前朝代所未有的，其灭亡的迅速超乎人们的想象。清灭明，从1644年入关到南明最后一个皇帝的灭亡，历时几十年。清朝的灭亡，从武昌起义到皇帝宣布退位不到半年时间。

夷夏之辨与夷夏不辨

夷夏大防，是从孔子以来的大题目。当时把居于周边的少数民族称为“夷”、“狄”、“蛮”、“戎”，藐视这些部族不懂礼仪，是化外之人。满族入关前也被视为“夷”，他们认为“夷狄为诸夏则诸夏之，诸夏为夷狄则夷狄之”。衡量的标准就不是种族了，清朝统治者以诸夏自诩，显得理直气壮。

古代称兵谏常常引用春秋时楚国大夫鬻拳兵谏楚文王的事例。西方列强之于晚清皇帝，也以“兵谏”著称，两次鸦片战争、中法之战、中日战争、八国联军之役，五次大的侵略战争，都是临之以兵，道光、咸丰、慈禧才能够“纳谏”如流，签订丧权辱国的条约。皇帝之与御史，本是君臣、主仆关系，洋人到后来，特别是《辛丑条约》签订以后，成了太上皇，关系完全颠倒过来了。

开始，清朝皇帝倘以为“夷性犬羊”，要“柔怀远服”，内部文件还总称列强的侵略是“犯顺”，最后连这点文字上的便宜也不敢悄悄占了，简直是“从谏如流”，言听计从。开始，不但皇帝还有抵抗的意思，就是朝堂上的御史言官们，一遇外敌入侵，奏折犹如沸沸扬扬的雪片，或批评主和，或筹划对策，激动人心，正气盈庭。《辛丑条约》签订前后，谏垣万喙息响。李鸿章以妥协投降、屡次签订卖国条约而成为众矢之的，而《辛丑条约》的签订，李作为全权大臣，签约后两个多月，衰病而死，朝廷的恤典特别从优。纪念者中不乏当年咒骂之人，甚至有人歌颂他是清朝的“中流砥柱”。李的小姑爷张佩纶感慨万端，说他的泰山大人因“战败获愆，议和受赏”，似乎很奇怪这种遭遇。

洋人为他们的国家从兵谏中捞到了种种好处，他们也没有忘记“进言”。条陈最多、在中国待了大半生的赫德是最显赫的了。同治五年（1866）的《局外旁观论》曾使清室君臣惊心动魄。此后诸多“建议”则被视为“客卿”的效命，见怪不怪了。洋人在用人问题上干涉得最多。从19世纪60年代起，因教案罢官的总督、巡抚、提督等一、二品高级文武官员有田兴恕、刘秉章、李秉衡、毓贤等人。八国联军之役，以纵容义和团按罪魁祸首索办的，上自宗室亲要，如庄亲王载勋、端郡王载漪、军机大臣刚毅，下至巡抚州县官

● 清官员向八国联军总部跪送锦旗“万国咸喜”

● 晚清海关总税务司、英国人罗伯特·赫德

吏，数以百计。凡是洋人被杀的地方，停止科举考试五年，癸卯科的顺天乡试不得不借开封举行。清朝在位的官吏和将要做官的士子都在听从“洋主子”们的警告。

精神障碍症

第一次鸦片战争后20多年，第二次鸦片战争后7年，日本正在进行明治维新，朝廷里发生了一场辩论。恭亲王奕䜣等要在同文馆中增设天文、算学馆，请外国教师，培养这方面的人才。他们认为西方之强源于天文算学。这立即引起了守旧大臣的反对，为首的是理学家、大学士倭仁，他反对增馆，更反对以“夷”为师。理由是：“立国之道尚礼义不尚权谋，根本之图在人心不在技艺。”让举人、进士、翰林这些科甲出身的正途人拜夷人为师，后果不堪设想，“正气为之不伸，邪氛因而强炽”，数年之后，将出现“不尽驱中国之众咸归夷不止”。就是说，中国会亡国灭种。

倭仁是个精神领袖，其奏折一上，一帮守旧官员齐声鼓噪，尤以内阁侍读学士钟佩贤指责谕旨对倭仁反对设立同文馆的批驳，候选直隶州杨廷熙上疏言“十不可解”。一时间，京城及各省士大夫聚党私议，散布谣言，混淆视听。京城出现了对联：

未同而言，斯文将丧。

孔门弟子，鬼谷先生。

诡计本多端，使小朝廷设同文之馆；

军机无远略，诱佳子弟拜异类为师。

一时人言籍籍，群疑莫释。军队的战斗力，是人与武器的结合，倭仁讲“以忠诚为甲胄，礼义为干橹”，只讲精神，不要武器，只能纸上谈兵，实践中只能驱士兵送死。从思维方式上说还是割裂武器与人的联系，见精神而不见武器。在当时武器装备已经远远落后西方的情况下，这种思维真是可笑，可悲。

倭仁代表了传统精神文化的一面。同文馆增设天文算学馆拨动的仍然是“夷夏大防”、“夷夏之辨”这根敏感的神经。在世界潮流无法躲避的形势下，任事的上下官员不能像倭仁一样去老调重弹。倭仁说天下人才多，天文算学何必以“夷”为师？朝廷令其推荐，又令其任总理衙门大臣，简直是与这位顽固大师开玩笑，既推荐不出中国教师，又怯于到总署之任整天与“夷”打交道。骑马差点坠马，“痰厥不语”，几天工夫，翁同龢去探视时，已颜色憔悴，饮食甚少。后来疏请开缺，朝廷赏假让其安心调理。不久，倭仁病逝。倭仁之死于病，不如说精神寄托的失落。大学士之建言不但被批驳，任命总署大臣无异于戏弄。有夷夏之辨的精神障碍作祟，的确难以痊愈。

夷夏之辨不会因一个代表人物的去世而绝种，倡议设立同文馆，办了工厂、学校、海军的洋务派也一样认为，“中国文武制度，事事远出西人之上，独火器万不能及”，“中国欲自强则莫如学习外国利器”。这个思想是后来的“中体西用”的理论基础。中国的封建制度、秩序纲常伦理不能变，这是“体”，只要补充西方军事装备和工业技术。这个思路至清亡几乎没有变化，也成了影响中国进步的精神障碍。

鲁迅说过，要采用拿来主义，并说人吃猪肉并没有变成猪，吃羊肉没有变成羊，就在于吸收它们的营养，健全了自己的体魄，化成了自己的血肉。有了精神障碍的清室君臣，只能在精神闭锁中自取毁灭。20世纪30年代留学日本的朱绍文先生说“日本人就是要把人类精华全变成自己的，盖不认为是外来的，学起来就快得多”。“中体西用观，不是辩证的。辩证法要否定旧的，要扬弃旧的，而全人类文明是要吸收的。这事不能闭关自守，不能在头脑里锁住自己。”

● 伍廷芳与洋人

但总有闭锁头脑的人。

忠奸之辨与忠奸难辨

忠奸之辨，是封建伦理学家设计的理论之一。其要义是：皇帝英明、正确，忠臣坚决保卫朝廷，执行皇帝的旨意；奸臣则不能贯彻皇帝的旨意，陷害忠良，因而偾事误国。有了这一条理论，就能保证出了问题皇帝不被追究，由奸臣承担责任。忠臣和奸臣的区分和辨别就是个永恒的题目。古代小说、话本、传奇、戏曲，除了才子佳人，颂忠骂奸就是另一大内容。封建史学家记载历史，以此为圭臬，他们笔下的史实也是由此调遣、编排及定取舍的。

第一次鸦片战争，道光是一切的决策者。林则徐、邓廷桢、琦善、奕山、奕经等人都是道光亲自委任的，他们行事多奉旨而行。最后，丧师失地，订城下之盟，林、邓先被撤职，后发往伊犁充军；琦善以大学士、直隶总督被拿问革职。其中，奕山、奕经是道光的亲侄儿，天璜贵胄，担当重任，足见朝廷的重视。据说，奕经临行，道光有“执手谆切之谕”，“分则君臣而谊本叔侄。当独任艰巨”。后来仍然将其拿问革职。传说《南京条约》签订后要盖印，道光皇帝绕室徘徊，彻夜不寐。林、邓、琦、奕等人承担了战争失败的责任。林、邓被当时史家定为“忠臣”，琦善等则是奸佞妥协的代表。事过几年之后，这几个人都先后被起用，是否道光良心不安，自己承担的责任不该让几人分谤，大概不会。林、邓、琦善还做到巡抚总督，奕山后任黑龙江将军。

以马克思主义历史唯物论指导的史学，不应该降低水平，沿袭封建史家的忠奸之辨，歌颂、肯定林邓，谴责琦善、奕山等人为误国权奸，不谈道光的是非。

随着时间的推移，到了《辛丑条约》签订，仍然有误国的亲贵，他们是被列强指为祸首而惩办的庄亲王载勋、端郡王载漪及刚毅、毓贤、赵舒翘等人。李鸿章作为议和全权大臣而没有被时人视为奸臣。光绪二十七年（1901）九月二十七日，李氏病死，临终恤典的隆重为汉族大臣所少有，朝廷里很少听到谴责的音符。

毓贤奉命杀洋人，在山西更是大杀，最后自己也是奉命而死，据传临刑有自勉联：

臣罪当诛，臣志无他，念小子生死光明，不似终沉三字狱；
君恩我负，君忧谁解，愿诸公斡旋补救，切须早慰两宫心。

又一联：

臣死国，妻妾死臣，谁曰不宜，最堪悲老母七旬，弱女九龄，耄稚难全，未免自伤慈孝治；

我杀人，朝廷杀我，亦复何憾，所自愧服官三省，历仕廿载，涓埃未报，空嗟有负圣明恩。

顽固守旧的忠臣如毓贤者，与刚毅是姻亲，刚是被赐自尽，忠臣经洋人指索作为祸首被处死。忠奸之辨也破产了，作为臣子，哪个还能全心全意，恪尽职守，“为王前驱”，为朝廷效命？

在商言商

《礼记·曲礼下》:“在官言官，在府言府，在库言库，在朝言朝。”意思是说在什么职位上说什么话。华夏以农立国，视农业为根本，商为末业，重农抑商又表述为“重本抑末”，因而就有了“义利之辨”，防止人们弃本逐末。重农抑商政策的效果并不理想，历代都有人指出这一点。汉朝的晁错就说：“今法律贱商人，商人已富贵矣，尊农夫，农夫已贫贱矣。故俗之所贵，主之所贱也，吏之所卑，法之所尊也。”重农农伤，贱商商富的事实并未停止这种政策的执行，义利之辨也就传之久远。其实，统治者把“商”当臭豆腐吃了。《礼记》规定：“作淫声、异服、奇巧、奇器以疑众，杀。”只要看看皇宫里的摆设，他们的娱乐活动，就能知道他们并不遵守这些信条，这都是治百姓的。仅仅是只许州官放火，不许百姓点灯罢了。

清朝已被世界经济大潮卷了进去，等价交换的市场规则不由你不遵守，谁还“赔本赚吆喝”？晚清在财政收入中关税已三分天下有其一了。煌煌上谕，也不羞于言利了。戊戌变法后不几天，慈禧的懿旨就要求“开利源”。晚清数十年间兴办的工厂、矿山、铁路、电信等新式企业数以百计。国家控制的军工企业开始产品由政府无偿调拨，后来也受世界军火市场影响，各省之间军火交易亦计价论值。官银号变成了银行，旧式钱庄亦按新法经营了。

工商发展了，清政府破天荒地设立了商部，后来改为农工商部。商会成立了，制订了各种商律、条例、法令。这一切中未免夹杂了封建母体中的血污，但不再以“贵义贱利”为尚了。

在政府行政中，重视税收，加上官吏的贪贿，以至无往而不“税”，当时有谚谣说：“昔日只有屎无税，而今惟有屁无捐。”鸦片、卖淫也“寓禁于征”，用税收杠杆来调节，“土药税”（称国产鸦片为“土药”）、“娼捐”，堂皇施行。行政行为进一步商业化，贿赂是

● 亦官亦商的盛宣怀

● 晚清汉阳铁厂

传统保留节目，“回扣”则是舶来品，八仙过海，各擅其胜。官员们被一个利字搅得神魂颠倒，方寸大乱，“义”早就论斤上市了。权力参与到市场中，“寻租”也就极其自然了。一手拿钱，一手交货，银货两讫，成交。刺杀恩铭的徐锡麟是用钱买了清朝的道员，当了巡警局的会办、学堂监督，再去刺杀巡抚大人的。

使得清朝精神家园乱作一团的是市场这只看不见的手，也是等价交换的规则，还有天赋人权生发的自由、平等、博爱，优胜劣汰的进化论，立宪和共和观念。君主专制制度的理念再也难以定于一尊了。在“救国”的旗帜下的教育救国论、实业救国论都大行其是，无政府主义以不要任何束缚的姿态，向极权专制挑战。总之，在各种思想汇成的潮流面前，平庸如载沣之流，根本无法招架，连眼前的政务也处理得左支右绌，遑论进行思想上的应付。

新精神与新传媒

清末，欧风美雨飘洒，中国出现了新式的大众传播媒介，这就是报纸、杂志。到清末，海内外中文报刊如雨后春笋，数量达一百几十家之多。报刊言论、主张、思想倾向差异较大，但作为新式的大众媒介，比旧式的传播方式、载体来说，确实是一场革命。专制君权以上谕治国，谕旨下达范围十分有限，宫门抄、邸抄具有报纸的某种属性，内容限于帝后活动、人事变更、诏书谕旨，发行也有严格限制，只能说是皇帝的内部通报，谈不上是大众的传播媒介。日报期刊信息量蕴含丰富，发行量务求其大，传播速度很快，访事（记者）分布全国各地，信息来源面宽广，是古典式的皇家通报无法比拟的。

天津、上海的几家报纸大体都设有以下栏目：电传上谕、宫门抄、专电、京报汇录、论说、代评、评论、紧要新闻、外部近事、要折、交涉、学务、军事、官业、官事、杂记、本埠新闻、国外新闻、漫画、译函、东报要闻汇译等。截至清朝灭亡，政府也没有办起一份日报，谏垣“三菱公司”的赵炳麟说：“国家无详善官报，于是私报杂出，秘密探事布满京师，以至军机处及宫中举动，皆被探出刊登报章，是欲秘其所不必秘，而反发其所不可发。”报刊将京师及各省官场情况纤细必报，使官场黑幕连续反复曝光。《官场现形记》、《二十年目睹之怪现状》等谴责小说，就是在报刊上连载发表后才出版的，而报纸大量揭露的官场丑闻，无异于多部同时连载的《官场现形记》。

报纸既刊载电传或专电上谕，同时发表社说一类社论评论文字。光绪三十二年（1906）七月十三日，清政府公布预备立宪上谕，谕旨中说：“仿行宪政，大权统于朝廷，庶政公诸舆论。”北京《顺天时报》十七日发表了《恭读实行立宪谕旨敬注》说：“此言也，此义也，实足令全国四万万人同声感泣者！”

先一日的《时报》发表《恭读十三日上谕赘言》，说这种立宪“徒以开守旧者舞文操纵之端……今大权统于朝廷一语，彼将不曰中央集权，而曰明示专制。民本何知，或中流言而皇惑，皇惑则人心懈，而植基不牢……”已经显露怨意。东京《醒狮》杂志第一期发表宋教仁《清太后之宪政谈》从三点揭露立宪不可能：满人不与汉人一样纳税；任官员不能按满汉人数比例；不可能允许国民监督财政收支。说西太后不可能实行上背祖宗成法、下削子孙权利的立宪。

报刊虽然态度各异，但发表评论，任情议论皇帝的上谕，则是史无前例的。朝廷每发布一项上谕，或者人事变动，或者其他军政措施，各种报刊几乎都发表评论文字，很多是针锋相对予以驳斥。上海《申报》光绪三十三年（1907）一月份，发表社说、评论二十二篇。其中《论中国兵权不可集于中央》、《论专制国之迷信神权》、《论政府近日之政策》、《论征兵不可虐遇》、《论立宪不可仅恃政府》、《论中国君权与学说三关系》、《论国民今日应争之事》、《论近日人心之陷溺》等题目都是令清政府头疼的。

光绪三十三年（1907）五月二十七日，革命党人徐锡麟刺杀安徽巡抚恩铭后，《申报》跟踪报道长达一月之久，并发表了几篇社说。六月十日社说以《论政府处于两败之地》，议论专制、立宪的利弊，说专制胜则国家败于外人，立宪胜则国家败于内。“故政府而愿失败于外人欤，专制可也，虚言立宪可也；政府而愿失败于国内欤，莫若去专制政体而实行立宪。败于外者民权弱而国亡，败于内者君权弱而国强，专制之政府，处于两败之地位。”清政府已被逼得退无可退了。主张立宪的这家报纸，在秋瑾被杀后连续报道、评论，激烈抨击清政府的暴行。

报刊批评朝廷，而朝廷处处被动，束手无策，由于很多报刊开设在租界里，清政府只能望洋兴叹，无可奈何。发布预备立宪上谕后，报刊以“庶政公诸舆论”为根据，天子一言既出，不能食言自肥，只有对各种批评、抨击徒唤负负。

报刊，以近代资产阶级政治学说为指导，尽管它们对这种学说理解认识不无偏颇，但这种新的文化在价值观念、意识信仰、思维方式等方面，与旧的封建文化截然不同。用这种尺度作标准，清王朝经不住衡量，何况不少报刊高举着爱国的旗帜！新式传播媒介使政府各项活动、官场动态迅速曝光，专制皇权赖以维持的神秘气氛被打破，把孤家寡人及其亲信的面目暴露在光天化日之下，皇帝的权威已剩下没有多少了。

革命党人报刊以批判的武器和各地此起彼伏武装起事的武器的批判，把末代王朝置于风雨飘摇之中。

新观念没能使王朝起死回生

西方诸多观念传入中土，影响最大者是进化论。19世纪80年代末从英国留学归来的严复译介西方社会政治学说，其中《天演论》引起巨大反响。译稿尚未发表，目无纤尘的康有为看了后即被倾倒，赞严氏是中国研习西学“第一人”。康氏领唱变法救亡的时代交响曲的《孔子改制考》中，附会公羊三世说，阐释其变法主张，灵魂是进化论。后来孙中山在其学说中，论到军政、训政、民政的政体变化，也是贯穿了进化论的旨趣。

清王朝的理论家们为了论证自己统治合情、合理、合法，和前朝一样把“天不变，道亦不变”的调门高唱入云，但经不起进化论重重的一击。进化论风靡神州，洛阳纸贵，截至20世纪20年代初，《天演论》再版至17次，同时期各种论著、学说，无法与之比肩。严复的译作，灌注了对国家命运前途的深深忧虑。中国数十年来败亡相循的严酷现实，“物竞天择，优胜劣汰”的警钟振聋发聩，激起仁人志士奋发图强的精神，走上爱国变法的道路。

“说者无心，听者有意。”维新运动中成立的保国会、保浙会、保滇会、保川会等团体，被冥顽不化、专以排汉为务的刚毅等大臣嗅出“保中国不保大清”的意味。他们以狭隘阴暗的心肠忖度超越阶级、民族的爱国救亡运动，伺机把运动纳入血泊之中。在进化论引发的民族觉醒面前，他们疑虑忧惧是合乎情理的表现。

新思想、新观念涌入中国，林林总总：教育救国、实业救国、民主立宪、君主立宪、国粹主义、无政府主义、社会主义等，在风云际会中形成新思潮，冲击、颠覆着旧观念旧思想的藩篱。

新式工业、新式教育、新式军队、新式法制等落地中国，与之俱来的是新的经济、教育、军事、法律的理念。这些舶来品并非安分守己敬畏土著的新住户，而是对相对应的原有理念的排挤、解构、取代。

总之，清王朝的精神家园纷纷藉藉，乱作一团。旧理念的崩溃是王朝精神支柱的崩溃，新理念的初现不能促成王朝起死回生。

五　千年同叹

王朝之末世，百弊丛生，刺激着时人发出悲叹。而这种悲叹，恰是汉唐以来状态的“克隆”。

李星沅的叹息

李星沅深得道光眷注，官运亨通。面对世态，他常发出悲凉的叹息。

道光二十年（1840），在西安同城文武官员祝贺李星沅得子的酒席上，他谈到根本重地东三省，“风气好利而诈，非人情不可近，将军必望重资深”，“始可慑服”。

道光二十三年（1843）六月，李星沅在致贺长龄的信中说：“自晚近以弛为宽，务从姑息。于是，有瞒上欺下之说，而吏治败坏；有救生不救死之说，而法律败坏。从之愈众，持之愈坚，遂以模棱为中庸，以阘茸为安静，以诚笃为拘泥，以综核为烦苛，异口同声，牢不可破，而吏事兵事苟且因循，积为痿痹之症，虽和缓无从着手。”以上为私人通信中的私房话，到后来竟变成皇帝上谕中的文字。光绪二十六年（1900）十二月的罪己诏中，自责之后，指出："近十年来，每有一次衅端，必申一番训诫。卧薪尝胆，徒托空言；理财自强，几成习套。事过之的，徇情面如故，用私人如故，敷衍公事如故，欺瞒朝廷如故……"若把光绪朝的上谕多排列几年，李星沅所议论的情况，不但没有消除，反而更加严重。

赵烈文之预言

同治六年（1865）曾国藩与心腹幕僚赵烈文晚间畅谈。赵氏在六月二十日日记中有记载："京中来人所言，都城气象甚恶，明火执仗之案时出，而市肆乞丐成群，甚至妇女亦裸身无裤，民穷财尽，恐有异变。奈何？"赵说："天下治安一统久矣，势必驯至分剖。然主德素重，风气未开，或非抽心一烂，则土崩瓦解之局不成。我估计，异日之祸，必先颠仆，而后方州无主，人自为政，殆不出五十年矣！"曾国藩蹙额良久说："然则南迁乎？"赵说："恐则陆沉，未能像东晋、南宋一样偏安江南。"曾说，本朝君德正，或者不至于到这种程度吧。赵说："君德正，然而国势之隆，食报已不为不厚。国初创业太易，诛戮太重，所有夺取天下太巧。天道难知，善恶不相掩，后君之德泽未足恃也。"曾说，吾日夜望死，忧见宗祐之陨，你不是戏论（说笑话）吧。赵说，如老师的身份，虽善谑，何至以此为戏。

攻下南京，太平军被镇压才三年，清室正鼓吹"同治中兴"。大学士、两江总督曾国藩和幕僚私下敞开心扉，给朝廷预见了不祥的结局。同治六年到宣统三年（1911）辛亥武昌起义，45年，果然不出50年。

郭嵩焘的论列

● 郭嵩焘像

郭嵩焘在日记中列举几名古人的议论。白居易曾说："以拱默保位者为明智，以柔顺安身者为贤能，以直言危行者为狂愚，以中立守道者为凝滞，故朝寡有敢言之士，鲜执咎之臣。自国及家，寝而成俗。慎默积于中，职事废于外，强毅果敢之心屈，畏忌因循之性成，反谓率职而居正者不达于时宜，当官而行法者不通于事变。"

宋朝的罗点曾说："无所可否，则曰得体；与世浮沉，则曰有量；众皆默，己独言，则曰沽名；众皆浊，己独清，则曰立异。"

明末清初，顾炎武在《日知录》中写道，夏侯淳曾说过："居位者以善身为静，以寡交为慎，以弱断为重，以怯言为信。"

郭氏说："观三子之言，甚于末俗之敝，可谓恳切详尽矣。流风所染，延及数千年，而无能改易。自古治世少而乱世多，岂不由此哉？"晚清思想家郭嵩焘在咸丰十一年十一月慈禧刚刚上台时，没有加入歌颂太平盛世的合奏，而思接千载以前，从弊端方面思考治乱之由，眼光之深邃，分析之深刻，远远超出了同时代的人。

再对照前世各朝人物的议论，看看李星沅所说，只能说病源、病状一样，晚清只是重复了这些而已。这是制度之病。君主专制极权政府，朝廷不管是姓李、姓赵，还是姓朱、姓爱新觉罗也好，只能是千年同悲，患上同一种不治之症。

结 语

晚清数十年，中国社会在政治、经济、军事、教育、法制等方面都有了新的进步，不断向前发展。

官场腐败，这个同质同构的历史剧，上演到清末，已两千多年了。清末诸帝重演了拨乱反正的努力，也重复了无济于事的结局。请看：庚子“新政”，编练新军，预备立宪，捕杀革命党，整顿吏治等，挽救危局的措施却变成了倾覆社稷的因素，大清江山越补越破。双重悲剧，亦乃腐朽之神奇的另一面。弊绝风清，官廉吏明，在君主专制政治下永远也达不到。这种制度的行政积累，只是在自取败亡中改朝换代。化腐朽为神奇的惟一途径是民主与法治的实现。“窃钩者诛，窃国者侯，公侯之门仁义存焉”，这种把戏也表演了两千多年。国尚且可盗，还有什么美名不可盗？遑论民主、法治！“勤政爱民”、“民为邦本”，皇帝大臣们口中笔底叫喊得够多了！但是皇帝昏庸、官员贪暴、吏治腐败一朝一朝地延续着。

没有民主与法治，一个廉洁、高效的政府是建立不起来的。晚清吏治的腐朽，尽管清王朝从维护其江山社稷出发，作了整顿，但收效甚微。这从另一方面说明了民主与法治对澄清吏治的重要性。

然而封建专制政体不允许民主与法治之存在，清王朝拯救危机的努力，化作了推翻自身的潜在力量，终于在辛亥革命的冲击下，走向了灭亡。

本书再版之前，曾遍寻朋友征求修改意见，后来因不拟大动，均未采纳。感谢浙江工商大学教授孙功达博士指正谬误。感谢余育国博士、樊清副教授热情提出修改意见。感谢范继忠教授搜集选择图片。感谢北京汉唐文化公司尚红科先生给予的方便与指导，感谢路殿国编审、刘焕峰博士、毕连芳副教授的帮助。

任恒俊

于河北师范大学历史文化学院

参考书目

德勒洪等奉敕撰：《清实录》顺治、康熙朝，中华书局1986年5月版

鄂尔泰等奉敕撰：《清实录》雍正朝，中华书局1986年11月版

庆桂等奉敕撰：《清实录》乾隆朝，中华书局1986年8月版

曹振镛等奉敕撰：《清实录》嘉庆朝，中华书局1986年8月版

文庆等奉敕撰：《清实录》道光朝，中华书局1986年10月版

贾桢等奉敕撰：《清实录》咸丰朝，中华书局1987年1月版

宝鋆奉敕撰：《清实录》同治朝，中华书局1987年3月版

世续等奉敕撰：《清实录》光绪朝，中华书局1987年6月版

世续等奉敕撰：《清实录》（附）宣统政纪，中华书局1987年7月版

昆冈等奉敕撰：《大清光绪会典事例》，光绪二十五年刻本

朱寿朋：《光绪朝东华录》，中华书局1958年12月版

王钟翰点校：《清史列传》，中华书局1987年11月版

赵尔巽等撰：《清史稿》，中华书局1977年12月版

中国第一历史档案馆：《清代档案史料丛编》1—10辑，中华书

局出版

《军机处录副档》，中国第一历史档案馆藏

《二十五史》，上海古籍出版社、上海书店影印本

《曾国藩全集·日记一、二》，岳麓书社1986年6月版

《曾国藩全集·家书一、二》，岳麓书社1985年11月版

《龚自珍全集》，上海人民出版社1975年2月版

张佩纶：《涧于集》，民国七年刊本

李慈铭：《越缦堂日记》，商务印书馆民国九年影印本

翁同龢：《翁文恭公日记》，民国十四年影印本

赵烈文：《能静居日记》，台北文海出版社影印本

王闿运：《湘绮楼日记》，民国影印本

杨恩寿：《坦园日记》，上海古籍出版社1983年5月版

孙宝瑄：《忘山庐日记》，上海古籍出版社1983年9月版

荣庆：《荣庆日记》，西北大学出版社1986年5月版

张謇：《张謇日记》，江苏人民出版社1962年影印本

袁英光、童浩整理：《李星沅日记》，中华书局1987年6月第一版

袁英光、胡逢祥整理：《王文韶日记》，中华书局1989年12月第一版

薛福成：《庸庵文别集》，上海古籍出版社1985年8月版

彭蕴章：《诒榖老人手记年谱》，同治二年家刻本

骆秉章：《骆文忠公年谱》，光绪二十一年重刊本

黎庶昌：《曾文正公年谱》，光绪二年传忠书局刊本

潘世恩：《思补老人手订年谱》，咸丰二年家刻本

张孝若：《张季子九录》，中华书局1931年版

徐珂：《清稗类钞》1—13册，中华书局1984年10月版

陈夔龙：《梦蕉亭杂记》，上海古籍书店1983年10月版

朱彭寿：《旧典备征·安乐康平室随笔》，中华书局1982年2月版

法式善：《清秘述闻》，中华书局1982年5月版

陈康祺：《郎潜纪闻》，中华书局1984年3月版

平步青：《霞外攟屑》，上海古籍出版社1982年4月版

英和：《恩福堂笔记》，上海古籍出版社1985年9月版

梁章钜：《浪迹丛谈·续谈·三谈》，中华书局1981年9月版

崇彝：《道咸以来朝野杂记》，北京古籍出版社1982年1月版

震钧：《天咫偶闻》，北京古籍出版社1982年9月版

王庆云：《石渠余记》，北京古籍出版社1985年2月版

吴振石：《养吉斋丛录》，北京古籍出版社1983年12月版

荣孟源、章伯锋：《近代稗海》，四川人民出版社1987年9月版

汪康年：《汪穰卿先生笔记》，台北文海出版社影印本

张集馨：《道咸宦海闻见录》，中华书局1981年11月版

黄濬：《花随人圣庵摭忆》，上海古籍书店1983年10月版

徐凌霄、徐一士：《凌霄一士随笔》，台北文海出版社影印本

徐一士：《一士随笔·一士类稿》，书目文献出版社1983年5月版

商衍鎏：《清代科举考试述录》，三联书店1958年5月版

许大龄：《清代捐纳制度》，哈佛燕京学社1950年版

[美]菲利普·巴格比：《文化：历史的投影》，上海人民出版社1987年11月版

[法]孟德斯鸠著，张雁深译：《论法的精神》，商务印书馆1963年3月版

钱钟书：《管锥编》第一、二册，中华书局1979年8月版

钱钟书：《管锥编》第三、四册，中华书局1979年10月版

沙莲香：《社会心理学》，中国人民大学出版社1987年11月版

张一文、张守常：《太平军北伐西征史》，广西人民出版社1997年9月版

侯宜杰：《二十世纪初中国政治改革风潮》，人民出版社1993年4月版

附录一　清末陋规

别敬——也称别仪。外省官员进京引见、请训，离开京城时，送给京官的贿赂性礼物，一般是银子，按官阶高低数量不等。贿赂加上一个好听的字眼，叫仪、敬，带上了礼物性质，送受双方都心安理得。

冰敬——外官夏天送给京官的礼物。夏季炎热，意使凉爽，表示敬意。

炭敬——外官冬天送给京官的礼物。冬日严寒，取意暖和，表示敬意。

年敬——外官过年时致送京官的礼物。

节敬——官员遇节日送给上司的礼物。

喜敬——官员在上司喜庆日子，包括生日、嫁娶、生子等，致送的礼物。

门敬——官员送给受礼官员门房或仆人的礼物，也叫跟敬、门包。没有这种礼物，其他的礼物就送不上去。

妆敬——送给官员女性眷属的礼物，亦称妆仪。

文敬——送给官员读书青年的礼物，亦称文仪。

印结——清朝制度规定，凡外省人在京考试、捐官，皆须同乡京官出具保证书，保证考试、捐官的同乡身家清白，并无虚伪等情。保证文书叫结，盖印的叫印结，上面必须盖六部印。印结得来，被保证人要出一笔银子，同乡而并不熟识，是一种买卖行为。在京每省设一印结局，公推年高资深者主持，凡入局为同乡出名具印结者每月都可以分一次印结费。

耗羡——征收田赋，或征粮食，或折成银子征收时，都要把粮食运输中的损失、银子销熔时的损失计算加入正额收缴，加征的粮食、银子，称作耗羡。耗羡又称羡余、火耗，是附加税。耗羡一般进入官员私囊。雍正时规定耗羡归公，另给官员养廉银，各级官员任意加征养廉银，使贪污合法化。

棚费——考试时，地方官向民间摊派银两，送给主考。

漕规、到任规——州、县官在征收钱粮或新官到任时，送给上司的一笔银子。

花样——清末官多缺少，候补人员多，补缺先后，除原有班次外，增加了“本班尽先”、“新班遇缺”、“新班遇缺先”等班次名目，作为补缺先后次序的标准，叫作花样。捐官交上六成银子可以得到优先派缺。要想尽快补缺就得缴上银子，争得机会。这就叫捐花样。

部费——中央部门索取的贿赂。吏部索补缺费、保奖费。户、工、兵三部索取报销费。备省军事、工程经费贪污中饱，以少报多，要得到户、工、兵部批准，送给三个部门的贿赂。

附录二　清代历朝赐高龄应试者进士举人统计表

	会试						乡试				
	司业	编修	检讨	学正	助教	合计	举人	举人副榜	官员子弟	合计	合计
乾隆	308					308	581	183		764	1 072
嘉庆	18	96	614	735	109	1 572	2 601	3 361	20	5 982	7 554
道光	4	16	114	46		180	439	1 629	27	2 095	2 265
咸丰	2	15	35	16		68	222	199	59	480	548
同治	8	37	132	15		192	565	1 340	11	1 916	2 108
光绪	5	45	115	11		176	415	450	4	869	1 045
合计	37	209	1 010	823	109	2 496	4 823	7 162	121	12 106	14 602

注：(1)本表根据《大清光绪会典事例》编制。
(2)乾隆朝尚未分赐职名，只是笼统赐进士。